青岛出版集团—青岛出版社

刘宜庆 著

图书在版编目（CIP）数据

山大的故人们 / 刘宜庆著.—青岛：青岛出版社，2021.11
ISBN 978-7-5552-8532-8

Ⅰ.①山… Ⅱ.①刘… Ⅲ.①山东大学—教授—生平事迹 Ⅳ.①K825.46

中国版本图书馆CIP数据核字（2019）第185143号

本书由"青岛文脉出版基金"资助出版

书　　　名	山大的故人们 SHANDA DE GURENMEN	
著　　　者	刘宜庆	
出 版 发 行	青岛出版社	
社　　　址	山东省青岛市崂山区海尔路182号（266061）	
本 社 网 址	http://www.qdpub.com	
邮 购 电 话	0532-68068091	
策　　　划	刘　咏　马春涛	
责 任 编 辑	董建国	
装 帧 设 计	李开洋	
平 面 制 作	青岛齐合传媒有限公司	
印　　　刷	青岛名扬数码印刷有限责任公司	
出 版 日 期	2021年11月第1版　2021年11月第1次印刷	
开　　　本	32开（787mm×1092mm）	
印　　　张	10.5	
字　　　数	350千	
书　　　号	ISBN 978-7-5552-8532-8	
定　　　价	66.00元	

编校印装质量、盗版监督服务电话 4006532017　0532-68068050

私立青岛大学校门

国立青岛大学校门

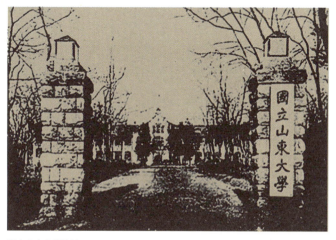

国立山东大学校门

国立山东大学图书馆工作人员合影（1936年《山大年刊》刊发）

国立山东大学文学院教师在科学馆前合影（20 世纪 30 年代）

世事多变迁，疑是故人来。

2016 年秋，山东大学青岛校区开始招生。山东大学在青岛，既有历史的渊源，也有现实的呼应。1930 年至 1937 年，1946 年至 1958 年，这 19 年的时光，是山东大学的黄金时代，同样是青岛文化繁盛的黄金时代。

回望当年在青岛的山大教授，他们的身影伫立在苍茫水云间。

杨振声风流倜傥，赵太侔沉默寡言，闻一多热情如火，梁实秋冲淡温雅，老舍风趣幽默……风云际会，因为一所大学，大师们云集青岛。本书以翔实的史料、温润的文笔，勾勒出大师们的群像与神采。20 世纪 30 年代，海洋科学在青岛启航，新文学群星璀璨，大师交相辉映；20 世纪 50 年代，中文系有"四大金刚"，历史系"八马同槽"，华岗缔造了《文史哲》的辉煌……本书追述了大师们在青岛的生活片断。

尚风骨，重情义，尊学术……风从海上来，带来山大教授的青岛往事。

目录

一所一流的大学，就是一个城市的文化名片。山东大学在青岛，既有历史的渊源，也有现实的呼应。它如同一棵大树，扎根在青岛，留下了名师云集的一段佳话，记录了青岛的文化年轮。

1930 年至 1937 年，1946 年至 1958 年，山东大学在青岛近 20 年的时光，是山东大学学术发展的黄金时代，同样是青岛文化繁盛的黄金时代。山东大学在青岛，是一项无比珍贵而又难以估量的历史遗产，它奠定了青岛海洋科学研究中心的地位，赋予了青岛海纳百川的文化品格。我们不妨追寻青岛风雨百年的来时路，探索山东大学与青岛的历史渊源。

1898 年，《胶澳租借条约》的签订，改变了一个小渔村的命运——青岛被以武力和胁迫的方式与西方文明对接。在这里，有群集的德式建筑、十字架高耸的教堂，还有青岛啤酒。

1911 年，辛亥革命之后，逊清遗老遗少纷纷逃往青岛这个世外桃源，为青岛带来诗书琴画，以及大包小包的文物古董。

1930 年，南京国民政府教育部决定，把因济南"五三惨案"停办的山东大学移植到青岛。蔡元培独具慧眼，推荐杨振声担任校长。

1930 年 8 月，国立青岛大学在青岛、济南、北平招收新生 153 人。与此同时，青岛水族馆的蓝图呼之欲出。就在这一年的 8 月，青岛迎来中国科学社第 15 届年会。蔡元培出席这次会议，致开幕辞。在蔡元培的倡导下，李石曾、易培基、竺可桢、翁文灏、蒋梦麟等专家及青岛观象台台长蒋丙然、海洋科科长宋春舫等科学家联名发起在青岛筹建中国海洋研究所，并决议先行筹建青岛水族馆。

1932 年 5 月 8 日，青岛水族馆举行开馆典礼，蔡元培致辞。同年夏天，国立青岛大学改名为国立山东大学。青岛水族馆成为国立山东大学学子的科研基地。

无独有偶，青岛海滨生物研究所于 1935 年 7 月举行开工典礼。这个海洋科学研究机构，由青岛观象台台长蒋丙然和国立山东大学生物系曾省教授负责筹划，由青岛观象台和山东大学生物系共同主持，开展海洋生物的调查研究与推广工作，并利用暑期举办讲习所，培训海洋学、海洋生物学人才。

1946 年，山东大学在青岛复校，校长赵太侔仍把海洋学科作为重点规划，筹办海洋系，计划设立海洋研究所。他成功地聘请童第周担任动物系主任，聘请曾呈奎担任植物系主任，聘请朱树屏担任新成立的水产系主任。童第周、曾呈奎分别为海洋研究所正、副所长。

1958 年，山东大学迁往济南。1959 年，山大留下的海洋学科在鱼山路校园成立山东海洋学院，即今天的中国海洋大学。

直至今天，中国海洋大学在青岛，中国科学院海洋研究所在青岛，黄海水产研究所在青岛，仍可视为一种历史的延续，追根溯源，埋在历史中的根，正是山东大学在青岛孕育的。

回眸山东大学在青岛，将科学与文化的根基扎进具有欧洲风情与格调的城市，为年轻的城市提供丰饶的滋养。接受过西方现代教育、留洋归来的知识分子为青岛注入了学术的氛围、文化的活力。现代科学的种子，在这个被称为"东方瑞士"的城市生根发芽，使得青岛成为海洋科学研究中心。

科学与文化是一个钱币的两面。山东大学奠定了青岛深厚的文化基础。大批文化名人客居青岛，形成青岛独特的现象——名人与名城相互交融。20世纪30年代，青岛名师云集，连接起全国的文化名流，俨然是一个文化重镇，是作家、诗人、学者们的聚居之地。闻一多、梁实秋、沈从文走了，洪深、老舍、王统照来了，这一切都源于山东大学，源于杨振声和赵太侔的号召力。

一所有实力和规模的大学，给青岛带来20世纪30年代文化的繁盛。青岛的文化，无论如何都绕不过这浓墨重彩的一章。而那些先后离开青岛的文化名人，不论是他们的传记还是文学史，也很难忽略他们在青岛的岁月。

闻一多在青岛完成了从诗人到学者的转变，他在很长时间里不写诗，但他在国立青岛大学发现了臧克家，再加上他从中央大学带来的陈梦家（在国立青岛大学中文系任助教），他向新诗坛骄傲地宣布，他有"二家"——陈梦家与臧克家。梁实秋在"真正令人流连不忍去的地方（青岛）"开始翻译莎士比亚的著作，美食与美酒填满了他的青岛记忆。沈从文在青岛创作了小说《八骏图》《三三》和传记《记胡也频》《从文自传》，在游览崂山北九水的过程中获得《边城》的创作灵感。洪深创作了电影剧本《劫后桃花》。1936年，老舍那脍炙人口的长篇小说《骆驼祥子》、中篇小说《文博士》及数篇短篇小说，都是在青岛市黄县路12号的居所里创作的。王统照在位于观海二路的老房子里完成了长篇小说《山雨》……

山东大学还在青岛播下了学术的种子，经常邀请蔡元培、章太炎、胡适、冯友兰、顾颉刚等学者名流来讲学，直接推动了山东大学的学术发展。1931年1月，胡适在国立青岛大学作题为《山东在中国文化里的地位》的演讲。梁实秋说，他就地取材，对齐鲁文化的变迁、儒家思想的递变，讲得头头是道，实在高明之至，学子无不喜欢。1932 年 5 月末，章太炎在国立青岛大学为师生们做了一次学术讲座，题目为《博学于文　行己有耻》。章太炎在演讲中围绕南京国民政府对日本采取的不抵抗政策展开，感慨时局，发人深省。

山东大学在青岛短短的几年，学术水平跨入全国著名大学的行列。1934 年秋，物理学家王淦昌从德国留学回来，受聘到国立山东大学物理系任教。他在国立山东大学执教两年多，在回忆文章中说：

> 当时山东大学设在海滨城市青岛，风光秀丽，气候宜人，得天时，占地利。校长赵太侔是留学美国的戏剧文学家，办学热忱，处事稳重，属于学者治校的类型。学校设有由教授组成的校务委员会，讨论决定各项重大兴革和决策，这既发挥了教授治校的作用，又体现了学校管理的民主。那时学校规模不大，有文、理、工三个学院七个系，学生也不多，但教师阵容比较齐整。记得文科有张煦、老舍、洪深、沈从文、游国恩、萧涤非、孙大雨等著名学者，多是当时学界之彦。理科有黄际遇、任之恭、郑衍棻、何增禄、王恒守、郭贻诚、王普、汤腾汉、傅鹰、刘咸、童第周等专家，又都各有所长。工学院虽是新建，但也聘有唐凤图、尚津、周承佑、张闻骏等一批知名教授。这个教师阵容，和全国著名大学相比，实无逊色，可以代表那时山东大学的学术水平。[1]

然而，1937 年"七七事变"爆发，卢沟桥的炮声打断了山东大学的发展计划。山东大学的师生并入迁移到重庆的中央大学。一段风流烟消云散，他们都已经成为青岛的过客。不过，留在青岛的文化记忆仍然生长，留在青岛的名人故居仍然吸引游人的脚步。

山东大学将延请的名师暂时安置在青岛小鱼山和八关山一带，这是客居青岛文化名人的聚集地。走在幽静的青岛特有的小街上，左一

[1]　樊丽明、刘培平主编：《我心目中的山东大学》，山东大学出版社，2005 年 9 月，第 16 页。

拐，右一弯，就会看到不少黑色的大理石铭牌，比如"梁实秋故居""沈从文故居"。他们的存在之于青岛，已经是血脉相连，已经渗透到青岛的文化中了。像雪花融化在泥土中，成为岛城的营养；又像河流，奔涌向大海，在海洋中虽看不到小溪和河流，但它们就在其中。

"到处为家不是家，陌头开遍刺桐花。"（杨振声在青岛和朱自清的诗）在春深似海的 5 月初，在百花苑，你可以看到伫立在水云间的科学家和文化名人的雕像，多是山东大学的教授。在那生生不息的波涛翻涌中，有他们那一代人的崇尚科学、教育强国之梦。

山东大学故人们的梦想回旋在潮涨潮落的胶州湾。如今蓝色经济成为岛城的主旋律。鳌山湾畔，蓝色硅谷扎根生长。58 年后，山东大学重返青岛。2016 年 9 月 24 日，山东大学青岛校区启用暨 2016 年新生开学典礼举行，历史与现实，在这一刻交会。

杨振声

惠泽青岛 享誉文坛

——国立青岛大学校长杨振声的萍踪

1947 年 2 月 3 日《大公报》上有一篇署名"司徒良裔"的作者发表的《杨振声小记》，以简洁优雅之文笔，勾勒出杨振声的名士风度：

杨，字金甫，山东蓬莱人，与吴佩孚同乡里。吴以军人而有风骨，杨以文人而倜傥绝世，论者谓为蓬莱二难焉。然以风度论，杨尤过吴。亭亭玉立，神采焕发，令人不敢近，近则自惭鄙容，若鸦凤之相比也。

……

杨真今世之风流人物也。冯友兰论晋人风流，谓必有玄心，洞见，妙赏，深情。（见《哲学评论》九卷三期。）杨氏有焉。然晋人风流，弊至于荡，杨无其弊，而温文尔雅，此其所以难能。[1]

如今，人们比较熟悉蓬莱的军人吴佩孚，却对杨振声的生平、事功不甚了。

杨振声是谁？我们不妨以他的简历，为他画一帧简洁的肖像。

杨振声，字今甫，亦作金甫，笔名希声，1890 年出生于蓬莱水城一个地主家庭。蓬莱水城是明代爱国将领戚继光操练水师、抗击倭寇之所。那里遗留的大铜炮，激发起他的爱国感情。杨振声生活的时

---

[1] 李宗刚、谢慧聪编：《杨振声研究资料选编》，山东人民出版社，2016 年 7 月，第 77 页、78 页。

代，正处于日寇入侵时期。他的爱国情怀，仿佛从历史中延展而来。

杨振声在北大求学时和傅斯年、罗家伦一起创办《新潮》；"五四运动"中因火烧赵家楼而被捕；留学美国哥伦比亚大学，获教育学博士学位；1925年，出版小说《玉君》；1928年，任清华大学教务长、文学院院长兼中文系教授；1930年，任国立青岛大学校长；20世纪30年代，主编中小学教科书；任西南联大常务委员会委员兼秘书长、西南联大叙永分校主任；执教联大中文系，推动新文学的教学；联大结束后，杨振声北上任教于北京大学。

杨振声在现代文学史和高等教育史上都留下了光彩夺目的一笔。然而，他却被遗忘了。

风云际会
因"五四运动"两次入狱

"中国是中国人的中国！""废除二十一条！""收回山东权利！"声势浩大的学生游行队伍，正向东交民巷进发，其中有一位身材魁梧的山东大汉，口号喊得格外响亮。这个心中燃烧着一团怒火的青年人就是杨振声。"五四运动"爆发时，杨振声29岁，是两个孩子的父亲。

"五月四日是个无风的晴天，却总觉得头上是一天的风云。""五四运动"过去35年后，杨振声在《回忆五四》文中写道。

1918年，这是一个酝酿着新思潮的年份。1918年12月3日，"新潮"社成立。《新潮》编辑部由傅斯年、罗家伦和杨振声三人组成，傅斯年担任主任编辑，罗家伦担任编辑，杨振声担任书记。俞平伯回忆说："新潮社设在沙滩北大红楼东北角的一个小房间里，与北大图书馆毗邻。参加新潮社的有：法科同学汪敬熙、何思源；文科的傅斯年、罗家伦、杨振声、顾颉刚、江绍原、康白情、李小峰、孙伏园、俞平伯。我们办刊物曾得到校方的资助（每月大洋四百）。校长蔡元培先生亲自为我们的刊物题写'新潮'两字。英文名Renaissance是'文艺复兴'的意思。"

《新潮》创刊号问世后，转眼间销售一空，以至于连印三版，销售3万多册，比现在的纯文学杂志销量还大。青年学子们奔走相告，一本杂志"已经翻阅得破破碎碎了，还是邮寄来、邮寄去"。

1919年5月4日，杨振声和《新潮》杂志的同仁们一起冲破军警重围，冲进紧闭的曹汝霖家的大门，痛打陆宗舆，火烧赵家楼。"火烧赵家楼"是"五四运动"中惊险的一幕，细节是怎样的？杨振声的儿子杨起在《关于我的父亲——杨振声》文中记述了翔实的历史场景。杨振声在紧闭的赵家楼大门前凭身材高大与另外几个高个子同学率先攀进曹宅打开大门。随后，大群学生一拥而入。火烧赵家楼后，警察总监吴炳湘和步军统领李长泰率大队军警赶到，以武力驱散群众，随即以"学生杀人放火"罪名捕人。其时，大批学生已经撤离，杨振声等少数维持秩序的学生被捕。杨振声在《回忆五四》文中说："当时还是无经验，若大家整队而入，整队而出，警察是捕不了人的。"

5月6日，蔡元培亲自到警察厅以身作保，要求释放被捕学生。次日，被捕学生被释放，北大全体学生在红楼北面广场迎接。蔡元培和被捕归来的学生合影。1919年5月25日，在"五四"当日被捕、刚刚被释放没几天的北京大学国文系学生杨振声，受北京学生联合会委托，与其他三名代表一起，去与京师警察总厅办交涉，要求归还被扣留的《五七》日刊。警察当局拒绝了学生代表的要求。

杨振声在《回忆五四》中写道："警察总监吴炳湘又长又臭、夹软带硬地训了我们一顿，我们还是要他还我们的报。'你们煽动军警造反！'我们知道这是因为学生在街头讲演时，也有军警站在人群中听，而且在最近周刊上有一篇《告军警书》。他们有些惴惴不安起来。我们还是要他还我们的报。'怎么？'他的脸红涨得像灌肠，大叫，'给我扣下！'我们就被押送到一间阴湿发霉的小屋子里去了。"

杨振声又被捕了，在监狱中，与世隔绝，但他放心不下外面的运动。他闭上眼睛，"五四"前夜各校代表大会上热烈的发言，天安门前胜利的会师，大队卷向赵家楼的壮举……一幕幕浮现在他的眼前。一个星期之后，杨振声被释放出来。

就在杨振声被捕期间，他的儿子杨起出生了。杨振声在出狱后写的家书中，充满了对帝国主义和北洋军阀卖国贼的痛恨；在以后的家书中，他鼓励孩子好好读书，长大后为国效力，为国争气……

1950年，杨振声发表《从文化观点上回首"五四"》，反省"五四"在文化上的弊端："一古脑地反对中国旧文化，而又盲目地崇拜西洋新文化。换句话说，便是无批判地反对中国文化，而又无批判地接受西洋文化"，"外抗强权，而又欲学其致强的原因，故一切吸收；内伤贫弱，而又欲消灭其贫弱的来源，故一切打倒"。他的结论是："虽矫枉过正，势有必然；但到底是过正了。"

文坛翘楚
因小说《玉君》享誉国内

从晚清到民国，中国充满内忧外患。杨振声那一代人期盼国家强大、民族富强。由于生长在海边，渔民们的不幸命运给他留下了深刻的印象，他熟悉渔民的疾苦，童年经历的一切成为他后来进行文学创作的素材。

1915年，杨振声考入北京大学国文系。他和新潮社的同学一起，见证了新文化运动的风起云涌。新文学与旧文学冲突、交锋，他成为为新文学摇旗呐喊的一员。他拿起手中的笔进行新文学创作，从1919年3月，他的小说在《新潮》杂志上发表开始，《渔家》《一个兵的家》《贞女》《磨面的老王》等直面社会问题的小说相继推出，激浊扬清，特色鲜明。鲁迅评价说："杨振声是极要描写民间疾苦的。"他由此登上文坛。

《渔家》描写在渔霸剥削和警察勒索下渔民的悲惨生活。《一个兵的家》反映了军阀混战给一个阵亡的士兵的家庭造成的苦难。《贞女》讲述一个姑娘因嫁给一个木头牌位而自杀的悲剧。《磨面的老王》表现一个雇农凄凉悲楚的心境。"在这些作品中，杨振声怀着强烈的人道主义的愤怒和同情，暴露了社会的黑暗，展现了那些生活于底层的人们的悲惨命运。"杨振声的这些作品，是新文化运动之风吹开的

杨振声赴美国留学护照上的照片（1919年）

新文学之花，植根于广阔的社会土壤，以现在的眼光来看，他的文学创作无疑是超前的，其文学价值也是不可磨灭的。

杨振声的文学创作被"五四运动"中断了，这似乎预示着新文学无法绕过救亡图存这一更大的历史使命。1919年秋天，杨振声取得山东官费留学资格，赴美国留学，最初在哥伦比亚大学学习心理学，后又到哈佛大学攻读教育心理学。文学创作和大学教育，就成为杨振声的两大人生底色。1924年，杨振声学成归国，历任武昌大学、北京大学、燕京大学、中山大学教授。1928年8月21日，南京国民政府发布第949号简任状，任命罗家伦为清华大学校长。罗家伦立即聘请了杨振声、冯友兰等人到清华大学任职。杨振声担任清华大学教授、教务长兼文学院院长。

1924年，杨振声留学归来。这一年，他创作了《玉君》。这是中国现代文学史上继鲁迅的《阿Q正传》之后较早发表的中篇小说之一。杨振声的这篇代表作，奠定了他在中国现代文学史上的地位。它被列为《现代文艺丛书》第一种，1925年2月1日由北京现代社出版，轰动一时。

《玉君》是一部反映中国青年男女反对封建礼教、争取婚姻自由的名著。小说塑造的年轻人周玉君和林一存，是在五四新文化运动影响下觉醒的小知识分子。周玉君与杜平夫相恋，遭到家庭的反对。杜平夫去法国留学，将周玉君托付给刚刚留学归来的好友林一存。而林一存与周玉君是青梅竹马的玩伴。纯洁善良的玉君，面对父亲的包办婚姻和封建军阀之子的逼迫，从痛苦绝望中萌发出抗争精神，毅然与家庭决裂。她逐渐觉醒，"以后我要离开家庭，跑到社会里，自己去造生活"。她在改变自己的命运的同时，也生发出改变社会的宏愿，"反对社会的恶制度"。玉君的好友林一存在背后支持她。林一存具有进步的民主主义思想，对当时的黑暗腐败的政治和以金钱为根本的教育极为不满。林一存经历了颓废、苦闷、彷徨的心路历程，有一点落落寡合，有一点懦弱。相比起来，玉君的思想转变及作出抉择，勇气可嘉，可谓是五四新文化运动之后新青年的典型。

小说最后的结局是林一存送周玉君、周菱君姐妹去法国留学。林一存"一个人坐在小舟上，左右漂流，不知何处归去。举目四顾，海阔天空，只远远地望到一个失群的雁，在天边逐着孤云而飞"。

正因为玉君选择了独立的人生道路，这部反映青年男女冲破封建樊笼追求婚姻自由的小说深受广大读者的喜爱。初版首印 2000 册，很快卖完了。1925 年 5 月，《玉君》又再版加印了 1000 册，并换上了闻一多设计的新的封面。

1925 年 2 月初版的《玉君》，封面简洁，白底，蓝色方框中嵌蓝色的篆体"玉君"两字。方框左侧为"作者杨振声"。1925 年 5 月《玉君》再版，采用了闻一多设计的封面。这个封面以黑色、红色和白色为基调，色彩饱满而热烈。封面上那幅具有异国风情的画，源自书中林一存的一个梦境："仿佛是在埃及的东岸，赤圆的落日，如同夜火一般，照的沙漠都通红，从天边的椰树间，跑出一群野人来，飞隼一般的快，直扑到我面前来捉我，我一时四肢无力，只好由他们绑起。再一抬头，看见平夫骑在骆驼上，象个王子……后来又转出一个女王来，与平夫并辔骑在骆驼上。"闻一多设计的封面上，手执红心盾牌、长矛的平夫和在其身后的女王，骑在骆驼上并辔行进。下面是身穿黑衣的野人。

闻一多设计的《玉君》封面

《玉君》再版之时，闻一多正在留学归来的轮船上，怎么能为杨振声的新作设计封面呢？

原来，1924 年秋，即将归国的杨振声在哈佛大学遇到梁实秋，对文学的热爱将两人聚拢在一起。两人相见，一经交谈，均觉相见恨晚。杨振声对梁实秋说到自己创作的小说《玉君》，打算回国后出版。梁实秋就谈起闻一多在国内出版诗集《红烛》的经过，并说闻一多设计的书籍封面很有特色。杨振声通过梁实秋，请闻一多设计《玉君》的封面。1925 年 2 月初版时，闻一多设计的封面尚未邮寄到国内。再版时的《玉君》封面，是杨振声、梁实秋、闻一多第一次合作，也是他们友情的见证，这为他们 1930 年在青岛合办国立青岛大学奠定了基础。

杨振声听从了邓以蛰、陈源和胡适的建议，将《玉君》改了三遍。由于不认同杨振声的文学创作观念，鲁迅对《玉君》颇有微词："他要忠实于主观，要用人工来制造理想的人物。而且凭自己的理想还不够，又请教过几个朋友，删改了几回，这才完成一本中篇小说《玉君》。"接下来，就是批判了：

> 他先决定了"想把天然艺术化"，唯一的方法是"说假话"，"说假话的才是小说家"。于是依照了这定律，并且博采众议，将《玉君》创造出来了，然而这是一定的：不过一个傀儡，她的降生也就是死亡。我们此后也不再见这位作家的创作。[1]

的确，杨振声只有这一部中篇小说问世。梁实秋也说"惜从此搁笔，不再有所著作"。杨振声凭着《玉君》以及他的短篇小说享誉文坛。比起创作，他的文学活动更加丰富多彩，从 20 世纪 30 年代初，《大公报》副刊聚集了一批作家，就是以杨振声、沈从文为核心的。

执掌青大
聘请国内一流学者

1929 年，教育部成立了国立青岛大学筹备委员会，聘蔡元培、杨振声、何思源、赵太侔、傅斯年等 9 人为筹备委员，决定以私立青岛大学校址为基础（今海洋大学东北角）成立国立青岛大学。7 月 8 日，在青岛汇泉大饭店召开了第二次筹备会。杨振声是常务筹备委员。1930 年 4 月，南京国民政府教育部正式任命他为校长。

杨振声担任国立青岛大学校长，一石激起千层浪。清华大学外文

---

[1] 李宗刚、谢慧聪编：《杨振声研究资料选编》，山东人民出版社，2016 年 7 月，第 75 页、77 页。

系教授吴宓在其日记中记录了这次人事变动。他对杨振声离开清华大学感到惋惜。

即使远在上海的鲁迅也关注着杨振声的动向。1929 年 7 月 21 日，鲁迅在给章川岛（章廷谦笔名川岛）的信中说：

> 青岛大学已开。文科主任杨振声。此君近来似已联络周启明之流矣。此后各派分合，当颇改观。语丝派当消灭也。陈源亦已往青岛大学，还有赵景深、沈从文、易家钺（君左）之流云。[1]

章川岛是鲁迅的学生，也是鲁迅最亲密的朋友之一，是《语丝》杂志的主要作者之一。鲁迅在信函中语带讽刺，流露出一种不屑。杨振声的确聘请了他的一些朋友做国立青大的教授，但他都是为了大学的发展。鲁迅信函中提到的这些人，只有沈从文于 1931 年夏天到国立青大中文系担任讲师。在杨振声担任校长期间，文学院教师中，闻一多、梁实秋、方令孺、沈从文、陈梦家等都是"新月派"成员，因而鲁迅称国立青大是"新月派""布道"的"圣地"。1936 年夏天，台静农从厦门大学到山东大学执教，写信邀请鲁迅来青岛避暑。此时，鲁迅生病，他在信函中回复："伯简兄：九月三十日信早到，或愈或忙，遂稽答复。夏间本拟避暑，而病不脱体，未能离开医生，遂亦不能离开上海。"这封信是鲁迅病逝前四天发出的。由此可见两人之前的深情厚谊。终其一生，鲁迅都没有登陆青岛。虽然青岛海滨有鲁迅公园，但鲁迅没有在青岛留下足迹。

事实上，杨振声选聘大学教师非常严格。废名通过俞平伯写信给周作人，希望由周作人出面推荐他到国立青岛大学任教，杨振声婉言谢绝了。杨振声想在国立青大开设历史系，打算聘请顾颉刚担任历史系主任。顾颉刚没有来青岛，开设历史系的计划搁浅。宁缺毋滥，这是杨振声用人的原则。

为何选择杨振声担任校长？因为他的身份和资历。杨振声是"五四

---

[1] 鲁迅著:《鲁迅全集》(第十一卷)，人民文学出版社，1981 年，第 678 页。

杨振声等人在纽约合影（后排左为罗家伦，右
为冯友兰，前排中间坐者为杨振声，1920 年）

运动"的学生领袖，两度入狱；是新文化运动中涌现出来的小说家，
因小说《玉君》蜚声文坛；是美国哥伦比亚大学的教育学博士，令胡
适刮目相看的教育家。杨振声是山东蓬莱人，是蔡元培任北大校长时
的高足。这一切条件优化组合，成为杨振声担任国立青岛大学校长的
优势。

1930 年，杨振声在任国立青岛大学校长之前，在清华大学任教
务长兼文学院院长。作为蔡元培的得意门生，他学习北京大学"思想
自由，兼容并包"的办学思想，同样也吸收了罗家伦担任清华大学校
长时的办学措施——学术化、民主化、纪律化、军事化。国立青岛大
学初设文、理两学院，文学院下分为中国文学、外国文学、教育三个
系；理学院下分为数学、物理、化学、生物四个系。

杨振声曾到美国留学，对欧美教育制度和办学方法比较熟悉，对
大学教育有着深刻精辟的见解。在国立青岛大学任校长期间，他邀请
著名学者来校演讲和讲学，章太炎、胡适、罗常培、冯友兰、陈寅恪
等人都曾作客国立青岛大学。

让我们看看那时国立青岛大学的师资力量：闻一多任文学院院长
兼中文系主任，梁实秋任外文系主任兼图书馆馆长，黄敬思任教育系

主任兼教育学院院长，黄际遇任理学院院长兼数学系主任，汤腾汉任化学系主任，曾省（省之）任生物系主任，蒋德寿任物理系主任。他们都是国内一流的学者，其中很多教授有到欧美留学的背景。

杨振声担任国立青岛大学校长后，对课程内容结构作了调整，他带头开设了"小说作法"课，并亲登讲台讲授，把新文学课提到了与"楚辞研究""诗经研究"同等地位，而且使之成为全中文系课程的中心和先导。

"所谓大学者，非有大楼之谓也，有大师之谓也。"这是清华大学终身校长梅贻琦的名言。在杨振声看来，一流的高等学府，不仅要聘请大师，也要建造大楼。杨振声十分看重学校的设备建设，他任校长时期，主持建造了高标准的科学馆、图书馆，为国立青岛大学营造科学民主的优良学风提供了阵地和依托。

在青岛任职期间，杨振声对青岛的地理环境、自然资源、古迹文献等作了认真的考察分析，提出了颇具远见的办学规划，力倡开办海洋生物学、海洋学、气象学，他提出将国立青大建成海边生物学研究中心。他主张："青岛附近海边生物之种类，繁盛不亚于厦门，而天气凉热适中，研究上较厦门为便。若能利用此便，创设海边生物学，不但中国研究海边生物者皆须于此求之，则外国学者欲知中国海边生物学之情形，亦须于国立青大求之。"[1] 杨振声的真知灼见，在他担任校长的两年逐步体现出来。

诗酒风流
在青岛的生活点滴

1930 年，杨振声在青岛时，和赵太侔住在黄县路 7 号（杨振声之子杨起认为父亲在青岛寓所为恒山路 2 号）。梁实秋说："他和教

[1] 张静主编：《中国海洋大学大事记》，中国海洋大学出版社，2014 年 9 月，第 11 页。

务长赵太侔住楼上，一人一间卧室，中间是客厅，楼下住的是校医邓仲纯夫妇和小孩，伙食及家务均由仲存夫人负责料理。今甫和太侔都是有家室的人，但是他们的妻室从不随住任所，今甫有一儿一女偶然露面而已。"

杨振声在青岛期间，过了一段相对稳定而优渥的生活。在国立青岛大学教学的学者们，教学之余都喜欢到位于黄县路7号杨振声的住处喝茶谈诗，煮酒论文。经常手中拿着一个大烟斗的杨振声也"总是热情接待，不是端出咖啡，就是沏上清茶"。黄县路7号俨然成为文艺活动的中心，仿佛是一个巨大的磁场，吸引了学校的教授和学生。这里的情形让人想起林徽因的"太太客厅"，虽然不是正规的文艺沙龙，但足以与之媲美。事实上，和杨振声交往的多为新月派文人，大多是到欧美留学的背景，思想活跃。

杨振声在青岛期间，中国的文坛上发生了一件大事。1931年11月19日，诗人徐志摩所乘飞机在山东济南附近的开山失事，徐志摩身亡。梁思成拍来的电报到杨振声手中时，沈从文、闻一多、梁实秋、赵太侔正好在杨振声家中品茶。这个噩耗把大家震惊了。杨振声让沈从文马上连夜乘火车赶往济南。徐志摩是杨振声的好朋友，他们从1926年4月开始就在一起编辑《晨报副刊·诗刊》，成为莫逆之交。杨振声来到青岛之后，他们之间还保持着联系。意想不到的噩耗让杨振声悲痛不已，他写下追悼文章《与志摩最后的一别》，记述他们于1931年6月在北京最后相见时的情景。那时他们约好，杨振声在青岛等候志摩，但是徐志摩走了，再也不会来青岛了，"是的，我们的损失，不只是一个朋友，又是一个诗人，一个散文家，更重要的，是人类中失掉了一曲《广陵散》"。这篇一千多字的散文，对志摩的一生作了精辟的概述。

杨振声有时驱车到汇泉湾的沙滩上坐坐，或是去崂山走走，或是到第一公园赏西府海棠和樱花。杨振声和闻一多、赵太侔、梁实秋等人关系很好，成为志同道合的一群，他们曾结伴到崂山小憩，一游就是数天，对棋盘石一带的风光尤为欣赏。

杨振声豪于酒，"尤长拇战，挽袖挥拳"。杨振声提议每周校务会议之后，都照例来一次宴饮。他们轮流在鲁菜馆子顺兴楼和豫菜馆

杨振声故居（一度为黄县路 7 号，今为龙江路 11 号乙，周辉钢笔画）

子厚德福两处聚饮。杨振声和梁实秋、闻一多、赵太侔、陈季超、刘康甫、邓仲纯、方令孺等人被称为"酒中八仙"。他们还自拟一副对联："酒压胶济一带，拳打南北二京。"据梁实秋回忆：这些人常"三十斤一坛的花雕搬到席前，罄之而后已，薄暮入席，深夜始散"。

　　有一次，胡适来青岛讲学，下榻在宋春舫主持的"万国疗养院"。杨振声出面宴请。胡适看到他们划拳豪饮惊慌不已，吓得连忙把夫人赠的刻有"戒酒"二字的戒指带上，要求罢战。寂寞孤单时喝酒，郁闷愤慨时喝酒，豪情万丈时喝酒，酒让他们宁静的生活掀起了波浪般的喧哗，在历史久远的夜空里回响。"酒中八仙"是青岛历史上一段文人的佳话，别忘了杨振声的家乡是蓬莱，那是传说中八仙过海的地方。然而在那个动荡起伏的年代，日本帝国主义虎视眈眈，借机侵略中国，美丽的青岛也不是世外桃源。

　　后来，胡适写信给杨振声，婉言劝杨振声解散"酒中八仙"。后来时局紧张，"酒中八仙"自行解散。

　　1932 年，朱自清从欧洲归来到青岛，住在观海二路 49 号王统照的家中。王统照回忆说："久别晤谈自然高兴，沿着海边散步，佩弦（朱自清字佩弦）头一次看到这样涛明波软的浴场，十分欢欣。我们在一所咖啡馆里谈到傍晚散去。朋友欢聚之乐令人向往。"

王统照陪着朱自清一起到黄县路上杨振声的宅中去看望他。朱自清是杨振声在北京大学读书时的同学。1930年8月，杨振声到国立青岛大学任校长，所遗清华大学中国文学系主任一职，校方请朱自清代理。这些"五四"时期新文学的开拓者在青岛相见，自然十分高兴。

后来，朱自清以"茶"为韵，写了一首《叠茶字韵赠今甫》：

> 漫郎四海漫为家，看尽春风百种花。
> 已了向平儿女愿，襟怀淡似雨前茶。[1]

漫郎典出《全唐文》卷三百八十一《元结二·自释书》，指唐代道家学者元结，借指放浪形骸不受世俗约束的文人。向平愿了是个典故。东汉光武帝建武年间，隐士向长（字子平，河内朝歌人）很有才学，就是不愿做官，他抚养几个儿女长大成人，并帮他们完成婚嫁，便同家人告别，与友人北海禽庆遍游五岳名山，最后客死他乡。

杨振声以原韵和诗：

> 到处为家不是家，陌头开遍刺桐花。
> 天涯无奈乡思渴，细雨疏帘酒当茶。[2]

"到处为家不是家"，青岛只是杨振声生命中的一个驿站，可惜提供给杨振声施展教育才能的时间并不长。1932年，青大学生为了要求"国民政府"抗日，集体抢乘火车去南京游行请愿。学生回青岛以后，蒋介石密令惩办、逮捕为首学生。当年"五四运动"中的学生领袖杨振声，作为一校之长，很难处理学生的游行之举，他被迫辞职。对杨振声的辞职，南京和青岛方面都作了一些挽留的努力。但是，杨振声的去意已决，他的选择并没有因教育部的挽留而改变。

对新生的国立青岛大学而言，杨振声的离去无疑是一个巨大的损

[1]　季培刚编著：《杨振声编年事辑初稿》，黄河出版社，2007年8月，第275页。

[2]　李宗刚、谢慧聪编：《杨振声文献史料汇编》，山东人民出版社，2016年7月，第317页。

失，这其中办学方向、声誉和人脉资源上的影响随后就显现了出来。资料显示，杨振声辞职后到了北平。而杨振声的辞职，也使国立青大的师资结构发生了一些变化，如沈从文便接受了杨振声的信邀，于1933年夏天动身去了北平。

名师风范
杨振声和《大一国文》

1932年，杨振声从国立青岛大学辞职，回到北平。次年，受教育部委托，由朱自清、沈从文协助，他在北平主编《高小实验国语教科书》和《中学国文教科书》。1935年，前者以"国立编译馆"名义由商务印书馆出版。为了编好高小的国语教科书，杨振声亲自到北师大实验小学执教。他既能教大学，又能教小学。胡适对杨振声赞誉有加。

作为名师，杨振声是怎样讲课的？他站在讲坛上是怎样的情形？我们不妨从其学生的回忆中感受他当年风采。

1929年，萧乾在燕京大学旁听了从清华来的客座教授杨振声的"现代文学"。在萧乾的记忆中，杨先生从来不是照本宣科，而像是带着学生在文学的百花园中漫步，和学生一起欣赏一朵一朵的鲜花，他时而指指点点，时而沉吟思索。"他都是先从一部代表作讲起，然后引导我们去读作者旁的作品并探讨作者的生平和思想倾向。记得国内他着重讲的是鲁迅的《呐喊》，茅盾的《蚀》，蒋光慈的《少年漂泊者》，郁达夫的《沉沦》和沈从文的《月下小景》。对这些作家，他往往是先从他个人的印象谈起，亲切而娓娓动听。外国作家他讲过托尔斯泰的《战争与和平》，陀夫妥耶夫斯基的《罪与罚》，哈代的《还乡》和罗曼·罗兰的《约翰·克里斯多夫》。"萧乾写这篇文章时，距离他听杨振声的课已经过去54年。但在他的回忆中，杨振声越发风采浮现："每次上课，他都抱了一大叠夹着纸条的书。随讲随引。

青岛百花苑中杨振声的塑像（秦岭摄）

他不念事先准备好的讲义，也从不把自己的观点强加给学生。他只启发，并不灌输。他一向平等待人，对我这个旁听生也从未歧视过。"

杨振声在"京派"文人中是老大哥式的人物，他正直、朴实、热心，提携了一大批青年作家。萧乾称杨振声为"启蒙老师"。正是在杨振声的提携、帮助下，萧乾登堂入室，在文学创作的殿堂里崭露头角。沈从文蜚声文坛和杨振声的提携也有很大关系。

在杨振声主持编撰教科书期间，萧乾经常到杨振声家中请教。"除了去西斜街看望他，我还常同他一道参加在北平举行的文艺盛会，去中山公园品茗或到朱光潜先生家去听诗朗诵。对于我那时的每篇习作，他都曾给过鼓励。"杨振声指导萧乾进行文学创作，也把朋友介绍给萧乾。

罗常培在《七七事变后北大的残局》一文中提到这样一个细节："那天（七月八日）晚上，杨今甫（振声）本来预备在他的新居——旧那王府——约我们几个朋友吃饭。因为临时同和居不肯出来'打发'，于是他也把我们'打发'了！那时今甫正和沈从文专心编辑中小学教科书，还没正式加入北大。可他离平赴京，对后来长沙临时大学的成立尽了很大的力量。"

抗战时期，清华大学、北京大学、南开大学三校南迁，组建长沙临时大学，杨振声代临时大学主任秘书周炳琳的职务，开始了漂泊西南天地间的旅程。

1937年11月1日，长沙临时大学正式开课。中文系学生孙昌熙是山东人，得到杨振声的关怀，他说："先生在公务丛生中，在山东形势吃紧、鲁籍学生惶惶不安的时候，不忘照料他们。爱乡才能爱国，卫国就是保家，培养人才，储备力量，收复失地，我体会这大概就是当时先生的心情。"一些因有困难而影响读书的山东学生，或是为了谈谈形势的学生，常去找杨振声。孙昌熙在这种情形下见到了杨振声。"时已冬令，先生已穿长棉袍，愈显高大，而风度潇洒。前发稍稀，长方形脸上，目光炯炯，高鼻梁，口含一只大烟斗，多听，多思考，不多讲话，然而即之也温。笑起来极为爽朗，是位典型的哲学家和教育家。"

孙昌熙在与杨振声的不断接触中，逐步感受到他的渊博学识和人格魅力："先生在娓娓而谈中，多幽默风采，使人如坐春风。他也月旦人物，但不露锋，让你自去思索：如对某画家的作品，只说他在国内开画展时展出的是西洋画，而在外国则展出中国画。先生是有资格评论的。先生的艺术素养极深，书法韵味高妙……"

1938年，吴宏聪考入西南联大中文系，最想见到的先生是杨振声、闻一多、朱自清，因为他在中学时代就读过这几位先生的文学作品。杨振声在"五四运动"中的壮举，更是吸引着吴宏聪，他总想找个机会一睹先生的风采。杨振声在给学生解释《大一国文》为什么没有选编闻一多、朱自清和自己的文学作品时，吴宏聪恰好听到。吴宏聪回忆："他嘴里叼着烟斗，和颜悦色，态度是那样的谦虚，给我留下了极为深刻的印象。"

1941年秋，考入西南联大的袁可嘉上"大一国文"课，对杨振声印象很深："当年教我语文的是杨振声老师，他身穿长袍，口衔烟斗，娓娓而谈徐志摩的情景，历历如在眼前。"

从《国立西南联大校史》中可知，杨振声先后任西南联大主任秘书、叙永分校主任等重要行政职务，还主编了《大一国文》。"西南联大中文系对大一国文课是十分重视的，系里成立大一国文编纂委员会，请杨振声主持。"选杨振声来做这项工作，可能是考虑到他具备的两种优势：一方面他是对新文学有影响力的作家；另一方面，他在30年代就开始领导教育部的中小学教科书编写工作。他于1938年开始编选课程，由全体任课教师推荐篇目，几经斟酌讨论，并在使用过程中不断总结经验，增删篇目，到1942年编定。这册西南联大所有学生必修的《大一国文》课本包含文言文15篇、语体文11篇、古典诗词44首。他们把反映新文学运动业绩的现代文学作品（包括散文、小说、戏剧文学和文学理论）引进大学国文教材，这一做法具有划时代的意义。这不仅把作为全国文化中心的北京地区自"五四"以后重视白话文的传统带到比较封闭保守的西南，同时给教育当局的严重复古倾向以沉重打击。

多年之后，汪曾祺回忆当时读的《大一国文》，认为是一本"京派国文"。他在谈联大《大一国文》的特点时，写道：

> 这本书编得很有倾向性。文言文部分突出地选了《论语》，其中最突出的是《子路曾皙冉有公西华侍坐》。"暮春者，春服既成，冠者五六人，童子六七人，浴乎沂，风乎舞雩，咏而归"，这种超功利的生活态度，接近庄子思想的率性自然的儒家思想，对联大学生有相当深广的潜在影响。还有一篇李清照的《金石录后序》。一般中学生都读过一点李清照的词，不知道她能写这样感情深挚、挥洒自如的散文。这篇散文对联大文风是有影响的。语体文部分，鲁迅的选的是《示众》。选一篇徐志摩的《我所知道的康桥》是意料中事。选了丁西林的《一只马蜂》就有点特别。更特别的是选了林徽因的《窗子以外》。[1]

笔者查阅《国立西南联大校史》，得知这是1942年～1943年的

[1] 汪曾祺著：《我在西南联大的日子》，山东画报出版社，2018年5月，第37页。

《西南联大国文课》

篇目。语体文还有胡适的《文学改良刍议》。汪曾祺记忆中的丁西林的剧本《一只马蜂》，实为丁西林的《压迫》（独幕剧）。汪曾祺对这个课本印象深刻，很有感情："这是我走上文学道路的一本启蒙的书。这本书现在大概是很难找到了。如果找得到，翻印一下，也怪有意思的。"当时的《大一国文》只印课文，没有注释、题解、作者介绍和辅导教材，16开本白报纸铅印，印数不多，接力棒一样由前一届学生传给下一届新生。

从《大一国文》篇目可见，以杨振声、朱自清、闻一多等教授的意见占了上风，吸收了新文学的成果。1944年，面对教育部复古的倾向，大一国文编纂委员会又选编了一册《西南联合大学大一国文习作参考文选》（后改名为《语体文示范》），选入了胡适、鲁迅、冰心、徐志摩、宗白华、朱光潜、梁宗岱等人的文学作品和文学评论。

杨振声为此书撰写的序言《新文学在大学里》突出地点明了向教育当局复古倾向作斗争的编印宗旨。值得一提的是，《大一国文》《语体文示范》两本教科书未选杨振声、朱自清、闻一多、沈从文等本校教师的作品，特意"回避"，以免引起误解。

杨振声除主编《大一国文》外，还在中文系开设"汉魏六朝诗""中国现代文学""中国现代文学讨论及习作""文学概论"等课程。从在西南联大求学师从杨振声的学生的回忆中，我们可知杨振声的教学风格和学术贡献。

汪曾祺回忆：有一个同学在杨振声先生教的"汉魏六朝诗选"课上，就"车轮生四角"这样合乎情悖乎理的想象写了一篇很短的报告《方车论》。就因这份报告，在期终考试时，杨先生宣布该生免考。

任继愈写道："我记得一位同学也就是现在中山大学现代文学研究专家、曾为西南联大中文系助教的吴宏聪，有一次，他的导师杨振声给他出了一篇《论曹禺》的题目，但因为自己的观点与老师不一样，他整整一周不敢见老师。老师得知后说，学生的观点不必要和教师一样，完全一样就不是做学问了，他这才放心地写出了自己的观点。"

吴宏聪这样描述杨振声在西南联大教"中国现代文学讨论及习作"的细节："他的教学方法是全新的，每次上课都由先生提出一些问题让大家讨论……讨论后跟着要交习作，讨论小说交小说，讨论散文交散文。他训练很严格，要求也很高，作业批改更详尽，每次作业都批改得密密麻麻……"当年联大的教授不仅杨振声如此，沈从文也是这样扶持学生进行创作。

吴宏聪还写到杨振声的授课方法："让大家自由讨论，然后先生再针对同学讨论中提出的问题议论开去，作个总结。"这是当时美国大学的教学方式。杨振声留美时学的是教育心理学，不是文学，但如何教书，道理是相通的。或许，正因为学过教育学和心理学，他才知道如何营造课堂氛围，调动学生的学习积极性。可这样的课并不好上，更何况批改作业时，"有时为了示范，先生还替我们加上几行"。可惜的是，杨振声的讲稿没有留下来，我们无法感知其讲授"中国现代文学"的风采。

远见卓识
推动现代文学教学

长沙临时大学组建时，杨振声是教育部代表，他与北京大学校长蒋梦麟、清华大学校长梅贻琦、南开大学校长张伯苓组成临时大学筹备委员会，杨振声任筹备委员兼秘书主任。1938年4月，长沙临时大学迁至昆明，改名为西南联合大学。他与三校校长组成西南联大常务委员会，担任常务委员兼秘书长以及中文系教授。

1940年，西南联大在四川叙永建分校，杨振声任叙永分校的主任，相当于分校的校长。抗战时期，杨振声在大后方从事大学教育工作，发展学术，培育栋梁，进行文化抗战。

在抗战的大背景下，很多学者、文人与政治发生了紧密的联系。

西南联大的国民党籍教授，除少数在战前即已加入国民党外，多数是在联大时期新加入的。朱家骅在出任国民党中央组织部部长后，有意将党务推进校园。在其直接笼络或间接影响下，相当大一批知识分子相继加入国民党。1940年，由朱家骅介绍，杨振声加入了国民党。1940年12月23日，重庆国民政府公布《第二届国民参政会参政员姓名录》，杨振声作为青岛市的唯一代表入选。

在抗战期间，除了在西南联大执教外，杨振声还从事与盟国的学术和文化交流活动。1943年，他和杨钟健应英国文化委员会之邀，赴牛津大学讲学。1944年秋，他被西南联合大学派往美国讲学，讲授中国诗歌和中国美术史。

通过追述这些政治和文化活动，我们隐约感知到杨振声在国内学术界的地位。至于在生活中他是怎样的一个人，不妨看一下同时代学人对他的印象。

杨振声是典型的山东大汉，身材魁梧，脸庞线条硬朗，浓眉大眼，透着刚毅。他性情豪爽，善饮酒。他受传统文化的影响很深，诗书俱佳，精通古画鉴赏。作为"五四"时代的学人，他留学美国，学习西方文化，集新潮和传统于一身。

梁实秋在《忆杨今甫》一文中写道："今甫身材修长，仪表甚伟，友辈常比之于他所最激赏的名伶武生杨小楼。而其谈吐风度则又温文

西南联大负责人与旅行团全体教职员合影（前排左起为黄钰生、李继侗、蒋梦麟、黄师岳、梅贻琦、杨振声、潘光旦）

尔雅，不似山东大汉。在'五四'时代的文人中，他是佼佼者之一。"

杨振声在文物和字画鉴定方面，是当时数得着的专家。早在抗战之前，当局就对他委以重任。1934年，国民党政府决定选一批古代艺术品参加1935年在英国伦敦举行的中国艺术国际展览会，并委派他负责此事。杨振声以为可借此对外介绍中国光辉灿烂的文化，让西方认识中国的艺术，便欣然接受，认真筹备。但就在要启程赴英的时候，他才得知这是国民党政府耍的一个阴谋，要在展览之后用这些宝贵的艺术品换取军火打内战。在筹备过程中他就说过，只有展出后全部展品完整无损地运回国内，他才能松一口气。君子有所为有所不为，杨振声获悉内幕后，当即坚决辞去这个职务。

1936年，杨振声在南京主持全国美展。他在文学教育和书画艺术两个领域都是国内一流的学者。他在大学里讲文学，在生活中与书画相伴。

杨振声学养深厚，举止文雅。居北平时，他爱逛古董店铺，喜欢收藏字画，每有新的收藏，常常约请邓以蛰、胡适、朱自清等朋友一起欣赏。

20 世纪 30 年代，为了研究儿童教育，这位曾任大学校长的教育家还跑到北师大实验小学当过教师。在教学中，他讲故事绘声绘色，做游戏情趣盎然，没有一点儿"师道尊严"的影子。胡适在一篇文章中也说，1933 年冬天，他与杨振声等人应邀去武汉大学演讲。有一天，东道主似乎要考考几位学者运用"大众语"的水平，便安排他们与小学校和幼稚园的孩子们见面。胡适说，尽管他在国内是"久经大敌的老将"，在国外也往往博得好评，然而在这次"考试"中却不幸落第。在他看来，孩子们虽然可以听懂他所讲的故事，却不大明白其中含义；相比之下，"只有杨金甫说的故事，全体小主人都听得懂，又都喜欢听"。这显然和杨振声的教育背景有关：1920 年，入美国哥伦比亚大学攻读心理学、教育学，获博士学位；1923 年，又入哈佛大学专攻教育心理学。杨振声不仅是一位大学教授，更是一位教育家。

陈平原教授认为："支撑着西南联大的现代中国文学课程的，是杨振声先生。"西南联大时期，中国文学系要不要开设"新文学"或"现代文学"课程，依然是个很大的挑战。在联大校园里，新文学家不少，进行个人创作没问题，但作为课程讲授则是另一回事。即便是早已声名远扬的新诗人闻一多、散文家朱自清，也都对此不感兴趣；真正推动西南联大现代文学教学的，还是杨振声。

孙昌熙在《把中国新文学抬上大学讲坛的人——追忆在抗日战争期间接受恩师杨振声（今甫）教授教诲的日子》中，满怀激情地写下这样一段话："先生在西南联大为中国新文学披荆斩棘地开辟道路，或者说'打天下'，是胜利的。那标志，就是新作家群的不断涌现。"

杨振声的知人善任、远见卓识，还表现在聘请沈从文到西南联大执教，并全力支持沈从文晋升教授上。杨振声举荐沈从文，目的是扩大新文学的影响，当然也有友情的因素在内。

1939 年 6 月 6 日，杨振声和朱自清参加西南联大师范学院教师节聚餐会和游艺会，杨振声向朱自清提议聘请沈从文到联大师范学院教书，朱自清感觉"甚困难"。6 月 12 日晨，朱自清拜访罗常培，商量聘请沈从文到西南联大师范学院国文系任教一事，结果甚满意。

1939 年 6 月 27 日，联大常委会举行第 111 次会议，有一项内容是决定聘沈从文为联大师范学院国文系副教授（编制在师范学院的国文系）。

沈从文进入联大，不如那些留学海外、拿了硕士或博士文凭的"海归"那样顺利。杨振声之子杨起在《淡泊名利 功成身退——杨振声先生在昆明》一文中谈到，沈从文入西南联大任教有较大阻力，当时的校委会和中文系似乎并不认可这位作家来当教授，"但是现在回眸看，确实是一步好棋。杨先生为中文系学生物色了一位好的指导习作的老师，使学生们很是受益"。

西南联大名流荟萃，开设的都是学术性的课，新文学的影响力还达不到大学课堂。

《杨振声编年事辑初稿》中记录了一个小故事，我们从中可以看到当时沈从文进联大执教阻力多么明显：一年暑假，在联大就读的杨振声的儿子杨起到昆明东南部的阳宗海游泳，休息时，与汤池边上的茶客喝茶，桌上的查良铮（即诗人穆旦）说："沈从文这样的人到联大来教书，就是杨振声这样没有眼光的人引荐的。"历史已经证明，杨振声慧眼识珠，而沈从文执教联大也是称职的。但在当时，查良铮的观点代表了不少人的看法。查良铮，18岁考入清华大学外文系。1940年，23岁的查良铮于西南联大毕业后留校任教。在西南联大时期，查良铮用"穆旦"作为笔名写诗，和闻一多、朱自清、冰心、冯至、卞之琳等交游。写新诗的穆旦，看不起写小说的沈从文，有点让人感到意外。

1943年7月，沈从文晋升为教授，校常务会议决定"改聘沈从文先生为本大学师范学院国文系教授，月薪三百六十元"。其薪水看似不少，但据余斌在《西南联大·昆明记忆》中记载，晚沈从文两个月晋升的法商学院教授周覃裖因为是英国爱丁堡大学商学士，虽比沈从文小8岁，1942年才担任讲师，月薪却是430元。

据1945年4月西南联大的薪水表记录，沈从文当月薪金是440元，扣除所得税11.5元、印花税2元，实领426.5元。沈从文所领薪金为教授一档的最低起薪。以新文学为业的沈从文，尽管所著小说名满天下，但在西南联大并不为人所重视。

杨振声在西南联大地位举足轻重，在他身边团结了朱自清、闻一多、冯至、沈从文等教授兼作家，新文学在昆明蓬勃发展，渐成气候。

热心助人
朋友圈中的老大哥

　　杨振声是京派文人圈子中的老大哥，热心扶植年轻人。不论谁遇到困难，他总是尽其所能施以援手。

　　1932年9月，南京政府批准杨振声的辞职请求，并且把国立青岛大学改为国立山东大学，由教务长赵太侔继任校长。

　　杨振声重返北平后不久，就接到教育部部长王世杰委派的任务。"九一八"事变后，全国抗日气氛高涨，国防委员会出资，请教育部编纂带有抗日色彩的中小学国文教科书。王世杰就把这个任务交给了刚刚卸任国立青大校长一职的杨振声。在此期间，杨振声把女儿杨蔚、儿子杨起以及干女儿方瑞（青大校医邓仲纯之女邓译生），从青岛带到北平，同住在北平西城的西斜街中段路西一座有高大门墙的院落里。

　　1933年夏天，从山东大学辞职的沈从文，应杨振声邀请赴北平参与教育部中小学教材编选委员会的工作，并且协助杨振声把此前由吴宓主编的《大公报》文学副刊改版成为文艺副刊。他与未婚妻张兆和一起住进西斜街杨家。

　　一天，杨振声家的大司务送沈从文的裤子去洗，发现口袋里有一张当票。于是，他将这张当票交给了杨先生。原来，为了应付各种生活开支，张兆和将姑母送给自己的一枚玉戒指交给沈从文当掉了。得知此事，杨振声预支了50元薪水给沈从文救急。后来，杨振声半开玩笑地对朋友说："人家订婚，都送给小姐戒指，哪像沈从文，不但没有送新娘戒指，还因为缺钱，把新娘的戒指给典当了。"

　　沈从文决定买下西城府右街达子营28号作为新居。1933年9月9日，沈从文和张兆和在中央公园水榭举行婚礼。

　　1933年，走出校门的萧乾，在杨振声和沈从文的推荐下，进入《大公报》当记者。

　　卢沟桥的炮火，打破了杨振声、沈从文和萧乾生活的平静，也改变了他们的人生道路。杨振声和沈从文从沦陷的北平辗转到了汉口。此时，萧乾已经被《大公报》解聘，也到了汉口，没有了工作，没有了薪水，生活陷入困顿之中。杨振声、沈从文向他伸出援助之手。萧乾在《我的启蒙老师杨振声》文中写道："慨然收容了我，让我参加他们从一九三三年以来在编纂的中小学教科书的工作——那时已近尾声。他们在珞珈山脚租了所小独院，几间平房，院门是座竹编的篱笆门，横楣上是五个'福'字，我们戏称它作'五福堂'。这样失业后的我，算是找到了一个栖身之所。"更重要的是，杨振声和沈从文从个人的薪水中，每月凑出50元，送给萧乾作为生活费，一直资助到1938年秋天，萧乾重新加入在香港重整旗鼓的《大公报》。杨振声、沈从文雪中送炭的资助，令萧乾没齿难忘。

1938年夏天，杨振声、沈从文到达昆明后，几个家庭好多人都随杨振声住在昆明北门街的一个大院子里。张充和在《三姐夫沈二哥》一文中说："七七事变后，我们都集聚在昆明，北门街的一个临时大家庭是值得纪念的，杨振声同他的女儿杨蔚、老三杨起、沈家二哥、三姐、九小姐岳萌、小龙、小虎，刘康甫父女。我同九小姐住一间，中隔一大帷幕。杨先生俨然家长，吃饭时座位虽无人指定，却自然有个秩序。我坐在最下首，三姐在我左手边。汪和宗总管我们的伙食饭账。在我窗前有一小路通山下，下边便是靛花巷，是中央研究院史语所所在地。时而有人由灌木丛中走上来。傅斯年、李济之、罗常培或来吃饭，或来聊天。院中养只大公鸡，是金岳霖寄养的，一到拉空袭警报时，别人都出城疏散，他却进城来抱他的大公鸡。"此时的张充和也加入了中小学教科书的编纂工作。

日寇轰炸昆明，西南联大的教授疏散到郊外和乡下。呈贡龙街的杨家大院，孙伏熙、杨振声、沈从文、张充和都住过。

1940年夏天，朱自清准备带薪休假一年，他即将踏上回成都与妻子孩子团聚的旅程。杨振声建议他利用这个年假，撰写一本向青少年介绍中国古典文化精华的小册子（当时暂定名为《古典常谈》）。1941年11月，朱自清返回昆明，修订在成都期间写完的《古典常谈》。1942年2月3日，朱自清步行了一大段难行的马路，把《古典常谈》书稿和序言交给杨振声。杨振声建议，把书名改为《经典常谈》，朱自清没有立即同意。但在归途中，经过反复考虑、琢磨，他认可了杨振声提出的书名。1942年5月14日，朱自清在日记中写道："下午至图书馆研究《经典常谈》中之两问题，看来须加校正。"1942年8月，被誉为"包囊百万字，涵盖三千年"的《经典常谈》，在重庆由国民

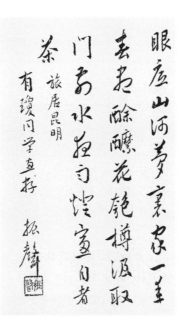

眼底山河梦裹家一芽
去君醉酿花艳樽派取
门前水柱句恺室自者
茶　旅居昆明
有瓊同學畫扣
振麟

杨振声墨迹

图书出版社出版发行。同年 3 月，闻一多唯一生前出版的学术著作《楚辞校补》也由该出版社印行。这两本联大学者的著作，都是用发黄的土制纸印刷的，同样成为他们各自的代表作。

朱自清在《经典常谈》自序中说：“谢谢杨振声先生，他鼓励编撰者写下这篇常谈。”这本近 8 万字的大家小书刊行不衰，从抗战时期一直到现在，仍然是青少年了解中国古代文化典籍的入门指南。

杨起在怀念父亲杨振声的文章中也写道：“父亲对朋友、对周围的人慷慨大方。”1949 年，丁西林夫妇来到北京，杨振声热情地招待他们，“在我们家里住了几个月，直到人民政府安排了他们的工作”。丁西林是戏剧家、物理学家，1947 年初至 1948 年 6 月执教于山东大学物理系，并担任理学院院长。1948 年 9 月，丁西林从台湾大学重返青岛，在山东大学担任物理系教授。1949 年 9 月，丁西林接受周恩来的邀请，到北京参加中国人民政治协商会议第一届全体会议。就是在这个时候，丁西林夫妇暂居在杨振声家中。1950 年，丁西林任中华全国科学技术普及协会副主席。1960 年，丁西林任文化部副部长。值得一提的是，丁西林在二十世纪二三十年代的戏剧创作，正是在杨振声、沈从文的鼓励下进行的。丁西林的代表作《一只马蜂》，1926 年 6 月 5 日由北京国立艺术专门学校戏剧系在北京首演，赵太侔导演，受到好评。他的独幕喜剧堪称喜剧领域中的上乘之作。丁西林是杰出的物理学家，又是戏剧家，是我国现代喜剧的创始人之一。他的人生如戏，多彩多姿。

谈到戏剧，一个不可忽视的现象是，山东大学在青岛时期，赵太侔、闻一多、梁实秋、宋春舫、孙大雨、洪深、丁西林等教授，都从事过戏剧翻译、创作、演出。青岛的文学和艺术的底蕴，由此慢慢累积。

杨振声在扶植和培养青年学子方面更是不遗余力。从他关心青年学子的生活中即可看出。

1946 年，北京大学复校后，杨振声执教中文系。这个时候，内战的阴云密布，物价飞涨，很多大学生不知肉味。这年冬天，杨振声请北京大学中文系一年级的十几位学生到家中吃饭，特意为他们改善伙食。当时读大一的顾文安记述道：

> 一次，先生请十几位同学到家吃涮羊肉，我是只吃鱼虾蔬菜，不吃任何肉类的，当先生得知后，立即叫厨师做一盘鱼给我吃。我实在不好意思，埋怨自己不应该暴露偏食的缺点而麻烦先生。当天我们在先生家里还见到一位收购书画的人从墙上取下一幅先生心爱的古画，估计是出售了，我们几人心中实在不是滋味！那年头物价飞涨，教授们工资也很有限，先生为了其他需要和给学生们"打牙祭"把古画也出卖了。先生不单是关心学生们的学习，也关心学生们的生活，慷慨大方，热心扶植年青人是众所周知的。他真是我们的好老师。[1]

朋友圈中的老大哥，青年学子心目中的恩师，这就是杨振声给同时代人留下的印象。

---

[1] 季培刚编著：《杨振声年谱》（下册），学苑出版社，2015 年 10 月，第 660 页、661 页。

清净风雅
颐和园消夏雅集

1946年5月4日，西南联大举行结业典礼，7月31日宣布联大结束。三校北返复校。是年1月，杨振声就到了北平，接管北京大学，主持复校工作。

胡适被任命为北大校长，但当时他还在美国，傅斯年代理北大校长。罗常培写信给胡适，推荐杨振声主持北大中文系：

> 所以关于国文系的主持，如果您不能自兼，可由今甫兼管。今甫文人气虽重（不是冲锋陷阵的角色，而且有偏见和乡曲之见），他对于文学尚有相当深的修养。[1]

这可能是当时文化界对杨振声的印象。

事实上，杨振声对国文系主任一职并不怎么在意。他还是喜欢通过报刊做文艺事业。1946年12月，冯至与杨振声、沈从文、朱光潜等人编辑出版了杂志《现代文录》。该杂志以杨振声提出的"融会贯通的创新精神"作为编辑方针，编辑目标则直接指向了"创作我们这个时代的新文艺"，较高的文学品位使它很快便成为"北方文化复员与文学运动展开的第一面旗帜"。

1948年7、8月间，杨振声、冯至、沈从文、朱光潜等还同去颐和园"霁清轩"消夏，他们在园中一起作诗、作画、作文，享受着短暂的悠闲生活。

北大经济系教授张友仁（退休后任西南联大校友会会长）晚年回忆北大师友，详细记录了这次雅集：

> 1948年夏，他（沈从文）和杨振声教授得到北京市市长何思源校友的照顾，住在颐和园谐趣园北边十分幽静的霁清

---

[1] 季培刚编著：《杨振声编年事辑初稿》，黄河出版社，2007年8月，第306页、307页。

轩避暑。那是颐和园内最为佳绝的一处园中之园，美丽的院落、参天的古木、满架的藤萝，还有淙淙的流水。杨振声先生住在园内主要建筑三开间的霁清轩内，该轩的廊柱上彩绘有一串串美丽的葡萄。8 月间，我去看望他们时，杨先生正坐在里面一张摇椅上纳凉，沈先生则住在北面的一栋平房里。沈先生避暑中并不甘寂寞，正在那里写作《霁清轩杂记》长文。他和我们大谈颐和园的历史和掌故，我才知道，霁清轩原来是慈禧太后的住处，当时是北京市政府的一所内部高级招待所。[1]

这次之所以能去颐和园消夏，是因为时任北平市市长何思源的关系。杨振声与何思源是北大的同学，又都是山东人。杨振声担任国立青岛大学校长时，何思源担任山东省教育厅厅长。两人关系非同一般。

就在这个暑假，傅汉思与张充和在此结下情缘。《张充和诗书画选》收录了《结褵二十年赠傅汉思》（二十首选五），其一："翩翩快步上瑶阶，笑映朝阳雪映腮。记取景山西畔路，佯惊邂逅问何来？"末一句含蓄、婉约，让人心领神会，却又明知故问，传递出两人之间微妙的情感，简直有清照词"和羞走，倚门回首，却把青梅嗅"之韵味。其四："霁晴轩侧涧亭旁，永昼流泉细细长。字典随身仍语隔，如禅默坐到斜阳。"是写傅汉思随杨振声、冯至和沈从文三家在颐和园消夏时，仍不忘带词典学汉语。

诚如钱理群先生一本书的名字——"1948：天地玄黄"，中国的社会与政治面临着重大变革，文化生态与文化体制即将迎来深刻的变化。然而山雨欲来风满楼，谁能穿越世事纷纭，看透历史的变数？1948 年，解放战争已经进行两年，国统区经济全面崩溃。北平表面平静，实则暗流汹涌。暑假过后，战事日紧，北大教授们面临着何去何从的抉择。所以，1948 年夏天，杨振声和北大教授在颐和园消夏，堪称最后的雅集。

夏天过后，在蒋介石的指示下，国民党开始拉拢知名文化人士，

---

[1] 张友仁文：《忆沈从文教授》，《文汇读书周报》，2003 年 12 月 15 日。

杨振声和学生诸友琼合影

杨振声的名字出现在名单上。但是,他拒绝南下,选择留在北平,迎接解放。而北大校长胡适则乘坐国民党特派的飞机离开了北平。

1948 年 12 月 16 日《北平日报》报道:"硝烟弥漫了北平,口口声声不考虑走的胡适博士,终于在昨天午后二时乘机南飞了。胡博士走得干净利落,除去一个小包袱外,别无长物。"

临走的时候,胡适给文学院院长汤用彤和秘书长郑天挺留下一纸短笺,说:"今早及今午接连政府几个电报要我即南去。我就毫无准备地走了。一切的事,只好拜托你们几位同事维持。我虽在远,决不忘掉北大。"从此,他再也没有回到北京大学。杨振声也是胡适短笺中提到的"几位同事"之一。

杨振声晚年照

调离京城
藏书之中夹着往事

　　杨起在《怀念我的父亲》文中说："他面带微笑，眸子里闪烁着明亮的光芒，内心充满了摒弃黑暗走向光明的喜悦之情。他就这样迎来了北平和全国的解放。"身处改天换地的时代，杨振声意识到自己思想的落后，他写了《我蹩在时代的后面》，深刻地剖析自己、检讨自己："我参加过《新潮》杂志社，在班上挨先生的骂，下过监狱，在家中挨父母的骂。至少，在旁人看来，不能不算前进了。可是，我一直呆在那儿，时代却是一刻不停地在奔流，于是我就蹩在后面。"为了跟上时代，杨振声和北京市文联的文艺工作者访问战斗英雄。他写了《华东一级人民英雄刘奎基》，这篇文章发表在 1950 年 10 月的《北京文艺》上。

　　1952 年，全国高等院校调整，杨振声被调到长春东北人民大学，任中文系教授兼中国文学史教研室主任。

1956 年 3 月 7 日，杨振声病逝于北京协和医院，终年 66 岁。杨振声患病究其源，是在西南联大时期，他的身体、健康被严重透支。他的家人和好友在金鱼胡同贤良寺举行了追悼仪式。

许德珩、周培源、李四光、周炳琳、陈岱孙等人参加了他的追悼会。

临终，杨振声唯一的遗嘱是将其全部藏书（2379 册）捐给长春东北人民大学图书馆。

想来，这些穿越了历史云烟的书籍仍在图书馆，默默地记录着杨振声的来路和去路。人事有代谢，往来成古今。如今，生活在青岛这座城市的人们，应该读一读杨振声，他留下的事功和声音，不应该被岁月的流水带走。

赵太侔

有情过人间　无语问苍天

——赵太侔的朋友和恋人

聊城傅斯年，菏泽何思源，蓬莱杨振声，益都（青州）赵太侔，都是"五四运动"前后毕业于北京大学的山东籍学者。益都赵太侔和前三者相比，其人生道路和历史境遇更加鲜为人知。

1917年，赵太侔毕业于北京大学英语系。1919年，他在美国哥伦比亚大学专攻西洋戏剧。在美国留学期间，赵太侔与闻一多、梁实秋结下深厚的友情。1925年，赵太侔回国。赵太侔是中国现代戏剧发起人之一，他曾创立山东实验话剧院。

1932年，赵太侔任国立山东大学校长后，对俞珊展开爱情攻势，两人的婚姻在抗战胜利后结束。这对离异的夫妇，生命都终止于1968年。赵太侔一生平淡，却因最后的跳海自杀而奇崛。

这位沉默寡言的戏剧家，他的一生也好似一台大戏，跌宕起伏，悲喜交集。他的表面是冷的，内心是热的。他在世间走过一遭，可谓有情。他的结局凄惨，让后人无语问苍天。

我们通过赵太侔的友情、恋情来透视他的一生。历史的链条一环紧扣一环，自有它的逻辑和因果。

赵太侔与闻一多、梁实秋的友情

赵太侔在美国哥伦比亚大学留学期间，与闻一多、余上沅、熊佛西、张嘉铸交游。赵太侔在 20 世纪 50 年代写的一份自传中谈到这期间他的经历和思想："在哥大半工半读一年，我补上了山东省的公费（留学生资格），起先在心理学系，后来又转入英国文学系，这时的读书完全随着个人的兴趣选课，并无意追求学位，因此选听的课程很杂。留美时期，在思想上并没有发生什么特别变化。"

梁实秋在《谈闻一多》一文中，曾多次提及跟闻一多一起留学美国的赵太侔："常往来的朋友们如张禹九（张嘉铸）、赵太侔、熊佛西等都是长发披头，常常都是睡到日上三竿方才起床。"赵太侔、闻一多蓄了长发，作艺术家状，时间长了，颈后发痒。美国当地理发馆歧视中国人，只要有中国人进了理发馆，美国人就不再光顾。于是，他们约好，互相用剪刀修整头发。到了晚上，赵太侔等人到附近的一家广东馆子，偷偷地喝五加皮酒、吃馄饨。梁实秋说，他们过的是波希米亚的生活，生活散漫，但并不偷懒，忙得不可开交。在梁实秋的印象中，"赵太侔是一个整天不说话的奇人，他在纽约从 Norman Geddies 学舞台图案……"

1924 年中秋节，赵太侔和余上沅、熊佛西、闻一多等喜欢戏剧的留美学生，开始排演五幕英文古装剧《杨贵妃》（又名《此恨绵绵》）。余上沅于 1923 年到美国留学，初在匹兹堡卡内基大学戏剧系学习，后转入纽约的哥伦比亚大学攻读戏剧学研究生。梁实秋谈到此时的余上沅说："上沅在美国这一年博览了古典与现代的戏剧文学。但是获益最多的尚不在此，他在这大都市的剧院看了无数的名剧之精彩演出。"余上沅另一个收获是结识了赵太侔、熊佛西、张嘉铸等志同道合的朋友。

排演《杨贵妃》激发了大家的热情，在戏台上，在饭桌上，赵太侔和余上沅、熊佛西、张嘉铸为了剧本和演出争论、吵嘴，乐在其中。有一天晚上，寒风吹彻，他们在余上沅的厨房里围着灶烤火，越谈越兴奋，相约回国后发起"国剧运动"。

为了演出，赵太侔和余上沅等人马不停蹄，到纽约的各区作调查，到各大剧院咨询演出的剧目，向剧院经理请教。排演一场戏，各种道具、各种所需，全靠他们自己动手，上颜料店去，上电气公司去，上玻璃店去，上布店去，上五金店去，上照相馆去，上演员聚餐的餐馆去，上胶铺去，上石灰铺去，上假金珠店去，上化装品店去，上承

《杨贵妃》剧照

做布景店去，上画店去，上书店去……每天像上足了发条的机器，四处忙碌奔波。虽然辛苦，但赵太侔的心中揣着一个梦想，对此丝毫也不在乎。

闻一多是学绘画的，剧组有关图画的工作都由他来完成。几十套绸质服装，要在上面画出锦绣黼黻的图案，更是需要匠心独运。闻一多的精心绘画效果非常好，在灯光下竟然看不出有彩笔的痕迹。梁实秋说，在这次演出中，闻一多立了大功。

1924 年 12 月，赵太侔等人精心准备的《杨贵妃》在纽约公演，轰动一时。

在波士顿一带学习生活的中国留学生受到很大影响，组织演出《琵琶记》。顾毓琇和梁实秋是此剧演出的策划者。顾毓琇从明初高则诚的《琵琶记》中节选出一段，改写成剧本，由梁实秋翻译成英文。梁实秋在剧中饰蔡中郎，谢文秋饰赵五娘，顾毓琇饰宰相，冰心饰宰相之女。剧组在排练中遇到了难题——缺少布景和服装。梁实秋写信向闻一多求助。赵太侔和余上沅从纽约赶到波士顿，把《杨贵妃》剧中的一些服装带去，并协助梁实秋等制作布景。闻一多特意在回信中提到了赵太侔，"太侔这个人是真正的'a man of few words'（一个不大讲话的人），千万别起误会，以为他心有所惧"。

1925年3月28日，波士顿的中国留学生在美术剧院正式演出《琵琶记》，观众有1000人左右，有大学教授、文化界人士、中国留学生和华侨。演出十分成功，轰动波士顿。演出前，闻一多、赵太侔特意从纽约赶来助兴。顾毓琇在《怀故友闻一多先生》一文中写道："一多同太侔特意从纽约赶来帮忙。布景、服装、化妆，都由一多负责；舞台设计、灯光则由太侔负责。我穿的一件龙袍，便是一多用油画画出来的，在灯光照耀下十分漂亮。一个大屏风，有碧海，有红日，有白鹤，亦是一多的大手笔。"

《琵琶记》演出成功，为留美的学生留下一些趣话。正在牛津大学读学位的许地山知道消息后，立即给顾毓琇写了一封信表示祝贺，信中还调侃梁实秋说："实秋真有福，先在舞台上做了娇婿。"因为都是年轻人，而且又是身在国外，演出结束后，朋友们都拿这几个人来打趣。而且因为大家都是单身男女，开玩笑的同时，也有人带着认真的成分。顾毓琇当时看了许地山的来信后，就特地把这一段调侃梁实秋的文字拿给冰心看。冰心一笑置之。因为有人也常拿梁实秋和谢文秋打趣。当谢文秋和同学朱世明订婚时，冰心就调侃梁实秋说："朱门一入深似海，从此秋郎是路人。"梁实秋很喜欢"秋郎"这两个字，回国以后以此为笔名写了不少文章，后来结集为《骂人的艺术》，一度畅销。

1925年5月4日，赵太侔与闻一多、余上沅结伴离开纽约，5月14日，在美国西海岸登船回国。三人回国后就遇到"五卅惨案"。余上沅在《一个半破的梦——致张嘉铸君书》中写道："我同太侔、一多刚刚跨入国门，便碰上五卅的惨案。六月一日那天，我们亲眼看见地上的碧血。一个个哭丧着脸，恹恹地失去了生气，倒在床上，三个人没有说一句话。在纽约的雄心，此刻已经受过一番挫折。"

1925年6月，赵太侔回到北京后，和闻一多、余上沅，联合北大教授胡适、新月派诗人徐志摩等一起筹办"北京艺术剧院"，但因经费无法筹齐，"北京艺术剧院"终成泡影。经徐志摩等人推荐，闻一多进入国立艺专任教务长，并教授西洋画。国立艺专的校长刘百昭是教育部部长章士钊的属下，本拟聘余上沅为戏剧系主任，后因为安置赵太侔，改聘余上沅为教授。国立艺专原设定中国画、西洋画、图案三系，后增设剧曲、音乐二科。

1925 年 8 月至 1926 年 7 月，赵太侔在国立艺专任教授，并在北京大学兼任讲师。徐志摩主办《晨报》副刊后，约请赵太侔、余上沅谈戏剧，闻一多谈文学，萧友梅、赵元任谈西洋音乐。北京浓厚的艺术气氛和国剧推广运动常因变幻的时局而遭破坏和中断。北洋军阀混战，段祺瑞执政府滥杀抗议示威的学生，激起闻一多、赵太侔等人极大愤慨，两人因仗义执言力请蔡元培任艺专校长，与校长刘百昭发生冲突。闻一多因被同人诬为自己想当校长，遂拂袖而去。赵太侔也因国立艺专拖欠教师薪水，再加上教育部处理学潮引起矛盾，避走广州，随后在国民党中央青年部任秘书。

大革命失败后，赵太侔内心感到彷徨，1927 年 9 月至 12 月，赵太侔在上海闲居。大约在此期间，赵太侔访梁实秋，两人留下一段佳话。梁实秋在文章中写道，赵太侔，"寡言笑"的人，一多的老朋友，"他曾到上海看我，进门一言不发，只是低头吸烟，我也耐住性子不发一言，两人几乎抽完同一包烟，他才起身而去"。这段逸闻，让人不禁想起《世说新语》中的王子猷雪夜访戴安道，"吾本乘兴而行，兴尽而返，何必见戴？"赵太侔一言不发，不说就是说。梁实秋感叹，他"饶有六朝人的风度"。

赵太侔与闻一多、梁实秋的友情自美国留学时期开始，在北京、上海加深。他们的友情醇厚如酒，又平淡如水。三个学者生命中一段稳定、美好的时光是在青岛度过的，在山东大学教书之余，他们听大海涛声，赏公园樱花，饮"八仙之酒"。当然，也有隐忧，那就是日本帝国主义的步步紧逼。

赵太侔和俞珊的恋情

1929 年，田汉导演的话剧《莎乐美》在南京和上海演出，引起强烈轰动。舞台上的女主角是俞珊扮演的一个狂野的女子莎乐美，特别是剧中最后一个场景——莎乐美亲吻约翰的头颅而死——给观众以极大的震撼。

俞珊是上海音乐学院的学生，容貌出众，喜欢演戏。1928年，田汉因导演独幕话剧《湖上的悲剧》，在上海音乐学院发现了俞珊——一位饰演莎乐美的理想人选。早在日本留学时期，田汉就想把唯美主义作家王尔德的《莎乐美》搬上中国的话剧舞台，看到俞珊，田汉感叹，终于找到了"一个典型的Vampire女郎饰莎乐美"。俞珊加入了南国社，因《莎乐美》一剧成名。

施寄寒在《南国演剧参观记》一文中记载了1929年7月6日《莎乐美》在南京首演的盛况："是晚全场座位不过三百左右，来宾到者竟达四百以上，场内空气甚为不佳。"由于当时观众太多，以至于剧场秩序混乱，所以从第二场开始，票价由六角提高到一块大洋，这在当时是相当高的票价，因而招致了观众的抱怨。

《莎乐美》的公演为什么会引起轰动呢？据吴作人回忆，《莎乐美》的"写实布景"是他设计的，这是戏剧舞台上首次采用"写实布景"。再就是《莎乐美》"七面纱舞"的配乐，用的是贝多芬的小步舞曲，由冼星海和吴作人一起演奏：冼星海弹钢琴，吴作人拉小提琴。而《莎乐美》的演出取得成功的主要原因，是启用了"容貌既美，表现又生动"的舞台新秀俞珊扮演莎乐美。她的表演激情四射，大胆泼辣，生动地再现了这一求爱不得便割下所爱者头颅捧着亲吻的公主形象。俞珊从此声名鹊起。她捧着所爱者头颅亲吻的形象，成了中国话剧史上的经典，直至2003年，还作为标志性的画面用在了新出版的一部《插图中国话剧史》的封面和封底上。

话剧演员俞珊红透上海滩，带来一连串的文坛掌故和逸闻。在众多的追星族中，有大名鼎鼎的诗人徐志摩。

1930年，俞珊又参加了南国社的第三期公演，在田汉改编的《卡门》一剧中饰主角。俞珊为了塑造好卡门的形象，常登门来向徐志摩请教。徐志摩的家中挂着俞珊饰演莎乐美的剧照，"一腿跪在地上，手中托了一个盘子，盘中一个人头"。剧照旁边还有俞珊的舞衣。俞珊请教的次数多了，徐志摩便拜倒在俞珊的石榴裙下。陆小曼终于"吃醋"了，说俞珊"太肉感了"，有一种诱人的力量。陆小曼常常为此

俞珊剧照

和徐志摩发生争吵。徐志摩说："你要我不接近俞珊很容易，但你也管着点俞珊呀！"陆小曼说："俞珊是只茶杯，茶杯是没法儿拒绝人家不斟茶的；而你是牙刷，牙刷就只许一个人用，你听见过有和人共用牙刷的吗？"

1930年6月《卡门》公演之后，俞珊的父亲俞大纯禁止女儿再登台演戏。话剧演员当时被称为"戏子"，自然不为俞家这样显赫的家族所接受。

在俞珊的追求者中还有梁实秋。1930年，梁实秋接受国立青岛大学校长杨振声的邀请到青大执教，任外文系主任兼图书馆馆长。俞珊在上海患疟疾和伤寒，身体稍恢复，追随梁实秋到青岛，在青岛大学图书馆任职，"藉作息养"。

"莎乐美公主"俞珊在青岛大学搅乱一池春水。这位美貌的话剧演员，引来明里暗里不少追求者，带出诸多青岛大学名教授的绯闻。沈从文将所见写进小说《八骏图》中加以影射。梁实秋晚年在《旧笺

俞珊主演的《莎乐美》剧照

拾零》中这样解释"艳闻"："一是有情人终于成了眷属,虽然结果不太圆满;一是古井生波而能及时罢手,没有演成悲剧。"梁实秋所说的前者是赵太侔追求俞珊,后者是闻一多和方令孺短暂的感情。

梁实秋晚年在《旧笺拾零》中所说,仿佛他自己是置身事外的旁观者。事实上,梁实秋面对美貌的俞珊也出了不少"丑态"。徐志摩在给陆小曼的《爱眉小札》中写道:

星期四下午又见杨今甫,听了不少关于俞珊的话。好一位小姐,差些一个大学都被她闹散了。梁实秋也有不少丑态,想起来还算咱们露脸，至少不曾闹什么话柄。夫人！你的大度是最可佩服的。

（一九三一年六月十四日自北平）[1]

赵太侔追求俞珊有点令人意外。他是那种沉默寡言的性格，既缺少诗人徐志摩的风流倜傥，也没有梁实秋的儒雅蕴藉。两人在上海相识，此番在青岛重逢，赵太侔是如何赢得美人芳心的，真是一个谜。赵太侔在美国留学时学的是戏剧专业，话剧是两人生命中的交集，也是沟通两人精神世界的桥梁。但仅凭这一点，赵太侔没有太大的优势，更何况赵太侔追求俞珊，还有一个巨大的阻力——他已婚，有家室。

梁实秋的回忆道出了杨振声和赵太侔在青岛的生活状态："今甫在校长任上两年，相当愉快。校长官邸在学校附近一个山坡上的黄山（县）路，他和教务长赵太侔住楼上，一人一间卧室，中间是客厅，楼下住的是校医邓仲纯夫妇和小孩，伙食及家务均由仲存夫人负责料理。今甫和太侔都是有家室的人，但是他们的妻室从不随住任所，今甫有一儿一女偶然露面而已。'五四'时代，好多知识分子都把原配夫人长久地丢在家乡，自己很洒脱地独居在外，今甫亦正未能免俗。"

1932年9月，迫于学潮压力，校长杨振声辞职，赵太侔继任校长，这为他追求俞珊赢得一个有利条件。杨振声辞职之前，为了国立青岛大学的稳定和发展，写了三封信分别给赵太侔、吴之椿和梁实秋。在给梁实秋的信中，杨振声写道："弟久病不愈，精神体力皆不能再行继续。当即请辞职，与此函同时有致太侔、之椿一信，劝太侔为校长，之椿为教务长，再辅以吾兄机智，青大前途，定有可为，望兄运用神技，促成此事，弟不胜感激叩头之至。"

赵太侔为了追求俞珊，与原配夫人离婚。蔡登山在翻阅《北洋画报》时发现，1933年12月16日的刊头刊有《俞珊女士新婚倩影》单独照，此页还刊登了《蜚声戏剧界之名闺俞珊女士与赵太侔君新婚俪影》，两张照片均为北平同生美术部摄。一个是国立山东大学的校长，一个

---

[1] 韩石山编：《徐志摩全集第七卷·书信（一）》，商务印书馆，2019年9月，第226页。

《北洋画报》刊登的赵太侔和俞珊的结婚照

《北洋画报》刊登的俞珊婚纱照

是话剧明星，赵太侔比俞珊大近20岁，两人的婚事颇有戏剧性，故而受到报刊的关注。

俞珊嫁给赵太侔，可以说以戏剧结缘，其实也与她的弟弟俞启威有关。

1930年初冬，俞启威进入国立青大作旁听生。第二年初夏，他考入物理系。

埃德加·斯诺的夫人尼姆·韦尔斯描绘俞启威说："与一般中国人比，他的个子很高，穿着中式长袍，他有很漂亮的相貌，表情丰富，而且常常面带笑容。"和其他很多人一样，斯诺夫人被俞启威的人品和能力所打动，"他沉着冷静，举止文雅，宽容至厚，他具有领导才能。他一走到房间，人们的注意力就会转向他"。

1932年初，俞启威在大学里秘密加入了中国共产党，组织学生运动，后任中共青岛市委宣传委员。俞珊和俞启威在上海时，都加入了田汉创办的南国社，但俞启威秘密加入中国共产党，俞珊未必知情。

1932年4月，俞启威和王弢在国立青岛大学成立了海鸥剧社，体育干事王东升、中文系旁听生崔嵬等加入。海鸥剧社成立后，俞启威向上海"左翼戏剧家联盟"的田洪和赵铭彝汇报了剧社情况，要求作为"左翼剧联"的青岛小组，被总部批准。5月28日，海鸥剧社在青大礼堂首场演出了《月亮上升》和《工场夜景》。当晚演出时，校内外"观众不下千余人，济济一堂，诚属空前盛举"。

海鸥剧社一鸣惊人，这只被誉为"预报暴风雨的海鸥"，在爱国抗日的怒潮之中，翱翔于青岛。此后，海鸥剧社相继演出了宣传抗日救国的话剧《一致》《暴风雨中的七个女性》《乱钟》《SOS》《婴儿的杀害》等。1933年初，崔嵬接到上海陈鲤庭创作的舞台剧本《放下你的鞭子》，将其改编为抗日街头剧《饥饿线上》，到崂山等地巡回演出。

1933年夏，因叛徒出卖，俞启威被捕入狱，崔嵬等避险离去，海鸥剧社停止活动。

赵太侔出面把俞启威保释出来。俞启威去北平，考入北大数学系。中共地下组织发动"一二·九运动"，俞启威是北大的学生领袖，成为职业革命家。

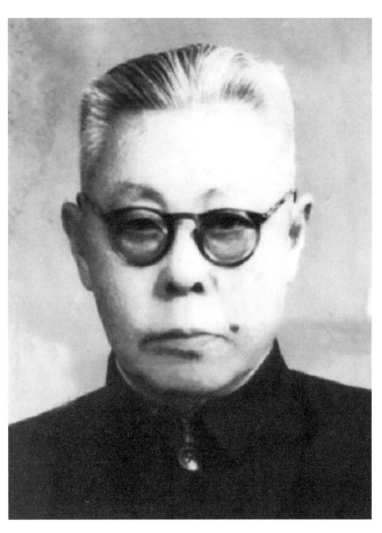

晚年赵太侔

历史中的失语者和沉默者

——赵太侔两次担任山大校长

1968 年 4 月的一个深夜，青岛前海，栈桥。

一个孤独的身影，被昏暗的灯光拉得越来越长，缓缓地向栈桥深处移去。他凭栏沉思片刻，纵身一跃，跳向大海，像一块坚硬的石头沉入波涛汹涌的青岛湾。在他沉入大海的那一刻，狂风怒号，卷起的巨浪激烈地拍打着栈桥堤岸。

他就是两次出任山东大学校长的学者赵太侔，一位为山大发展作出重大贡献的教育家。

赵太侔的早年经历

赵太侔，山东益都（今青州）城关人，原名赵海秋，后改名赵畸，字太侔。《庄子》中有言："畸人者，畸于人而侔于天。"赵太侔的确是个三缄其口的奇人。与之交往甚密的梁实秋这样评价他："平生最大特点是寡言笑，可以和客相对很久很久一言不发，使人莫测高深。"

20 世纪 50 年代，赵太侔在其自传中记叙自己的生平和早年经历：

我的原籍是山东益都，1889 年生于聊城。我父亲是个小公务员，家庭生活完全靠他职务上的收入来维持。我六岁进私塾，十四岁才入高小，那是益都县新创办的第一所公立小学。十七岁入青州中学，不久又考入烟台实益学馆。这是一个教会学校，就学目的全是希望到海天邮局或洋行里做事的。在烟台，我开始与革命党人接触，他们多半是留日回国的，办了一个私立东牟中学为活动机关。那年冬天，我被介绍加入革命同盟会。实益学馆同学中有同盟会会员三人，在学校里也共同做了些宣传工作，如设读书室、开讲演会等。[1]

1907年9月，赵太侔因为家境困难退学回家，后到济南津浦铁路购地局当绘图员。1909年，济南陆军学堂招考第五期学生，赵太侔和同盟会的同志相约报考，在此校学习。1911年，武昌起义爆发，赵太侔和一部分同学参加了山东独立运动，因与驻军缺乏联系，独立运动失败，他就和一部分同志退入商埠另行举行起义。不久，机关被破坏，同盟会刘季沾被捕死难。赵太侔和另一同学逃出来到了烟台参加那里的革命军。和议告成，清帝退位，赵太侔又回到益都，随后，同盟会改组为国民党，青州区党部成立，赵太侔被选为干事。

赵太侔早年参加同盟会的经历鲜为人知，他的好友梁实秋写道："他写得一笔行书，绵密有致，据一多告我，太侔本是一个衷肠热烈的人，年轻的时候曾经参加革命，掷过炸弹，以后变得韬光养晦沉默寡言了。我曾以此事相询，他只是笑而不答。"

1913年，国民党在北京开办国民大学，赵太侔考入此校。1914年，赵太侔考入北京大学文科英文学门。在北大，赵太侔读到一些有关无政府主义的刊物，"觉得很合胃口"。赵太侔接受无政府主义思想，是因为"看到袁世凯的叛变以及各派系间的倾轧，觉得政治是污浊的，它的本质就是罪恶"。1917年，赵太侔毕业后到济南省立第一中学任英语教员。1919年1月，美洲一部分信仰无政府主义的华侨工人想要办个刊物，约赵太侔去担任编辑。赵太侔到了加拿大，经过温哥华移民局三天的留难才得以登陆，但刊物没有办成。他到了美国，后来在纽约才出版了《劳动潮》周刊。出版四期后停刊，赵太侔进入哥伦比亚大学研究院半工半读。在哥伦比亚大学学习一年，赵太侔补为

[1] 赵太侔著：《赵太侔自传》，中国海洋大学档案馆藏。

山东省留学的公费生。起先，赵太侔在哥伦比亚大学心理学系学习，后转入英国文学系。1925年，赵太侔回国。

初任国立山东大学校长

1928年5月，济南发生了震惊中外的"五三"惨案。受其影响，创办于1901年的山东大学不得不随之停办。时任山东省教育厅厅长的何思源，在山大停办不久后，报请南京国民政府教育部批准，成立国立山东大学筹备委员会，拟重新组建国立山东大学。赵太侔被提名为筹委会委员。

1929年6月3日，蔡元培携眷来青岛，住在私立青岛大学女生宿舍小楼。蔡元培的青岛之行，改变了正在筹备中的国立山东大学的校址。他对青岛的优美环境、宜人气候倍加赞赏。鉴于当时军阀割据，战乱频仍，济南是四省通衢、兵家必争之地，而青岛地处海滨，可少受战乱影响，他力主将国立山东大学迁至青岛筹办。蔡元培具有远见卓识："青岛之地势及气候，将来必为文化中心点，此大学关系甚大。"

国民政府教育部接受了他的建议，指令将国立山东大学筹备委员会改为国立青岛大学筹备委员会，除接收省立山东大学校舍校产外，还接收私立青岛大学校舍校产，在青岛筹办国立青岛大学。

校址确定后，筹备工作紧锣密鼓地展开。国立青岛大学筹备委员会每一次开会，赵太侔都参加了，他参与并见证了国立青岛大学成立的整个过程。

6月13日，国民政府教育部另行函聘何思源、王近信、赵太侔、彭百川、杜光埙、傅斯年、杨振声、袁家普、蔡元培9人为国立青岛大学筹委会委员，并推定何思源为筹委会主任。10月，国民政府教育部增聘陈调元、于恩波、陈名豫为筹备委员，使委员由9人增至12人。

6月20日，国立青岛大学筹委会在济南原省立山东大学校部召开第一次会议，本省委员何思源、赵太侔、王近信、彭百川、袁家普五委员宣誓就职；国立青岛大学筹备委员会钤记即日启用。此次会议，讨论了办学经费、系科设置、行政机构（包括秘书长人选）等问题。次日，何思源、赵太侔、王近信奉令赴青岛接收私立青岛大学校舍、校产，着手筹办先修班等工作。

国立青岛大学的筹备和成立，蔡元培居功甚伟，他助力解决了开办一所大学需要的经费问题。1929 年 8 月 3 日，蔡氏在致吴稚晖的函中，提出国立青岛大学经费分摊方案：每年经费 60 万元，由中央、山东省各出 24 万，青岛市政府、胶济铁路各出 6 万。预算很完美，现实很遗憾。国立青岛大学成立后，各方分摊的经费难以保障，经常出现缩减、停发的情况，影响了大学的发展。

1930 年 4 月 28 日，国民政府任命杨振声为国立青岛大学校长。5 月 28 日，杨振声离开清华大学赴青岛履新。杨振声到校视事，制定《国立青岛大学组织规程》。赵太侔被聘为青岛大学外文系教授。

国立青岛大学成立，引起陈果夫、陈立夫的兴趣，他们想把国立青岛大学纳入自己的势力范围，于是 1930 年 6 月，任职江苏省党部整理委员会常务委员兼宣传部部长的张道藩，以养病为名，到青岛住下来了。蔡元培知道二陈的意图，不得不顺应时势，推荐张道藩为国立青岛大学第一任教务长，张道藩夫人郭淑媛任法文讲师。很多文史资料中说，国立青岛大学第一任教务长是赵太侔，有误。1930 年 12 月，张道藩离开国立青岛大学。从赵太侔的自传材料和履历表看，赵太侔兼任教务长是在 1931 年 8 月。

1931 年"九·一八"事变爆发，日军占领东三省。国立青岛大学师生组成请愿团赴南京请愿，要求南京国民政府出兵抗日。校长杨振声在受到教育部斥责之后，以"惩之则学生爱国锐气受挫，顺之则校纪国法无系"为由，电请辞职。其辞呈全文如下：

南京教育部李部长钧鉴：

　　本校学生 179 人为抗日事，签名赴京请愿，屡经劝导，俱无效果，临行时联名请假，即行离校，已于本月 2 日出发，当经电达。此举揆之部令校章，皆难认许。惟其行动系激于爱国之热忱，加以惩处，则青年爱国锐气，有挫折之虞；不加惩处，则校风纪不严，无维系之法。振声忝长斯校，处置无方，惟有恳请准予辞职，以重职责而肃纪纲，实为德便。

国立青岛大学校长杨振声叩质印 [1]

此辞呈递上之后，教育部屡次慰留。杨振声再递辞呈，如此反复三四次，终获教育部批准。杨振声于 1932 年 9 月从校长位上离职，回到北平。赵太侔时任教务长，杨振声推介他继任校长。正如梁实秋所说："今甫属名士类型，他与官场中人不可能沆瀣一气。"杨振声辞职表面上是学潮压力，实际上是为国立青大教育经费被拖欠所困，山东省政府主席韩复榘是一介武夫，军阀做派，再加上青岛市市长沈鸿烈的要挟，杨振声果断去职。几年后，赵太侔辞职也是面临同样的问题。

杨振声辞职后，南京国民政府教育部将国立青岛大学改为国立山东大学，任命赵太侔为校长。赵太侔出任校长之后，采取了一些符合当时山东大学实际的举措，他在继续坚持杨振声提出的"兼容并包、学术民主"的办学方针的基础上，对学校的各方面建设都提出了自己的思路，并克服种种困难予以实施。

赵太侔有一个小本子，记录着各门学科的优秀人才，在掌握情况、了解动态后，他亲自出面聘请，或者托人代请。

1934 年秋季，物理学家王淦昌从德国留学回国后，受聘到国立山东大学物理系任教。他在回忆文章中说："文科有张煦、老舍、洪深、沈从文、游国恩、萧涤非、孙大雨等著名学者，多是当时学界之彦。理科有黄际遇、任之恭、郑衍棻、何增禄、王恒守、郭贻诚、王普、汤腾汉、傅鹰、刘咸、童第周等专家，又都各有所长。工学院虽是新建，但也聘有唐凤图、尚津、周承佑、张闻骏等一批知名教授。这个教师阵容，和全国著名大学相比，实无逊色，可以代表那时山东大学的学术水平。"

1936 年，国立山东大学学生的抗日救亡运动不断高涨，赵太侔

---

[1] 《校长辞职》，《国立青岛大学周刊》第 32 期，1931 年 12 月 7 日。

校长受到的来自教育部的指责越来越多，地方政府所划拨的办学经费越来越少。在政治和经济双重压力之下，赵太侔校长感到"力不从心"，辞去国立山东大学校长职务。

赵太侔在其未刊自传中谈到他辞去山大校长一职的原因：

> 大学自成立以来，虽号称国立，而经费都由山东省库负担，因此，一切用人行政均需仰地方军阀官僚之鼻息，在办理上极受牵制，稍不如意即以停发经费相胁迫。前任校长杨振声就是无法应付愤而辞职的。在我接办以后，情势未改。1934年夏，因政府强迫学生参加集中军训，学生未尽听命，韩复榘立即停发学校经费。1936年春，山大学生因响应抗日救国运动，联合市立中学学生在山大开会，准备罢课游行。青岛市市长沈鸿烈派军警包围学校，要求学校严惩肇事分子。学校召集临时校务会议讨论，结果决定将为首学生开除。我也立即电报教育部呈请辞职，即日离开学校。[1]

赵太侔辞去国立山东大学校长一职，林济青继任校长，在山东大学引发多米诺骨牌式的反应——许多教师纷纷被解聘。

1936年秋，国立山大中文系教师萧涤非和中文系毕业的学生黄兼芬结婚。黄兼芬是江西武宁县人，出生于一个茶商家庭，是著名爱国将领李烈钧的外甥女。就在举办婚礼那一天，萧涤非突然被校方无理解聘，不得不在结婚当天离开青岛南下。就在萧涤非夫妇乘坐的列车即将开动的时候，车窗外传来一阵急促的喊声："涤非！"萧涤非惊喜地发现，来者是老舍。只见他右手拎一根文明棍，左肋下夹着一本书。"涤非，弟妹，我是来参加你们婚礼的。"老舍气喘吁吁地说着，将夹在右肋下的那本书递上，"这是我送给你们的结婚礼物。"萧涤非很激动，接过一看，才知道是刚刚印出的老舍新著《牛天赐传》。

老舍成了萧涤非"婚礼"上的唯一来宾。这本《牛天赐传》则是萧涤非新婚时收到的唯一礼物。后来，为了抗议校方无理解聘萧涤非，老舍退还了国立山东大学给他的教授聘书。

---

[1] 赵太侔著：《赵太侔自传》，中国海洋大学档案馆藏。

客居重庆

1936年9月，北平艺术专科学校严智开离职，赵太侔接任校长。赵太侔特请此时在清华大学中文系执教的闻一多来校兼职，讲授英文。1925年，赵太侔和闻一多回国后曾在此校任教，此番重逢，感慨良多。

1937年卢沟桥事变爆发后，北平失守，日寇进城。赵太侔离开北平，到江西九江，召集北平艺专师生在庐山开学。南京失陷后，北平艺专又迁移到湘西沅陵。后来，杭州艺专也迁到湖南。教育部就令两校合并，设校务委员会负责，改派赵太侔为校务委员。国立山东大学在抗战爆发后，内迁至四川万县，不久奉教育部之令并入国立中央大学。

由北大、清华、南开在长沙组成的临时大学，师生分三路向昆明迁移。1938年3月7日，湘黔滇旅行团受阻于沅陵。当时，北平艺专已经迁到沅陵对岸的老鸭溪，闻一多渡江访艺专校长赵太侔。沈从文此时住在沅陵，特地设宴为闻一多洗尘，并安排他住在其兄刚盖起来的瓦房里。沈从文回忆："一多和旅行团到沅陵，天下起大雪，无法行进。我那时正回家，就设宴款待他们，老友相会在穷乡僻壤，自有一番热闹。我请一多吃狗肉，他高兴得了不得，直呼'好吃！好吃！'，一条毯子围住双腿，大家以酒暖身。我哥哥刚刚起了新房，还没油漆，当地人叫它'芸庐'，我安排一多他们在芸庐住了五天。"

赵太侔、闻一多、沈从文以及梁实秋，都曾在国立青岛大学（山东大学）执教，此刻他们犹如大时代浪潮中的浮萍，萍聚又星散。短暂的重逢，杯酒的交谈，共话当年在青岛的岁月，不胜感慨。像赵太侔这样出生于清末的学者，每个人的命运都和他们所处的时代休戚相关。他们都是在抗战时代漂泊西南的"沙鸥"，在战乱中重逢，又各奔东西了。

1938年秋，赵太侔辞去艺专的职务赴重庆，参加了教育部教科书编辑委员会，并担任剧本整理组主任。此时主持教科书编辑委员会的正是教育部次长张道藩，梁实秋任教科书组主任。

老舍在抗战中流亡到陪都重庆，与赵太侔仍有交往。老舍抗战通信1940年9月9日《致南泉文协诸友》中即有一则记载，其云："走到半路，遇到太侔先生，约他一同上山"，"我的鞋大，一步一用力，遂将脚掌磨破，可是，有太侔先生来陪着我走，而且我知道市里会有些酒吃，也就忘了脚痛"。老舍在青岛和赵太侔是文友，也是酒友。老舍在1939年4月《抗战文艺》（第四卷第一期）发表的文章，回忆起在青岛喝的苦露酒："多么可爱的（王）统照啊，每次他由上海回家——家就在青岛——必和我喝几杯苦露酒。"这一次，老舍和赵太侔又想起青岛的"苦露酒"："那每到夏天必来示威的日本舰队——七十几艘，黑乎乎的把前海完全遮住，看不见了那青青的星岛——才是不祥之物呀！日本军阀不被打倒，我们的命都难全，还说什么朋友与苦露酒呢？"

赵太侔和老舍在酒桌上想念昔日的朋友，他们都相信："到胜利那一天啊，我们必会开一次庆祝大会，山南海北的都来赴会，用酒洗一洗我们的笔，把泪都滴在手背上，当我们握手的时候，那才是我们最快乐的日子啊！胜利不是梦想，快乐来自艰苦，让我们今日受尽了苦处，卖尽了力气，去取得胜利与快乐吧！"

1940年，教科书编委会归并入国立编译馆，赵太侔担任编纂一年。1942年，山东省临时参政会选举赵太侔为国民参政会议员，他连任了两年，唯一的提案是关于土地问题的。在议员任期内，赵太侔兼任国民党中央训练委员会第三处处长，任务是编审地方自治教材，供给各省训练机关训练地方行政干部用。

1944年冬，赵太侔担任教育部高等教育司司长，任职不到一年，抗日战争胜利了，他又转任参事，专门从事高等院校复校工作。

再任国立山东大学校长

1946年2月，国立山东大学被批准复校，赵太侔再次被任命为校长。停办长达8年之久的国立山东大学，教师走散，学生离失，教学设备不知去向，校舍也先后被日军和美军占用，可谓千头万绪，百废待兴。

赵太侔抓住重点，一切围绕复校展开工作。

首先是收回校舍，争取早日开学。日军侵占青岛以后，山大校舍被日本人占用，抗战胜利后又被登陆青岛的美国军队接收改为军营。收回校舍是复校中最紧迫、复杂、棘手的工作。赵太侔首先任命曾在美国学习和工作了8年之久、抗战前任山大教授的周钟岐为总务长，并命他先期赶到青岛，与美军谈判，办理收回校舍事宜。周总务长到达青岛之后，以主人翁的姿态积极争取主动权，并在青岛的《民言报》上发表"山东大学复校工作已筹备就绪，一俟美军让出校舍，即可开学上课"的消息。美军迫于各方面压力，先交出了一部分校舍。1946年8月，赵太侔抵达青岛，亲自与驻青岛美军司令柯可谈判，又陆陆续续收回一批校舍，勉强开学。直到1948年年底美军从青岛全部撤走时，校舍才得以全部收回。

其次是广揽人才，组建高水平师资队伍。就像第一次任山大校长一样，赵太侔依然把引进人才、组建高水平的师资队伍放在最重要的位置。抗战胜利不久，各大学都在恢复时期，优秀人才成为争夺对象。赵太侔接任山大校长之后，立即向曾经在山大任教的教师发出复聘邀请，希望他们尽快返校，同时向未在山大任教的著名教授、学者发出邀请，加盟山大。

我们从两封信件中可以看出，赵太侔为山东大学延揽名师可谓殚精竭虑。

先来看一封老舍在美国时给赵太侔的回信：

太侔校长：

谢谢信！

莘田每于周末来此，俟再来时，当代达尊旨。唯他之北大职务并未辞去，关系所在，恐一时不易离职他就。

关于英文教师，当为莘田随时留意，代为介绍。

弟明春能否回国，尚未可知。拙著《四世同堂》若有被选译可能，则须再留一年，此书甚长，非短期间可能译毕者。即使来春可以回国，家小尚在北碚，弟亦不知如何处理。全家赴沪转青，路费大有可观，必感困难；独身赴青，家小仍留北碚，亦欠妥善。

来春若能回国，且能全家赴青，弟至多只愿教课数小时；文学院长责任过重，非弟所敢担任。聘书璧还，一切俟见面妥为商议。院务未便久弛，祈及早于故人中选聘，为祷！

闻仲纯兄亦在青，祈代问好！

敬祝

时祺！

弟　舒舍予　拜

118 W.83 Street

New York City

U.S.A.

5 Sept.1947[1]

这封信透露出几个信息：赵太侔想聘请老舍担任文学院院长，老舍未就，"只愿教课数小时"；想聘罗常培为中文系教授，但罗常培"不易离职他就"；赵太侔委托语言学家罗常培为山大留意英文教师。赵太侔之所以通过老舍聘请罗常培，是因为老舍和罗常培是莫逆之交。从这封信中，我们可以感受到赵太侔为山大聘请名师的良苦用心。

抗战胜利后，教育部同意山东大学设立水产系，于是，校方商得中央研究院动物研究所同意，借聘朱树屏任系主任。笔者在《朱树屏信札》中，发现一封赵太侔聘请朱树屏的信笺：

树屏先生大鉴：

京中获接清晖，猥承慨允来校协助，曷胜感幸。兹聘先生为本校农学院水产学系教授兼主任，聘书附尘，敬希早日命驾来校，无任翘企。

教育部现令本校筹办海洋学系及海洋研究所。唯海洋学系，范围过大，四年课程无法安排，拟请缓办，单独成立海洋研究所，供动植物及水产三系研究之所，已请童第周先生

---

[1] 郑安新、巩升起著：《老舍的青岛岁月》，山东友谊出版社，2010年5月，第107页。

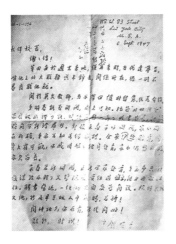

老舍致赵太侔信函（1947年）

先行负责筹备，甚盼得闻高见，俾资遵循。顺颂

著祺

弟　赵太侔　拜启

（一九四七年）三月十四日 [1]

　　朱树屏接到国立山东大学赵太侔校长的聘书时，尚在昆明云南大学任教，代理系务的曾呈奎急切希望他早日到任。水产系学生听到朱树屏前来任教的消息，不禁欢呼雀跃。由此可见，赵太侔为山大聘请的名师都是一时不二之选。

　　赵太侔积极而诚心诚意延聘的著名教授、学者有几十人，如：朱光潜、老舍、游国恩、王统照、陆侃如、冯沅君、黄孝纾、丁山、赵纪彬、杨向奎、萧涤非、丁西林、童第周、曾呈奎、王普、郭贻诚、王恒守、李先正、刘椽、刘遵宪等。这些教师除朱光潜因病推却、老舍出国中途辞聘之外，其他均在1946年秋或1947年春到校。如此高水平的师资队伍，在全国各高校中名列前茅，这为五六十年代山东大学的辉煌奠定了坚实的人才基础。

---

　　[1]　日月、朱谨编：《朱树屏信札》，海洋出版社，2007年2月，第233页。

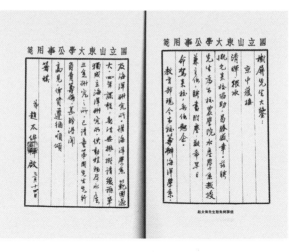

赵太侔聘请朱树屏信笺

停办之前的山东大学设有文、理、工三个学院共8个系。赵太侔考虑到抗战胜利不久，国家急需实用的各专业人才，经报教育部备案批准，决定在已有的文、理、工三院的基础上，再设农、医两个学院，形成5院14系的办学规模。

赵太侔在两任山东大学校长期内，对学生的爱国主义运动不甚理解，认为学生只有读书成才将来才能救国，所以对学生运动采取说服、劝服的办法。但在1947年到1948年，赵太侔对在爱国民主运动中两次被逮捕的200多名学生积极采取营救措施，亲自修改营救学生的文稿，通过校务委员会作出决议，对被关押学生一律不作旷课论，保留他们的学籍。山大发生过绥署殴打学生以及特刑厅逮捕学生事件，赵太侔深感自己"力量不够"，对不能抗命保障学生安全心怀愧疚。

南京教育部曾密电赵太侔，说中文系教授徐中玉有"共党嫌疑"，要他查明具报，并解除徐中玉的职务。他和教务长杨肇燫复电说徐中玉无"劣迹"，让徐中玉暂且躲避，保障了他的安全。

1949年4月，青岛即将解放。经过几年努力，山东大学已经形成学科齐全、师资力量强大、教学设施完善的综合性大学，在国内同类大学中名列前茅。赵太侔深爱自己亲手建设起来的山大，他把自己的生命与山大紧紧连在一起。中共对赵太侔的政治态度和立场有所了

赵太侔（右）、朱树屏（中）和曾呈奎（左）
在大港码头（1947 年）

解，并为争取他留下做了很多工作，通过历史系教授杨向奎与中纺公司副经理王新元联系，为赵太侔的儿子在中纺系统安排了工作，将其女儿安排在中文系担任助教，免除其后顾之忧。赵太侔审时度势，打定主意，留在青岛以待解放。所以，当他的儿子将接到的一封劝其南行的信交给他时，他拆阅后面带怒容。当时在场的教务长问他是怎么回事，一向不苟言笑的赵太侔"嘿"了一声，语带不屑地说："要我走，去过流亡生活。"

青岛解放前夕，国民党海军总司令桂永清通过山大图书馆馆长刘崇仁找赵太侔，让赵太侔乘坐他的军舰一道走。赵太侔推脱掉了。接着，第十一绥靖区司令官刘安祺，逼迫赵太侔与他一起乘军舰南逃去台湾。赵太侔不为所动。刘安祺在南逃前奉命赶到绥远路 18 号（现包头路 18 号）赵太侔住所，意欲挟持赵太侔同行，进门一看，早已人去楼空。原来，闻得风声的赵太侔，在童第周、丁西林、杨肇燫等人的帮助下，偷偷住进了对外不开放的山大医学院附属医院第四病房。

1949 年 6 月 2 日，青岛解放，山东大学迎来新生和新的发展机遇。当山东省人民政府教育厅厅长王哲代表政府到山东大学办理交接手续时，赵太侔密切配合，圆满进行了移交。他把一个完整的山东大学交到了人民手中。

赵太侔在研究汉字（1960年夏）

赵太侔故居（龙江路7号）

沉寂与逝去

1949年后，赵太侔任山东大学外文系教授。

1958年，山东大学迁到济南，山大海洋系、水产系等组建成山东海洋学院。赵太侔留在山东海洋学院任教，兼任学院的学务委员。他还是政协山东省第三届委员会常务委员、民革中央团结委员会委员、民革山东省委员会委员。赵太侔半生的时光在青岛，已经离不开他熟悉的红瓦、绿树、碧海、蓝天。

晚年的赵太侔致力于文字改革的研究工作，写有《汉字新法打字机拟议》《汉字改革方案》等论文。他擅长草书，曾将草体偏旁分门别类编列体系，为汉字改革增添了新方案。研究汉字成为赵太侔的乐趣，破解汉字里蕴藏的传统文化的奥秘成为他乐此不疲的治学内容。

20世纪60年代，青岛发生了很多令人扼腕叹息的事件。赵太侔对此无法理解，于是更加沉默。

1968年4月26日清晨，在青岛栈桥海滨，人们发现了投海的赵太侔。

1980年5月22日，山东海洋学院为赵太侔举行了隆重的追悼会，悼词对他的一生给予了公正的评价。

历史真是一条湍急的河流，不以人的意志为转移地奔涌流逝。逝去的人俱往矣，可是，历史和我们发生着千丝万缕的联系，沉寂在大海中的思想，仍会对现实产生深远影响。

"人似秋鸿来有信，事如春梦了无痕。"抚摸着海大校园内有百年树龄的法国梧桐，感觉到这座城市里远行的人，他们的往事并不是春梦一场，了无痕迹。相信扎根在历史之中的大树，一枝一叶舒展在现实之中，那是像赵太侔这样的"过往秋鸿"写给现在的书信。

梁实秋

满目山河空念远

——梁实秋的青岛记忆

青岛，在梁实秋心目中民风淳厚，是真正令人流连不忍离去的城市、人生漂泊中的久居之地，称得上是"春有百花秋有月，夏有凉风冬有雪"的好地方。

1930年8月，梁实秋来到青岛，1934年8月离开青岛。在山海之间的这座城市，给他留下了无数美好的记忆。晚年，身在台北的梁实秋，萧疏白发不盈巅，梦里沧桑忆华年，消逝的时光包围着红瓦绿树的青岛，竟然成为缥缈之乡！

情深似海
难忘青岛这片海那座楼

1930年秋，梁实秋刚到青岛，在国立青岛大学执教，住在大学附近的鱼山路4号。他租住的这栋房子，楼上四间，楼下四间。这里距离汇泉第一海水浴场很近，步行十几分钟就可以到汇泉湾的沙滩上。

梁实秋的夫人程季淑非常喜欢在汇泉海水浴场洗海澡，她穿了游泳衣，招呼梁实秋下海踏浪。孩子们更是喜欢在海水没过的沙滩上嬉戏。一家人的欢声笑语，在海滩上被海风吹得很远。

孩子们在海水里玩倦了，就拿小铲子、小水桶，在沙滩上挖沙子，建城堡。有时，挖出的沙子里会有几个蛤蜊，而那些被挖出的小螃蟹

迅速地横行逃窜，惹得孩子们惊声尖叫。梁实秋看着眼前这一幕，开怀大笑。他和程季淑并排躺在沙滩上休憩，有时，会捉几个小螃蟹，丢到孩子的小水桶里。梁实秋的女儿梁文茜，直至晚年都记得在汇泉湾的海滩上，看到一只行走的空蚌壳，她很惊奇地盯着空蚌壳在沙滩上移动。原来，有一个小螃蟹住在空蚌壳里，把它当成了家，行走时，就带着蚌壳跑。这种寄居蟹生活在石头缝中的海水中、海岸的沙滩上，主要以螺壳为寄体，白白住着人家的房子，却不缴纳"房租"。梁文茜把这一段趣事讲给妹妹梁文蔷听，梁文蔷"将信将疑，因为从来没有见过这样有趣的小生物"。

青岛海滨公园

周日的时候，梁实秋一家人就这样在海滩上消磨时光。直到太阳快要下山，在栈桥方向出现满天霞光时，他们冲过淡水澡，梁实秋左手拉着孩子，右手拉着程季淑，在细软的沙滩上留下一串串脚印，沿着海滨起伏的柏油马路，听着小鸟的啁啾，缓缓归去。路边的绿化带中，一串一串的紫薇花，在太阳的余晖中微微晃动，更加明艳动人。

刚到青岛的那几个月里，梁实秋和家人经常乘车去栈桥，走到碧波荡漾的栈桥前端，观海，听潮。1933年，经过大修之后的栈桥更加美丽。在栈桥伸入海中的前端，修建了一座有中国传统风格的双层飞檐八角亭阁，名为"回澜阁"。回澜阁出现之后，梁实秋也来过，"到尽端的亭子里乘凉"。

海滨公园也是梁实秋经常去的地方。海滨公园在汇泉角偏西，沿岸岩石起伏，最宜垂钓。20世纪30年代，青岛的十景中便有"海滨垂钓"。海滨公园即今鲁迅公园，这里遍植松树，公园内有红礁、碧水、青松、亭榭，景色迷人。梁实秋和家人坐在海滨，看天边层层的海浪冲到红色的礁石上，海浪轰然散开，激荡起乱玉碎琼，几滴白色的晶莹的海水落到发间，迸溅到衣袂。

初到青岛，梁实秋一家到海滨公园游玩时，青岛水族馆还没有落成。1932年5月8日，水族馆建成，正式对外开放。在蔡元培倡议

梁实秋和女儿梁文茜在青岛海滨公园留影
（这张照片是梁实秋的妹妹梁绣琴于1933
年拍摄的。梁绣琴就读于国立山东大学外
文系，1934年夏毕业。梁文蔷女士提供）

下建成的水族馆，被誉为"吾国第一"。水族馆是中国城垣式古典建筑造型，屹立在海滩岩石之上，在欧式建筑群中格外醒目。梁实秋对它印象深刻，曾带着孩子去参观。

梁实秋在青岛居住期间，知道好友冰心女士喜欢海（童年时她曾与在烟台海军服役的父亲生活在海边），几次三番地写信给她，邀请她来青岛做客消夏。梁实秋在信函中写道，他天天与海为邻，经常陪太太和孩子到海边捉螃蟹、掘沙土、捡水母，听灯塔海牛（雾笛）呜呜叫，看海船冒烟在天边消失。

冰心本来打算来青岛过一个暑假，不料生病了，她在信中回复："我们打算住两个月，而且因为我不能起来的缘故，最好是海涛近接于几席之下。文藻想和你们逛山、散步、泅水，我则可以倚枕聆听你们的言论……我近来好多了，医生许我坐火车，大概总是有进步。"冰心没有来青岛，倒是她的丈夫吴文藻借赴邹平开会之便，到梁实秋寓所盘桓了三五天。吴文藻和梁实秋是在清华学校时的同学。

1931年，梁实秋一家搬入鱼山路7号居住。这是一栋新建的楼房，

梁实秋和妻子程季淑合影

楼上四间，楼下四间，还有地下室，前院也很宽敞。房东王德溥是青岛人，具有山东人特有的忠厚朴实的性格。房东与房客相处得很融洽。梁实秋、程季淑夫妇喜欢花草树木，要求房东在院子里栽儿棵树。房东很爽快地答应了。第二天，王德溥带着他的儿子，拉了两大车树秧来了。挖坑，栽树，浇水，在院子里栽了六棵樱花、四棵苹果、两棵西府海棠，空旷的小院里顿时绿意盎然。

第二年春天，小院里春色满园。程季淑特别欣赏西府海棠。花未开时，花蕾红艳，似胭脂点点；盛开之时，娇艳欲滴，极尽繁复绚烂之美。樱花是双樱，层层叠叠的花瓣，热烈又娴静。苹果开花后，结出小小的绿色的苹果。到了初秋，苹果刚刚变红，就被顽皮的孩子偷偷地摘了不少。

1933 年 2 月 25 日，程季淑生梁文蔷，由她的女高师同学王绪贞接生，得到悉心的照顾。程季淑分娩后不久，四个孩子同时感染猩红热，第二个女儿不幸夭折。程季淑伤心欲绝，梁实秋黯然神伤。女儿入殓那一天，程季淑仍不能出门，"于冰霰霏霏之中，我看着把一具小棺埋在第一公墓"。

梁文蔷出生于青岛，她在追忆往昔的文章中写道："从小父母就常跟我说，青岛有多好，多美。我只能从他们的话语中想象那绿色的海、蓝色的天、细软的沙滩，和姐姐哥哥到汇泉海滩上去拾贝壳小螃蟹的快乐。"梁文蔷非常向往青岛。

1999年，梁文蔷在美国西雅图海滨社区学院退休后，来青岛寻访儿时的故居。她拿着父亲梁实秋画的示意图，沿着鱼山路挨个看路牌。看完了一侧，又到鱼山路另一侧去看。在那一侧，她看到两棵树之间扯着绳子，绳子上晒着被子。她一步一步走过去，发现被子后面的墙上有一块大石碑，上面赫然刻着"梁实秋故居"几个字。梁文蔷多年寻访故居的夙愿一下子实现了。看到父亲的故居，仿佛见到失散多年的亲人。她手抚着石碑，号啕大哭。情绪平复之后，她才发现，当年的鱼山路7号，已成为现在的鱼山路33号。站在33号小巷子口，往里一看，"我母亲的老照片上的三条石板路，赫然在焉！可是她种的樱花和西府海棠都无影无踪了"。历经沧桑岁月，老楼犹在，却物是人非。梁文蔷说明来意，住在这里的人家准许她入楼参观。

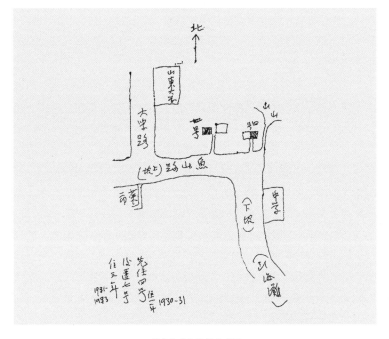

梁实秋手绘故居示意图

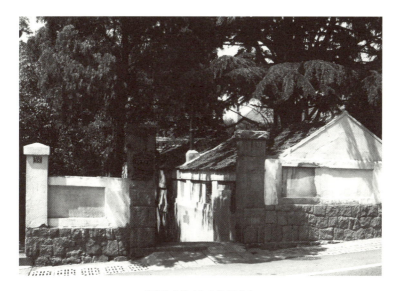

梁实秋故居（鱼山路 33 号）

　　世事沧桑，一座老楼维系着梁实秋父女两代人对青岛的情感。晚年的梁实秋在台北回首前尘旧事，青岛的一切都恍若梦中。他将女儿梁文茜从青岛带来的一瓶沙子视为珍品，置于案头，以寄托浓浓的思念之情。

诗酒风流
在青岛品赏美食和美酒

　　梁实秋在青岛执教四年，经常在顺兴楼开怀畅饮，与杨振声、闻一多等人被誉为"酒中八仙"。梁实秋怀旧忆往的散文，留下了 20世纪 30 年代青岛的风情和风物；他写的怀人和饮食文章，留下了一个时代的生活缩影。文章里既有生活的细节，也有时代文化的氛围。

　　青岛的海鲜，正如梁实秋在《忆青岛》一文所说："很齐备，像蚶、

在清华求学时的梁实秋

蛤、牡蛎、虾、蟹以及各种鱼类应有尽有。"青岛的海鲜味道鲜美，各具特色。青岛的海鲜之美，不仅在于味美，更具山海之胜景、风物之富饶、民俗之底蕴、人文之韵味。

胶南海青盛产西施舌，近年泊里亦有出产。梁实秋第一次吃西施舌就是在青岛北京路上的顺兴楼。顺兴楼的西施舌、海参、红烧加吉鱼等海鲜做得最好。清汤氽煮，而且是选取"水管"部位，"清汤中浮着一片片尖尖的白白的东西"，入口滑嫩柔软，鲜美无比。关于西施舌的做法，梁实秋点评说："以清汤氽煮为上，不宜油煎爆炒。顺兴楼最善烹制此味。"清汤氽煮，保证了海鲜原汁原味的鲜美。

一碗乌贼蛋羹，满座皆夸味美好吃，座中一位教授是研究海洋鱼产的专家，他介绍说这是乌贼的子宫，等于包鱼卵的胞衣，晒干之后就成片片了。梁实秋这才恍然大悟。

梁实秋还在顺兴楼吃过一次水饺，并对此念念不忘，直到晚年回忆起来，仍觉得口角噙香。这水饺馅儿，是用新鲜的小黄花鱼肉拌的，馅儿里加了少许春天的头刀韭菜。春韭鲜美，黄鱼肉细嫩，这样的水饺煮出来，难怪可以让梁实秋的味觉记忆能够对抗五十年的岁月沧桑。更加令人称奇的是，这种水饺奇小，长仅寸许。煮水饺的汤是清澈而浓的鸡汤。水饺盛上来时，"表面上还漂着少许鸡油"。这样精致美味的水饺，自然博得梁实秋等众食客"连连叫好"。如今，青岛的水饺叫得响的是鲅鱼水饺。不妨以谷雨时分的鲅鱼肉，加少许猪肉，加鲜嫩的韭菜做馅，熬制鸡汤来煮。这样的吃法，亦算是对雅好美食的梁实秋的一种怀念，对他在青岛美好"食"光的一种怀念。

樱桃红时鲥鱼肥。梁实秋在大雅沟（今大窑沟）菜市场以六元市得鲥鱼一尾，"长二尺半有奇，小口细鳞，似才出水不久，归而斩成几段，阖家饱食数餐，其味之腴美，从未曾有"。

海鲜吃多了，就想换一下口味，想吃北平的烤羊肉。梁实秋托人在北平定制了一具烤羊肉的支子。铁支子运来之后，他又去厚德福饭庄买到从北平运来的冷冻羊肉片，叫家厨到寓所后山拾松树上落下来的松球，将松球置于木炭之上，点燃后松香浓郁，松香气息进入烤羊肉之中。吃烤羊肉，佐以潍县特产大葱，能解油腻，可谓锦上添花。大葱葱白粗如甘蔗，切成段段，放炭火之上烤一烤，细嫩多汁。松香烤羊肉，配以烤潍县大葱，在寒风呼啸的夜晚，宾主吃得皆大欢喜。

享用美食怎能少了美酒？

20世纪30年代，啤酒流行于青岛的上层社会以及欧人居住区。这可以从梁实秋《忆青岛》一文中找到佐证。"德国人佛劳塞尔在中山路开一餐馆，所制牛排我认为是国内第一。厚厚大大的一块牛排，煎得外焦里嫩，切开之后里面微有血丝。牛排上面覆以一枚嫩嫩的荷包蛋，外加几根炸番薯。这样的一份牛排，要两元钱，佐以生啤酒一大杯，依稀可以领略樊哙饮酒切肉之豪兴。"中山路上的佛劳塞尔餐馆是当时岛上闻名的西餐馆，梁实秋曾留学美国，很自然地接受了西方文化及其生活方式，他享受生啤、牛排是情理中事。在梁实秋生动的妙笔下，我们还可以得知佛劳塞尔餐馆老板善饮啤酒："我在一餐之间看他在酒桶之前走来走去，每经酒桶即取饮一杯，不下七八杯之数，无怪他大腹便便，如酒桶然。"供应佛劳塞尔餐馆的啤酒，毫无疑问是青岛本地生产的。

梁实秋还在文章中提到柑香酒。那是隆冬的一天，"我有一回偕友在汇泉闲步，在沙滩上走着走着累了，便倒在沙上晒太阳，和风吹着我们的脸。整个沙滩属于我们，没有旁人，最后来了一个老人向我们兜售他举着的冰糖葫芦。我们在近处一家餐厅用膳，还喝了两杯古拉索（柑香酒）"。这柑香酒是以美洲的古拉索岛上特产的柑橙为原料制成的，闻名全球。有了这杯柑香酒，"尽一日欢，永不能忘"。可以想见，在寒冷的冬日，喝一杯甘醇、浓烈的柑香酒，令全身温暖，足以抵御严寒。

在青岛期间，梁实秋的人际交往主要集中在大学的同仁。文人聚会，诗酒相伴。梁实秋与张道藩、黄际遇等教授多有交往。我们不妨从理学院院长黄际遇的日记中挑出两则，来看当年山大教授的宴饮情状。

晚应杜毅伯、闻一多之招饮于顺兴楼，同席陈季超、梁实秋、杨金甫、赵太侔、黄仲诚、吴之椿、谭葆慎、刘康甫。七时许入座，觥筹交错，庄谐横生，烦襟顿洗，信友朋之欢娱，尤旅羁之慰藉也。[1]

（1932 年 6 月 18 日黄际遇日记）

星期日，辰正七十一度，初感热，家书来报南中常九十一度左右。下午发家书，复积函三十余通，傍晚方毕。夜约杨金甫、吴之椿、赵太侔、梁实秋、赵涤之、杜毅伯、赵少侯、张怡荪、汤腾汉、曾省之、王咏声来寓，便酌尽欢，夜分始散，主人亦倦不可支，南方乡厨，甚合宾意。[2]

（1933 年 6 月 18 日黄际遇日记）

---

[1]　黄小安、何荫坤注：《黄际遇日记类编：国立山东大学时期》，中山大学出版社，2020 年 11 月，第 10 页。

[2]　黄小安、何荫坤注：《黄际遇日记类编：国立山东大学时期》，中山大学出版社，2020 年 11 月，第 139 页。

不管是酒楼宴饮还是家宴，可以想见，一群教授所谈，皆是文雅之事，可谓诗酒风流。

书里书外
图书馆馆长的书缘和人事

青岛虽然风景如画，但毕竟建置才几十年，诚如闻一多所言，青岛为新兴的摩登城市，且又地处海陬，既没有南京的夫子庙，又没有北京的琉璃厂，缺乏文化氛围，没有适当的娱乐，天长日久，人们生活难免单调枯寂。

梁实秋并不以为然，他非常喜欢崂山的山海与人文，经常和国立青岛大学的教授游赏。他因为是图书馆馆长的缘故，生活中常书香缭绕。我们检阅他在青岛的书缘和人事，可以看出他并不寂寞。

国立青大成立之初，校长杨振声十分注重基础设施建设，把图书、仪器、实验室统统列为设备。对于图书，他认为，"基础的基础在图书"。他既关注图书的数量与质量，又强调图书的管理与利用。因此，他要求图书管理科学化，尤其编目更要力求完善，以便师生查找。据国立青岛大学时期在图书馆工作的曲继皋先生（培谟，1949 年后任山东农学院图书馆馆长）回忆："青岛大学成立初期，不独对古籍珍本搜求不遗余力，也曾对本省的先颖硕儒著作抄本努力搜求。"

图书馆馆长梁实秋是莎士比亚研究专家，图书馆中收藏的莎士比亚书籍数量和版本最多最全。梁实秋不仅去上海、北平，为国立青岛大学采购图书，丰富馆藏，也经常去崂山等地访书、寻书，注重地方文献的整理和收藏。

1930 年，国立青岛大学开学时全校仅有师生 200 余人，次年增至 300 余人。图书馆的规模也小，初期的工作人员仅有 6 人，到1932 年增至 12 人，有张兆和（沈从文的未婚妻）、曲继皋等。

值得一提的是，红透上海滩的话剧明星俞珊，得了一场大病之后，在梁实秋的关照下，到国立青岛大学图书馆任职。1931 年 2 月 9 日，徐志摩在给刘海粟的信中说："俞珊大病几殆，即日去青岛大学给事图书馆，藉作息养。"俞珊到了国立青岛大学却搅乱一池春水，迷倒国立青岛大学一群教授，以至于好端端的一所大学差点因她而散。梁实秋对俞珊大献殷勤，"有不少丑态"。沈从文在 1931 年 7 月 4 日给在美国的好友王际真的信中也说："梁实秋已不'古典'了，全为一个女人的原因。"沉默寡言的赵太侔也追求俞珊，两位好朋友的关系因此变得有点微妙。

1931 年 2 月 24 日，国立青大校务会议决定，将教育系扩充为教育学院，下设教育行政系和乡村教育系，黄敬思任教育学院院长兼教育行政系主任，谭书麟任乡村教育系主任。

《国立青岛大学周刊》也于 2 月 24 日创刊，四开八版，除报道学校重要活动和重大兴革外，另有四版是图书专栏，及时介绍新书消息、内容并刊登有关评论。5 月 4 日，国立青岛大学《图书馆增刊》创刊，馆长梁实秋撰写发刊词。作为图书馆专业周刊，这不仅在大学里罕见，在社会上也是唯一的。

《图书馆增刊》的内容包括：一、馆藏新书目录和介绍；二、该馆借书制度；三、图书馆学、目录学文章；四、图书评价；五、其他文章。如其中第七期发表了《广武前营石刻记》一文，对研究青岛历史有很大的价值。许多年来，学术界对章高元是哪一年在青岛建兵营有争论，这处刻石的文字对此有明确的记载，并且也明确了广武营的营房地址就是德占时期的俾斯麦兵营。[1]

梁实秋的图书馆学思想，可以从他为《图书馆增刊》撰写的发刊词中窥见一斑。他认为，图书馆在一些学校具有重要的地位，"图书馆应该是一个学校的中心。学生要求真正的学问，靠教员指导的地方少，靠图书启迪的地方多"；图书馆的任务，不仅仅是采藏书籍和负责学生的借阅；图书馆应该解决学生读什么样的书和书应该怎样读的问题。他建议，为了解决这个问题，图书管理员应该为学生讲解图书

---

[1]　鲁勇文：《上世纪 30 年代的山东大学图书馆》，《半岛都市报》，2011 年 10 月 19 日。

馆的用法及普通目录学等。[1]

1931 年 5 月 4 日，国立青大图书馆统计学校有中文图书 3 万册，外文图书 8000 册。至 1936 年，图书总数达到 87805 册。其中中文图书 65287 册，外文图书 22518 册，中外杂志 1208 种、54116 册。至 1935 年，图书用费共计 213383 元。

国立青大图书馆中的藏书，以在校学生人均量来说，在各国立大学中应当是名列前茅的。

当然，对于图书馆馆藏图书的数量，梁实秋也有自己独特的见解，他认为并非越多越好，而在于是否为学生所充分利用："藏书的册数的多少不算是一件最重大的事。一大堆书不能成为图书馆，等于一大堆砖头不能成为建筑一样。一堆书之能成为图书馆，要看负责的人之是否善为经营，书籍是否选择的精当，布置是否便利，学生是否已经充分的享用——这是最重要的问题。图书堆而不用，虽多何益？青大图书馆将来当然要逐渐加增它的藏书，这一点是不成问题的，所该令我们努力的是要使图书馆越变越好，不仅是越变越大。"

国立青大图书馆的运作，除了馆长梁实秋主事外，具体事情由图书馆主任皮高品负责。

1931 年 3 月 25 日下午，国立青岛大学图书委员会召开第一次会议。出席者有梁实秋、闻一多、赵太侔、汤腾汉、皮高品等。讨论内容有本学年购买图书经费以及分配方法，决定购买图书需由图书委员会审查决定后方能进行。

在梁实秋主持下，图书馆以民主的方式，经过图书委员会讨论，购藏各类科学、文化专著以及外文书籍。同时，梁实秋十分注重对古籍珍本和山东本省先贤硕儒著作抄本的搜求。

梁实秋在主持图书馆期间，对外文图书的购藏颇具特色。他重点采购各种版本的莎士比亚名著，有许多珍本入藏。对西洋定期刊物，如英国的 *Contemporary Review*（《当代评论》）、*Fortnightly*（《双周刊》）、*Nineteenth Century*（《十九世纪》），美国的 *Current History*（《当代史》）、*Foreign Affairs*（《外交》）等，均整套补购，

---

[1] 杨洪勋文：《梁实秋与国立青岛大学图书馆》，《中国海洋大学报》，2011 年 7 月 7 日。

梁实秋在美国哥伦比亚大学留学时留影

这在其他大学是不多见的。

国立青岛大学成立之初，新来教师多游崂山，竟发现名山古刹中藏有《道藏》和《释藏》，此外还有不少善本古籍，十分珍贵。这引起了中外教师的重视，他们建议学校当局将之收回。梁实秋也觉得这两部典籍放在道观不太实用，于1931年5月，请求教育部设法将其拨给国立青岛大学图书馆，但终因涉及庙产没有办成。栖霞牟陌人曾著有《诗切》，由校图书馆借来手抄本，雇人抄录存馆；又有即墨黄宗昌著《崂山志》已刊行外，其家尚存有《崂山丛谈》和《崂山艺文志》，均为原稿手抄本，尚未刊行，均被校图书馆借来抄录存馆。

《道藏》虽然不能入藏国立青大图书馆，但图书馆工作人员想方设法充分利用进行学术研究，取得了很大成果。1931年5月23日，曲继皋、王昆玉与顾颉刚一起在青岛崂山太清宫读万历本《道藏》，曲继皋撰成《道藏考略》（藏于天津南开大学图书馆、中央民族学院图书馆）。书中介绍了阅藏经过，简述《道藏》内容，指出《摩尼经》被收入《道藏》。

这是梁实秋在国立青大结的书缘。

在青岛期间，梁实秋与鲁迅的论战仍未停歇。鲁迅在《曹靖华〈苏联作家七人集〉序》中提到，论敌梁实秋公权私用，将其作品下架："梁实秋教授掌青岛大学图书馆时，将我的译作驱除。"这个说法一度在社会上流传，真相到底如何呢？

1964年，梁实秋在台湾，被人催逼谈鲁迅其人其文，他在《关于鲁迅》文中回应当年鲁迅的指责：

> 我首先声明，我个人并不赞成把他的作品列为禁书。我生平最服膺伏尔德的一句话："我不赞成你说的话，但我拼死命拥护你说你的话的自由。"我对鲁迅亦复如是。我写过不少批评鲁迅的文字，好事者还曾经搜集双方的言论编辑为一册，我觉得那是个好办法，让大家看谁说的话有理。我曾经在一个大学里兼任过一个时期的图书馆馆长，书架上列有若干从前遗留下的低级的黄色书刊，我觉得这有损大学的尊严，于是令人取去注销，有数十册的样子，鲁迅的若干作品并不在内。但是这件事立刻有人传到上海，以讹传讹，硬说是我把鲁迅及其他左倾作品一律焚毁了，鲁迅自己也很高兴地利用这一虚伪情报，派作我的罪状之一！其实完全没有这样的一回事。宣传自宣传，事实自事实。[1]

三十年后，梁实秋抖落当年的不实之词。梁实秋的自我辩解，尽管仍有个人的偏见以及对鲁迅的情绪，但他作为当事人的说法，当可信。那个时候的文人，底子上都有一个"士"字守着。

---

[1] 梁实秋著：《梁实秋自选集》，黎明文化事业股份有限公司，1975年5月，第328页。

山河岁月
在青岛翻译莎士比亚著作

从 1930 年秋至 1934 年秋，梁实秋任国立青岛大学（1932 年更名为国立山东大学）教授，并担任外文系主任兼图书馆馆长。

在青岛执教的 4 年，梁实秋为外文系学生开设"欧洲文学史"（大四，4 个学分）、"莎士比亚"（大三，6 个学分）、"西洋文学批评史"（大四，8 个学分）、"戏剧选读"（大二，6 个学分）等课程，给其他专业学生开设公共外语课。

梁实秋上课，永远是铃声未息已走进教室，坐下来就讲，不说一句没用的话；下课铃声一响，恰好讲到一个段落，铃声未毕，他已步出课堂。

梁实秋来国立青大时虽然只有 28 岁，但已经是教授，月薪 400 元。他思维敏捷，讲起课来滔滔不绝。他的语言生动又形象，富有智慧与谐趣，课堂气氛非常活跃。梁实秋的课深受学生欢迎。学生王昭建回忆说："他讲课紧凑而从容，质高而量足，有组织有层次，语言精确形象，给人以深刻的印象……他给我们开过莎士比亚课，全面地讲了莎翁的一生，精讲了他的主要剧作。"

在臧克家眼中，梁实秋先生光彩照人，"面白而丰，夏天绸衫飘飘，风度翩翩"。他的衣袂翻飞的是青岛的海风，他的风度是青岛文化史上的风流一页。

梁实秋在山大开设了莎士比亚课，他是最早把莎士比亚引入大学课堂的学者之一。

1932 年 8 月，梁实秋为山大外文系三年级的学生首开莎士比亚课，课程分两年讲授。据《国立山东大学概览》（民国二十四年）记载：本学程讲述莎士比亚之生平、所处时代及当时之剧场。选读剧本包括《哈姆雷特》《麦克白》《亨利四世》《皆大欢喜》《暴风雨》《奥赛罗》《李尔王》《威尼斯商人》《仲夏夜之梦》《朱利叶斯·凯撒》《科利奥兰纳斯》等，讲授注重其特殊之词义及文法。

胡适有一句名言："要怎么收获，先那么栽。"梁实秋在山大这块园地辛勤耕耘，很快有了收获。

1934 年 6 月，外文系首届两名学生蔡文显、丁金相的毕业论文就是以莎士比亚戏剧为题，并在梁实秋的指导下完成的。梁实秋的学生李子骏还在 1934 年创办的学生季刊《刁斗》上发表了论文《莎士比亚的悲剧之实质》。值得一提的是，受梁实秋的影响，蔡文显后来成为英国文学及莎士比亚研究专家。[1]

　　可惜的是，这一年的夏天，梁实秋也要告别青岛了。1934 年，当山东大学的学生们听说胡适信邀梁实秋去北京大学任教时，便联名上书挽留梁实秋，并致函北大校长："敝系经梁实秋先生主持开办，同学夙受陶冶，爱戴正殷，群情迫遑。北平素为文化区域，人才较多，至希鉴谅，另行延聘，以慰渴望。"慰留之情殷殷，可见山大学子对梁实秋的敬重与信任。

　　青岛只是梁实秋人生的一个驿站。他在这里开始了翻译的征程。这是梁实秋翻译生涯中的一个重要时期，他翻译了《西塞罗文录》《约翰孙》《织工马南传》等著作，开始翻译《莎士比亚全集》。这是他一生中最重要的翻译工程的起点。

　　其实，梁实秋与莎著并无深交。在清华读书期间，他读过《哈姆雷特》《朱利叶斯·凯撒》等几部戏，巢林老师教他读魁勒·考赤的《莎士比亚历史剧本事》。就在梁实秋在清华读书期间，田汉翻译了《哈姆雷特》，这是莎士比亚戏剧的最早中译本，发表在 1921 年的《少年中国》杂志上。1923 年，梁实秋赴美留学，在哈佛大学读书，吉退之教授教他读《麦克白》《亨利四世》上篇。同时，他在剧院看过几部莎剧。他与莎士比亚戏剧的联系仅此而已。

　　1930 年，戴望舒翻译《麦克白》。同一年，梁实秋到青岛执教，他不会想到，将半生与莎士比亚紧紧联系在一起。他翻译《莎士比亚全集》（40 本），成为研究莎士比亚的权威，是中国翻译莎士比亚的作品最具代表性的人物。

　　梁实秋与莎士比亚戏剧结缘，并不离不弃 30 多年，缘起于胡适。也可以这么说，是胡适这位"月老"的红丝线，将梁实秋与莎士比亚戏剧翻译捆绑在一起。

---

　　[1]　张洪刚文：《梁实秋在山大开启译莎之门》，《齐鲁晚报》，2016 年 4 月 21 日。

梁实秋和胡适在台湾

1930 年 12 月 23 日，任职于中华教育基金董事会翻译委员会的胡适致信梁实秋，称"拟请一多与你，与通伯、志摩、公超五人商酌翻译 Shakespeare 全集的事，期以五年十年，要成一部莎氏集定本"，"最重要的是决定用何种文体翻译莎翁。我主张先由一多、志摩试译韵文体，另由你和通伯试译散文体。试验之后，我们才可以决定，或决定全用散文，或决定用两种文体"。

1931 年春，胡适来青岛，与梁实秋、闻一多商谈翻译莎士比亚著作事，并在青岛大学作了《山东在中国文化里的地位》的讲演。

1931 年年底，胡适开始掌管中华教育文化基金董事会的翻译委员会，之前设想的大规模的翻译计划开始实施。其中之一便是翻译《莎士比亚全集》，原拟由闻一多、徐志摩、叶公超、陈西滢和梁实秋 5 人承担，预计 5 到 10 年完成，经费暂定 5 万元。梁实秋立即动手翻译，拟一年交稿两本。可是另外 4 位始终未动手，于是这项任务落到梁实秋一人头上。抗战开始时，他完成了 8 本：4 本悲剧，4 本喜剧。1936 年，商务印书馆出版发行梁实秋所译这 8 本戏剧。

梁实秋与父亲梁咸熙合影

　　1967 年 8 月，他完成了莎士比亚全部 37 本戏剧作品的翻译，这 37 本译作由台湾远东图书公司出版。这是文学翻译界的盛举，8 月 6 日，台湾诸多写作协会、文艺协会在台北举行庆祝会。在万众瞩目下，梁实秋风趣而又自谦地说："要翻译完全部莎士比亚戏剧必须具备三个条件：第一，他必须没学问，如果有学问他就去做研究工作了。第二，他必须不是天才，要是天才他就去做写小说等创作工作了。第三，他必须活得久，不然无法译完。很侥幸，这三个条件我都具备，所以我就完成了工作！"他幽默风趣的发言，赢得阵阵掌声。

　　在这样欢乐的场面里，梁实秋不由得回首自己的来时路，有欣慰，也有惆怅。胡适曾许诺等全集译成将举行酒会庆祝。遗憾的是，胡适已于五年前逝世，无缘参加庆祝会。梁实秋又用了一年时间译完莎士比亚的 3 本诗作。至此，莎氏全集 40 本全部译完，前后用时长达 37 年。

　　在漫漫文学翻译之路上，梁实秋积年累月坚持不辍，且毫无报酬，这其中的艰辛和寂寞无人能知。梁实秋说："领导我，鼓励我，支持我，使我能于断断续续 30 多年间完成《莎士比亚全集》的翻译者，有三个人：胡适先生，我的父亲，我的妻子。"

　　梁实秋的父亲梁咸熙是清朝秀才，后入同文馆，是英文班第一班学生，属于在新式学堂最早受欧风美雨吹拂的那批人。梁实秋用大半生时间翻译《莎士比亚全集》，受到了父亲的影响。

梁实秋的女儿梁文蔷谈道："父亲每译完一剧，就将手稿交给母亲装订。母亲用古老的纳鞋底的锥子在稿纸边上打洞，然后用线订缝成线装书的样子。没有母亲的支持，父亲是无法完成这一浩大工程的。翻译莎士比亚没有收入，母亲不在乎，她没有逼迫丈夫去赚钱，而是全力以赴地支持父亲。"

正是由于胡适的领导、父亲的鼓励、妻子的支持，梁实秋才得以以一人之力，花费37年时间，完成了《莎士比亚全集》的翻译任务，这成为中国文学翻译史上的一座不朽丰碑。

梁实秋坦言："我这一生有30年的工夫送给了莎氏，我自得其乐而已。但也有无形的报酬，我从莎氏著作中培养了一种人生态度，对世界万物抱有浓厚兴趣，对人间万象持理解容忍的心胸。"

当年在青岛，在胡适的计划表中一起翻译莎士比亚的朋友星散海外。"酒中八仙"亦多半不在人世。山川有异，人事全非。梁实秋陆续写下了怀人散文：《谈徐志摩》《谈闻一多》《忆杨今甫》《忆沈从文》《悼念道藩先生》《方令孺其人》。在这些文章中，他怀念每一位故人，追忆在青岛、在重庆的时光。

青岛山东大学的故人，在梁实秋的记忆中，个性神采熠熠生辉，逸事趣事生动饱满。而梁实秋也活在故人的记忆之中。

1933年下学期，孙大雨接到梁实秋的聘书，任外文系教授，开设英国文学课。但后来，在翻译莎士比亚剧作的方法上，他与梁实秋产生了尖锐的矛盾。梁实秋认为应以散文体翻译，孙大雨则认为应以诗体翻译，二人互不相让，多少都有点意气用事，不欢而散。孙大雨只在山东大学外文系执教了一个学期便去了上海。

暮年时，孙大雨回首翻译莎士比亚戏剧的往事，不由得慨叹："堪叹文人多坎坷，平生意气尽消磨。魂离故苑归应少，恨满长江泪转多！"他亦十分珍惜在青岛的岁月，想起梁实秋，感叹良多："可惜青岛一别竟成永诀，几十年来我与他再没有机会谋面，共磋莎剧译技，如今他已作古，我也到耄耋之年，每每想起往事，有恍如隔世之感。"

1987年11月3日，梁实秋走完了他84年的人生路。他给中国文坛留下了两千多万字的著作及《莎士比亚全集》等译作。而他与鲁迅等左翼作家的笔战已烟消云散，留与后人评说。

徐志摩，闻一多，梁实秋，孙大雨……当年的新月派文人，不论选择什么人生道路，都是荆棘与桂冠交织在一起，都是一幕人生的悲喜剧。"人生的路途，多少年来就这样地践踏出来了，人人都循着这路途走，你说它是蔷薇之路也好，你说它是荆棘之路也好，反正你得乖乖地把它走完。"梁实秋在怀念徐志摩的文章中这样写道。

闻一多

夕潮拍岸楼犹在

——闻一多在青岛

"青岛，就是单单从这个名字上看，也是很有诗意的。坐在青岛大学（成立两年以后，又改名山东大学了）教室的座位上，一歪头，就可以从红楼的红瓦和绿树的绿叶间看到海；从石头楼的寝室里，午夜醒来，就可以听到海；从潮润的风里，从早晚的烟雾里，从鸥鸟的翅膀上，随时可以感觉到海的存在。"这是臧克家写的《海——回忆一多先生》一文的开头。

海就在那里，从湛蓝的天空，看到大海青碧的颜色；海就在那里，从阵阵的清风，嗅到大海腥湿的气息。

乘船到青岛
一觇究竟

1930年8月至1932年8月，短短两年中，闻一多在青岛，执教于国立青岛大学，与大海和青松相伴。他留给这个城市宝贵的文化资源，就像大海一样广阔而浩渺。在青岛，在永不停息的潮涨潮落的风浪声中，闻一多完成了由激情澎湃的诗人向沉潜专注的学者的转变。绿荫中的鲜艳的红瓦，象征诗人闻一多卓荦的诗歌成就；海天之间的无垠的湛蓝，象征学者闻一多丰硕的学术成果。

海就在那里，看到了大海，也就看到了闻一多先生的身影。

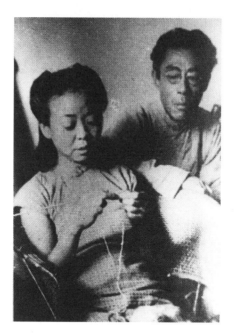

闻一多与夫人高孝贞在昆明西仓坡宿舍（1946 年）

1930 年 6 月中旬，杨振声在上海遇到闻一多，请他去国立青岛大学担任中文系主任，并请在吴淞中国公学任教的梁实秋去国立青岛大学主持外文系。

闻一多面对杨振声的盛情邀请有点犹豫。杨振声劝说，青岛是避暑旅游胜地，环境清幽，城市整洁，山海相拥，景物宜人，更何况崂山是神仙洞府，一年四季，山上白云缭绕，太清宫里仙乐飘飘。杨振声一番游说，令闻一多颇为动心。恰好梁实秋正准备回北平省亲，于是，闻一多和梁实秋相伴，一起乘船去青岛，观察一下青岛的情形。

"海船快到胶州湾时，远远望见一点青，在万顷的巨涛中浮沉；在右边，崂山无数柱奇挺的怪峰，会使你忽然想起多少神仙故事。进湾，先看见小青岛，就是先前浮沉在巨浪中的青点，离它几里远就是山东半岛最东的半岛——青岛。"

这一段文字出自闻一多在青岛时写的一篇散文。文中所写当是闻一多和梁实秋乘船快到胶州湾时看到的情形。闻一多以画家对色彩捕捉的敏锐感道出青岛之"青"，又以诗人笔墨写出海上望青岛的印象。

闻一多写的散文《青岛》，让人想起臧克家写的一首短诗：

清风，大海的使者——

从海面上吹来，

从高楼的红瓦棱里吹来，

从海涛似的绿树间吹来。

你替旅人拂去一身尘土，

从他们心里把闷热拨开，

青岛呵，对于远道而来的游客，

你就是一个绿色的海。[1]

清风，这大海的使者，欢迎新月诗人来青岛。

登陆后，闻一多、梁实秋住在中国旅行社招待所。安顿好之后，两人按捺不住，怀揣着对这座城市的新奇感，信步出了门，去一探究竟。他们逛街，看到一家吴服店，各自买了一件衣服，宽袍大袖，颇有古意。两人穿上之后，相视一笑，感到颇满意。闻一多又买了一件带花蝴蝶图案的衣服，"归遗细君"。从这一个举动看，诗人闻一多和妻子高孝贞伉俪情深。

闻一多和梁实秋雇了马车，一前一后，在海风吹拂中上路，走马观花看青岛。从总督府出发，经海滨公园、第一公园、汇泉浴场、炮台湾、湛山，山坡上的红瓦洋楼掩映在葱茏的绿树中间，错落有致。青岛的街道因地势起伏，仿佛蕴含着节奏和韵律。两人在车上边看边赞叹，这个以前的小渔村，经过严谨规划、科学建设，已成为国际化的都市，建筑与街道浑然一体。令两人印象最深刻的是，这些建筑，靠近地面的墙面，全用崂山花岗岩做墙基，坚实可观。老虎窗开在墙面或者覆有红瓦的屋顶坡上。窗户的顶部有的是三角状，有的是弧形。洋楼掩映在法国梧桐的绿荫之中，住在里面的人可以从窗口望海。

"车在坡头行走，山上居民接水的橡皮管横亘路上，四顾无人，马车轧过去是没有问题的，但是车夫停车，下车，把水管高高举起，

---

[1] 郑曼、郑苏伊编：《臧克家文笔精华》，东方出版社，2004年9月，第91页、92页。

把马车赶过去，再把水管放下来，一路上如是折腾者有三数次，车夫不以为烦。"[1]

经过一番游览，他们了解到青岛的天气冬暖夏凉，风光旖旎，而人情尤为淳厚，真是天时地利人和的宜居城市。闻一多、梁实秋一商量，即决定在国立青大任教。

在杨振声为闻一多、梁实秋接风的晚宴上，两人爽快地答应接受国立青岛大学的聘书。

闻一多在上海偶遇杨振声，成就了他人生旅途中青岛这一站的辉煌。人生中充满了很多偶然，也充满了必然。

1930 年 6 月，闻一多辞去武汉大学文学院院长一职，到了上海，恰好遇到杨振声。从武汉大学辞职的原因，季镇淮在《闻一多先生年谱》中写道："武大起了学潮，攻击先生。先生就贴了一张布告，说对于自己的职位，如'鹓雏之视腐鼠'，并声明辞职离校。后来学校挽留，到底没有留住。"

巧合的是，两年后，在国立青岛大学，也是学生闹学潮，风潮波及闻一多，他因此而辞职，去了清华大学任教。

青大开学
教文学史和唐诗

1930 年 8 月，闻一多偕眷到青岛。初到青岛，闻一多住在国立青大对门大学路上一幢小楼的一层。时国立青岛大学在北平、济南、青岛三地招生。三地共招考一年级新生 153 人，先修班学生测试合格升入一年级者 23 人。闻一多马上投入到工作中。

不久，闻一多移居至汇泉浴场不远的一栋小房，出门就是沙滩，涨潮时海水离门口不到两丈。诗人枕着大海的潮声入眠。可是，夜间

[1] 刘天华、维辛选编：《梁实秋怀人丛录》，当代世界出版社，2007 年 5 月，第 96 页。

潮汐哗哗的声音，令他久久不能入睡，心随着浪潮一起起伏。他不禁想起英国诗人安诺德的《多汶海滩》一诗。梁实秋住在鱼山路，闻一多去学校，步行经过梁实秋的寓所，两人就一起去大学。青岛多山路，起起伏伏，从美国留学归来的人，时常手提一根手杖。坡多，山路多，手杖就派上了用场。两人各策手杖，风神潇洒地走在鱼山路上，那种从容、悠然的神态，定格在鱼山路、大学路上。有时，两人在路上谈论《新月》杂志上发表的诗歌，兴致很高，时时爆发出爽朗的笑声。深秋时节，鱼山路上的喇叭花，听到两位先生的笑声，在风中微微晃动，似乎要告诉周围的花花草草闻一多谈诗的高见。

1930 年 9 月 20 日，国立青岛大学开学。校门位于大学路，校门口挂着的"国立青岛大学"的牌子，是蔡元培题写的。校长杨振声宣誓就职，启用钤印公章，文曰"国立青岛大学关防"及"国立青岛大学校长"。同日，学校举行开学典礼，杨振声校长在会上作了《打基础、重质量、务实际、艰苦创业》的讲话。随后，即按预定的教育计划正式上课。

闻一多被聘为文学院院长兼中文系主任。梁实秋被聘为外文系主任兼图书馆馆长。文学院有三个系：中文系、外文系和教育学系。10月 6 日，杨振声正式聘张道藩、闻一多、黄际遇、汤腾汉、谭葆慎、谭书麟、梁实秋、赵太侔、周钟岐、杜光埙为教授。

国立青大位于青岛山麓，以原德国的俾斯麦兵营为校址，只有五六座构造坚固的楼房作为校舍，其中一栋楼还被当时的市政府保安队占用。

这个学年，闻一多为中文系学生讲授"中国文学史""唐诗""名著选读"，同时给外文系学生开设英诗课。

"我爱青松和大海。"在青松的阵阵涛声中，在大海的层层潮音中，闻一多开始了在国立青大的教学。我们可以通过臧克家的回忆，以及其他文献的记载，品味闻一多讲课的诸多细节和风采。

对于中国文学史课程，闻一多注重讲述各时代之社会背景及作家生活，以期阐明历代文艺思潮及其艺术所以形成演变之因。

闻一多讲唐诗，按照时间先后，取唐代主要诗作，参以时代背景及诗人生活，详加讲解，以期说明唐诗之特标的风格，呈现唐代文化灿烂的风貌。

可以这么说，闻一多在青岛执教时发力研究唐诗，到了在昆明西南联大讲唐诗时即自成体系，高见频出。笔者没有找到国立青大学子记录的闻一多讲唐诗的笔记，不妨从在西南联大时期学子记录的闻一多的讲课笔记中感受其风采。

闻一多以诗人的眼光和学者的思辨论陈子昂：太白是高而不宽，杜甫是宽而不高，唯有子昂兼有两家之长，因此能成为一个既有寥廓宇宙意识又有人生情调的大诗人。因为站得高，所以悲天；因为看得远，所以悯人。陈子昂的诗，超乎形象之美，通乎精神之变，深与人生契合，所以境界高绝。在闻一多看来，中国伟大的诗人，可举三个代表：一是庄子，二是阮籍，三是陈子昂。他们的诗都含有深邃的哲理。

讲张若虚和他的《春江花月夜》时，闻一多更是诗情勃发，性情自然流露。《春江花月夜》可谓千古绝唱，有"以孤篇压倒全唐"之誉。诗中展现了开阔而优美、寥廓而宁静的境界："江畔何人初见月？江月何年初照人？人生代代无穷已，江月年年只相似。不知江月待何人，但见长江送流水！"有限与无限，有情与无情——诗人与"永恒"猝然相遇，一见如故。在这种天问之中，是复绝的宇宙意识！

"斜月沉沉藏海雾，碣石潇湘无限路，不知乘月几人归，落月摇情满江树！"闻一多讲到这里，对这首诗的见解如同一轮红日喷薄而出："这里一番神秘而又亲切的、如梦境的晤谈，有的是强烈的宇宙意识，被宇宙意识升华过的纯洁的爱情，又由爱情辐射出来的同情心，这是诗中的诗、顶峰上的顶峰。"闻一多的解读和品赏，完全是出自诗心。这是现代诗人与古代诗人的隔空对话，是对人生与宇宙万物的哲学思考的唱和。

在写到李白与杜甫这盛唐时代两大天才人物的会面时，闻一多先生禁不住激动起来："写到这里，我们该当品三通画角，发三通擂鼓，然后提起笔来蘸饱了金墨，大书而特书……譬如说，青天里太阳和月亮走碰了头，那么，尘世上不知要焚起多少香案，不知有多少人要望天遥拜，说是皇天的祥瑞。如今李白和杜甫——诗中的两曜，劈面走来了，我们看去，不比那天空的异瑞一样的神奇，一样的有重大的意义吗？"这样酣畅淋漓的文字，只有闻一多这样的诗人才能道出。可以想见，闻一多在课堂上，以激昂饱满的情绪、抑扬顿挫的声调，将这一段一气呵成地讲出来，在座的学生听得如痴如醉，径直进入大唐诗歌的境界。

闻一多的唐诗研究，一方面是沉潜的挖掘、系统的整理、科学的考证，另一方面是诗意的喷发、情感的发酵、表达的磅礴，诚如他自己所说："诗人胸中的感触，虽到发酵的时候，也不可轻易放出，必使他热度膨胀，自己爆裂了，流火喷石，兴云致雨，如同火山一样——必须这样，才有惊心动魄的作品。"

"玄心""洞见""妙赏""深情"，这是冯友兰剖析的魏晋风流的四要素。闻一多讲唐诗，不也是如此风流吗？

国立青大"名著选读"的讲义，选了一篇阮大铖的诗，闻一多对这篇诗似乎颇有好感，这让臧克家感到有点惊异。"至今我还记得他讲到'始悟夜来身，宿此千峰上'的那兴致盎然的样子。"事实上，闻一多特别强调诗品与人品的统一，但又不因人废言。

闻一多给学生讲龚自庵的诗，但是不选"我劝天公重抖擞，不拘一格降人才"那样新颖豪壮的作品，而是选"为恐刘郎英气尽，卷帘梳洗望黄河"那样壮志消磨、专伺眼波的爱情诗。从他个人对诗的爱好与编选标准上，可以看出他当时的思想状况和艺术观点来。

闻一多讲英国诗歌，也留下了一些令人激赏的细节。"记得他在讲雪莱的《云雀》歌时，将云雀越飞越高，歌声也越强，诗句所用的音节也越来越长的情况，用充满诗情的腔调吟诵了出来。"臧克家记录下闻一多讲英诗的神采。闻一多为学生讲雪莱，讲拜伦，讲济慈，讲华兹华斯，讲柯勒律治和白朗宁，对于最后两位，特别是白朗宁，他仿佛有着更多的喜爱似的。

闻一多爱才、惜才，对学生独创性的意见、独特的观点，他十分欣赏。与臧克家同班的一位同学，对某一首唐诗有自己的看法，并把这看法告诉了闻一多先生，一多先生和他一道坐在茶馆谈论这首诗。到了上唐诗课的时候，他点名叫这位同学上去讲一下。这位同学没有料到，迟疑了一下，在闻一多先生鼓励的眼神注视下，他走到讲台上，为全班同学讲述了自己的看法。全班同学惊讶不已，啧啧赞叹。

在青岛两年的教学中，闻一多逐渐由诗人的身份向学者的身份转变。他成为"目不窥园"的学者，专注研究《诗经》和唐诗。

梁实秋在《谈闻一多》文中，提到闻一多研究《诗经》的缘起。有一天，闻一多找梁实秋，商量研究《诗经》的方法，并借阅莎士比

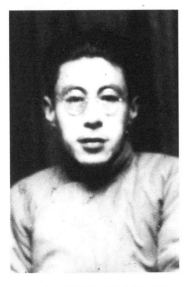

闻一多回国后脱下西装换上长袍布履　　　　闻一多在芝加哥美术馆前留影

亚文集作为参考。闻一多看了国立青岛大学图书馆刚买到的佛奈斯新集注本二十册，浩然长叹，对梁实秋说，中国文学虽然内容丰美，但是研究的方法实在是太落后了。闻一多决心把《诗经》这一部古老的文学作品彻底整理一下。从此，闻一多埋头苦干，真到了废寝忘食的地步。梁实秋到闻一多的住处去看他，他书桌上一堆一堆的，椅子上满满的，房间的每一个角落全是书，简直到了难以下脚的地步。闻一多见好友来了，连忙将椅子上的书搬走，让梁实秋落座。经过苦心孤诣的研究，闻一多终于写就《匡斋尺牍》。梁实秋非常推崇闻一多的《诗经》研究："这是一个划时代的作品，他用现代的科学的方法解释《诗经》。他自己从没有夸述过他对《诗经》研究的贡献，但是作品俱在，其价值是大家公认的。"在音韵训诂之外再运用西方近代社会科学的方法研究《诗经》，这是闻一多的创新，他甚至将弗洛伊德的学说引入，分析《诗经》中的象征意象。

　　在国立青大，闻一多开始作《全唐诗人小传》。他的唐诗研究从青岛开始，一直延续到昆明西南联大。《闻一多年谱长编》记录，他的唐诗研究除了《闻一多全集》所收七篇外，现存大量手稿，如疏证方面的《唐诗笺证》《唐诗校读法举例》《全唐诗辩证》《全唐诗校勘记》等，表谱方面的《唐文学年表》《唐诗人生卒考》（附进士登第年龄考）《新旧唐书人名引得》《初唐四杰合谱》等，史料收集方面的《唐诗大系》《全唐诗补传》《全唐诗续补》《全唐诗汇补》，札记方面的《璞堂杂记》《唐诗要略》《诗的唐朝》等。闻一多对唐诗的研究是系统而全面的，以现在的眼光来看，堪称浩大的学术工程。

在青岛期间，虽然新诗写得很少，但闻一多的生活离不开诗，他在青岛培育了两位诗人：助教陈梦家和学生臧克家。他逢人就得意地推荐这两位年轻的诗人，"我左有梦家，右有克家"。臧克家到闻一多的住处，闻一多非常高兴，从抽屉里拿出陈梦家的诗稿，让臧克家欣赏。师生两人沉浸在艺术的氛围里，畅谈诗歌和人生。

点滴时光
诗人的爱与恨

闻一多在青岛执教期间，写了一首朦胧的《奇迹》，这是他在青岛写的唯一一首诗。还有一篇散文《青岛》，用诗意的笔调生动描绘青岛春、夏、秋三季的景色，让人身临其境。我们从中可以看出他对这座城市的喜爱。这是闻一多创作的唯一的写景抒情的散文，入选了中华书局、商务印书馆、正中书局等出版的国文教科书。

闻一多的《青岛》一文，有一段写青岛的海上风情："等秋风吹起，满岛又回复了它的沉默，少有人行走，只在雾天里听见一种怪水牛的叫声，人说水牛躲在海角下，谁都不知道在哪儿。"

不了解青岛人文风情的读者读到这一段，的确会感到一头雾水。中华书局编辑所所长、出版家舒新城，写信问闻一多"怪水牛"为何物。1933 年 6 月 4 日，闻一多致函舒新城解释道："'怪水牛'是德国人在海上所置一种警笛，有雾时便叫，声如牛鸣。"

其实，青岛的老百姓都叫它海牛。笔者选编的《名人笔下的青岛》选入了闻一多的《青岛》，对"怪水牛"加以注释：

闻一多画作《夕潮拍岸》

　　青岛人都说那是"海牛"在叫。"海牛"的叫声实际上是德国人在海岸安装的"雾笛"，就在团岛航海灯塔，是雾天给船舶导航用的。海上往来的船民，在雾中航行一听到"海牛"的叫声，就知道船已经到青岛了，并根据声音的方向避开岸边的礁石。直到20世纪50年代末，团岛灯塔才拆除海中的"雾笛"，改用岸上的电动笛了。[1]

　有诗有文，有声有色。闻一多在青岛还有画作。1932年，闻一多在青岛作了一幅水彩画《夕潮拍岸》。

　这幅水彩画，让人想起闻一多在《青岛》一文中关于海浪的描写："沿海岸处有许多伸长的山角，黄昏时潮水一卷一卷来，在沙滩上飞转，溅起白浪花，又退回去，不厌倦的呼啸。天空中海鸥逐向渔舟飞，有时在海水中的大岩石上，听那巨浪撞击着岩石激起一两丈高的水花。"看画面，所画海边礁石峻嶒，像今天鲁迅公园赭色的礁石。赭色的礁石，沉默无言；涌起的白浪，哗哗歌唱。海浪与礁石，一动一静，相伴相守，极尽缠绵，直至永恒。

---

　[1]　刘宜庆编：《名人笔下的青岛》，青岛出版社，2008年11月，第24页。

在国立青大的执教生活是平静的。教书之余，教授们经常在晚上聚餐，慢慢就有了"酒中八仙"之称谓。闻一多是其中一员。安静的时光，如同表面平静的大海，其实蓄积着汹涌的波浪。

中国政府自 1922 年从日本手中收复青岛后，还经常受到其军事威逼和恫吓。日本商人和侨民仍盘踞在青岛。这些人横行霸道，经常欺负中国的老百姓。对此，闻一多拍案而起，要为国人讨回公道。

有一个学生在海滩玩耍，不知什么原因和傲慢的日本小孩发生了冲突，结果被日本人打得半死还被送到了警察局。那崇洋媚外的警察局长，在向日本人笑着道歉之后，不顾社会人士的愤怒和要求，竟把那个学生关押了起来，然后又通过电话警告校长不要"对学生放纵"。闻一多教授知道这件事后，愤怒得脸色铁青，抛下手中的书本，大声说："中国，中国，难道你已亡了国吗？！"他主张积极地交涉。可是学校里有一位主张所谓"国家至上"的教授来劝他不必为这件小事而伤了"友邦"与当局的和气。闻一多以厌恶的不屑理会的态度回答了他。学生们本来就已经沉不住气了，闻一多的行动鼓励了他们，于是，整个学校都沸腾了。当局一看形势不好，就把那个学生放了。

闻一多为被捕学生仗义执言，由此可见他疾恶如仇。他并非关在书斋中的学者。他的悲欢和时局紧密相连，甚至他的选择和命运也都和大时代密切相关。随着"九·一八"事变爆发，国内大学中学潮涌动。闻一多也受到学潮的影响。

学潮汹涌
辞职离开青岛

国立青岛大学在短短两年中爆发了三次学生运动，学生运动的浪潮波及大学校长和教授。1930 年 11 月，校方勒令以假文凭考入的学生退学，导致学生罢课。1931 年 11 月，青大学生赴南京请愿，要求国民政府停止内战、一致对外，收复东三省。1932 年 6 月，青大学生反对学分淘汰制，举行大规模的罢课。第三次学生运动的浪潮冲击到闻一多，直接导致他辞职。

1932年5月5日，校长杨振声在南京教育部申领教育经费，未得。国立青岛大学教育经费由教育部、山东省政府、青岛市政府和胶济铁路管理委员会多方筹集，经费经常被拖欠。杨振声为此感到焦头烂额，这一次又没有领到，他顿生去意。"以中央批准之预算迄今一文未发，虽地方协款按时拨给，但开支颇巨，杯水车薪，实难维持。"杨振声电呈国民政府教育部辞职，遂到北平。

国立青大陷入群龙无首的局面。5月11日，闻一多出席国立青岛大学校务联席会议。会议决定：致电教育部和杨振声，恳切慰留；由理学院院长黄际遇为临时主席，暂代校务；派闻一多和杜光埙为代表赴北平劝杨振声回青。

6月4日，杨振声和闻一多返回青岛。经过这次变故，闻一多对校务心灰意冷。他在给吴伯箫的信函中写道："我们这青岛，凡属于自然的都好，属于人事的种种趣味，缺憾太多。"闻一多回到大学校园，感受到一种别样的空气，甚至有谣言流传，说闻一多去北平是逃走的。

一波未平，一波又起。反对学分淘汰制风潮骤然而起，来势凶猛。学生宣布罢课，要求取消学生住宿费，取消"学分淘汰制"，反对新月派把持校务。这一次的风潮，矛头对准了闻一多。

非常学生自治会仿照北京女师大少数学生的《驱杨（荫榆）宣言》印发《驱闻宣言》，要"驱逐恶劣首要闻一多"：

> 我们此回运动的意义，具体化的说是反抗教育的恶化，这个恶化大部分是属于法西斯蒂化的。闻一多是准法西斯蒂主义者，他以一个不学无术的学痞，很侥幸与很凑合的在中国学术界与教育界窃取了一隅地位，不幸他狼心还不自已，必欲夺取教育的崇高地位，以为扩展实力的根据。他上年在新兴武汉大学潜窃了文学院院长的地位，武汉大学的同学比我们聪明，等他居职不久，就把他赶走了。前年又来赉缘占据了我们学校文学院院长的地盘，狼子用心，欲继续在青大发挥其势力，援引了好多私人……为欲完成其野心，他很机

智的采取了法西斯蒂的道路……凡此种种都充分能证明他是个准法西斯蒂主义者。[1]

"不学无术的学痞""法西斯蒂""狼子用心",这些用语,句句指向闻一多。"宣言"中提到的私人关系,指的是陈梦家和费鉴照(均为闻一多的学生,分别为中文系助教和外文系讲师),大概还指闻一多的姑表亲戚林斯德,林斯德从武昌文华图书专科学校毕业,经闻一多介绍来国立青岛大学图书馆工作。

学生的要求遭到杨振声的拒绝。于是,反对的风潮波及梁实秋、赵太侔和杨振声。国立青岛大学非常学生会印发《青岛大学全体学生否认杨振声校长并驱逐赵畸梁实秋宣言》。文中称杨振声"滥用私人(如闻一多之子弟费鉴照等学识浅薄、讲解错误,独复高据坛席,屡黜不去)","不顾数百同学之苦衷,唯信闻一多、梁实秋、赵畸等之潜计","遽以闻、梁少数人之意见,非法开除学生九人"。闻一多和梁实秋成为最受攻击的对象。

在国立青岛大学附近的一块山石旁边,赫然出现了一条标语:"驱逐不学无术的闻一多!"置身罢课风潮之中的一个学生后来回忆:"'不学无术'这四个字居然加在闻一多先生身上,真是不可思议。"

有一次,梁实秋与闻一多一起走过一间教室,无意中看到黑板上有人写了一首诗:"闻一多,闻一多,你一个月拿四百多,一堂课五十分钟,禁得住你呵几呵?"这是讽刺闻一多讲课时喜欢发出"呵呵"的声音。两人看罢,相视苦笑。思想激进的学生,在罢课斗争中采用的手段多种多样。又有一次,教室的黑板上出现了一幅漫画,画的是一只乌龟和一只兔子,旁边有注曰:"闻一多与梁实秋。"闻一多严肃地问梁实秋:"哪一个是我?"梁实秋回答:"任你选择。"

当时,学生还包围了闻一多的住宅。青岛市政府派来四名士兵予以护卫。

罢课斗争进入高潮之际,教育部釜底抽薪。7月3日,教育部奉行政院令将国立青岛大学解散,一切"听候整理","现尚留校学生,

---

[1] 闻黎明、侯菊坤编:《闻一多年谱长编》,湖北人民出版社,1994年7月,第424页。

闻一多在国立青岛大学执教时居住的小楼（现在被命名为"一多楼"）

中国海洋大学鱼山校区"一多楼"前闻一多雕像

应限于三日内一律离校，听候甄别"。罢课的学生领袖俞启威（黄敬）和王弢等，在国民党特务展开抓捕之前离开青岛。

第三次学潮结束了，但一批教师也离开了青岛。

经历了三次学潮的闻一多已经十分灰心了。他萌生退意，打算离开暗潮汹涌的国立青大。1932年7月中旬，闻一多和陈梦家离开青岛，同赴泰山游览。跳出学潮风波，师徒两人在清凉的大雨中，夜宿灵岩寺，忘记了学潮中之种种荒唐事。明明是很近的身边事，竟然有昨日旧梦之感。窗外的滂沱大雨哗哗下个不停，浇灭了他们在学潮之中焦头烂额的烦忧。师徒谈笑终日，在天地之间弥漫的淋漓的水汽之中，"俱怀逸兴壮思飞"，有出离尘世之感。

闻一多手托着在泰安庙前买到的一盆花，与陈梦家道别。陈梦家南下，闻一多东归。共聚青岛的时光结束了，不到三个月，师徒两人又在北平聚首，那时闻一多任教清华大学，陈梦家到燕京大学深造。

闻一多孤身一人去了北平，再也不肯做大学的行政工作。清华大学两年前给他的"研究教授"聘任书依然有效，他返回离开了整整十年的母校清华大学。

至此一别，闻一多留给青岛一个被经常提及、永远缅怀的背影。

臧克家（1946 年于上海）

青岛孕育的诗人

——臧克家的名师和名诗

我们的学校——青岛大学，把身子的一半托在青山上，坐在石头楼的窗前，远处近处的红瓦绿树云影一样浮到人的眼前。海的波动的影子，海的健壮的呼吸，从一层层的绿色的树影中透过来，传过来。傍着校舍的一条条白线似的小径，可以引你到幽僻的山中，可以引你到"第一公园"——花鸟的世界，自然的家。[1]

　　1929 年，臧克家入读山东大学补习班，在青岛《民国日报》上第一次发表新诗《默静在晚林中》，署名克家。这就是诗人臧克家与青岛的诗缘与情缘。在青岛，臧克家成为一位诗人。此前的一年，因"四·一二"反革命政变，臧克家从武汉回到家乡诸城，受到国民党反动派的追捕。他像一粒沙子，被暗夜中的狂飙吹落到关外。他流亡东北，经历疾病与死亡的考验，最后落脚在青岛，"把从死神和病魔手中挣脱出来的身子安放在桃源似的青岛了"。

　　"万卷藏书宜子弟，十年种木长风烟。"1905 年，臧克家出生于诸城一个中小地主家庭，他的曾祖父、祖父有功名，做过清代的小官，但都喜欢诗（包括他的父亲，气质、情感和天才和诗最接近），擅长书法。新文化运动之后，新诗如同一缕春风，唤醒臧克家心中沉睡的诗歌的种子。因自幼熟悉农民的疾苦，他的诗歌带着天然的倾向，关注世间一切劳苦大众。在济南山东省立一师读书时，他就开始向文学刊物投稿，曾接到周作人的亲笔信。在一师读书时，臧克家最崇拜

　　[1]　臧克家著:《臧克家回忆录》，中国工人出版社，2004 年 1 月，第 19 页。

臧克家（1933年摄于青岛）

郭沫若，在案头贴着郭沫若的照片，并在照片上写下这样的话："沫若先生，我祝你永远不死！"

家庭环境，时代精神，以及臧克家的气质和情感、身体和思想，把他摆渡到诗意的青岛，为他戴上诗人的桂冠。在青岛，臧克家遇到了恩师、诗人闻一多，这是他一生的幸运。

1930年夏天，国立青岛大学招生，国文考试题目二选一：1. 你为什么投考青岛大学？ 2. 生活杂感。臧克家却把两题都做了，他答的第二题全文是："人生永远追逐着幻光，但谁把幻光看作幻光，谁便沉入了无底的苦海。"考官是闻一多，他批阅"生活杂感"，给考生得个60来分就很不容易了，很多考生只得到十几分，但看到臧克家的"杂感"，他眼前一亮，大笔一挥，给了98分。

臧克家后来回忆，自己的数学得了零分，还很纳闷为何被录取了。其实，这并非个案。钱锺书考清华大学、张充和考北京大学都是如此。民国时期大学教育的成功之处，在于学术独立、思想自由，还在于不拘一格录取人才。

臧克家考入的是外文系，因为神经衰弱，失眠，记忆力差，吃不消英文的背诵，他想转到中文系。系主任闻一多一听转系的学生自报家门"臧克家"，只说了三个字"你来吧"。臧克家回忆，"从此，我成了闻一多先生门下的一名诗的学徒"。

国立青岛大学时期的闻一多，正在从诗人转向学者的道路上，致力于研究唐诗。但他引以为傲的是，"我有二家"——陈梦家和臧克家（臧克家说，陈梦家的心在天上，自己的心在地下）。有闻一多先生的提携，有长者王统照的鼓励，有诗友陈梦家的切磋，臧克家找到了"自己的诗"，将生活的阅历和人生的磨难转化为诗的灵感。在失眠的"无窗斋"，他的诗兴，像一片飘飞的树叶，滑入梦中的天河。从屋檐上的"铁马"，驰骋于海天之间。在闻一多的推荐下，臧克家的诗作《洋车夫》《失眠》在《新月》上发表了。稿费极高，八行诗给了四块大洋。臧克家一发不可收，诗歌如同滔滔江河水，汹涌澎湃。《老哥哥》《贩鱼郎》《像粒沙》等诗，闻一多也都认真地看过。臧克家把《神女》邮寄给闻一多，闻一多"在一些句子上划了红色的双圈"。1932 年，闻一多辞职，转任清华大学教授。但两人的师生情谊穿越关山，穿越时空。

1933 年，在诗人卞之琳的建议下，臧克家决定自费出版处女作诗集《烙印》。闻一多写了序言，卞之琳、李广田、邓广铭在北平设计封面。闻一多支持 20 元，王统照支持 20 元，还有一位朋友王笑房也慷慨解囊赞助出版。花了 60 元出版的 400 本诗集很快脱销。茅盾、老舍、韩侍桁……诸位先生在《文学》《现代》上发表评论，这对臧克家是极大的鼓舞。再版时，有两家书店争着承印出版。

诗集《烙印》收录了臧克家的名篇《老马》：

> 总得叫大车装个够，
> 它横竖不说一句话，
> 背上的压力往肉里扣，
> 它把头沉重地垂下！
>
> 这刻不知道下刻的命，
> 它有泪只往心里咽，
> 眼里飘来一道鞭影，
> 它抬起头望望前面。

　　　　　1932.4[1]

[1]　郑曼、郑苏伊编：《臧克家文笔精华》，东方出版社，2004 年 9 月，第 7 页。

韩侍桁在《文坛上新人——臧克家》一文中说，臧克家把这个内忧外患的民族比作一匹"老马"，一匹麻木不仁忍受一切痛苦毫无抵抗的"老马"。但更多的读者，在这首短短的八行诗中看到了自己的命运，看到了负荷苦难的农民的命运。臧克家晚年说："写老马就是写老马本身，读者如何理解，那是读者的事，见仁见智，也不会相同。你说《老马》写的是农民，他说《老马》有作者自己的影子，第三者说，写的就是一匹可怜的老马，我觉得都可以。诗贵含蓄，其中味听凭读者去品评。"

在这部诗集中，还有一篇写青岛的《万国公墓》：

> 你们也曾活在世界上，
> 曾经是朋友或是仇敌，
> 现在泥封了各人的口，
> 有话也只好闷在心头。

1932 年 12 月 5 日作于青岛万国公墓之侧 [1]

青岛的万国公墓最初是德国人在青岛修建的墓园，位于今天延安一路百花苑中，德国的贵族、官员以及在青岛的欧洲人，客死在青岛，青岛山前的一片林地成了他们最后的归宿。德国第二任胶澳总督叶世克 1901 年死后葬在这里。德国著名的汉学家、植物学家福柏教士也葬于此，立有纪念碑。后来，也有一些有身份和地位的中国人葬进万国公墓。整个墓园是欧洲的风格，墓碑林立，雕像众多。在死亡面前，仍有高低贵贱之分。但在死亡面前，所有的仇恨又达成了和解。青岛市区的教堂和墓地，都引发了臧克家的诗思。

在青岛的几年，臧克家也为这座城市的命运揪心，"青岛像一个绝美的少女，她受到的污辱，叫人同情而为之痛心"，"每年六七月盛暑时期，美国的、日本的军舰，接踵而至，陈列在海面上，像一条铁链子，锁住了大海的咽喉"。臧克家看到，一方面国民党的达官贵

[1] 郑雪芹编：《臧克家代表作》，华夏出版社，1998 年 8 月，第 21 页。

人，在青岛休假疗养，住着海滨别墅；另一方面四方机厂的工人遭受压迫，西镇的马虎窝贫民窟破陋不堪。心怀忧患，心系苍生，臧克家以贴近地面的姿态，写下了《罪恶的黑手》这篇长诗。

臧克家晚年讲述与闻一多的交往时，留下了一段珍贵的记忆，让我们领略到闻一多的名士风度和名师风采。"他给我们讲唐诗、历代诗选，讲英国六大浪漫诗人。我觉得闻先生那时的文艺观点，唯美主义成分颇重。他在讲柯勒律治的名作《忽必烈汗》时，说：'讲这篇时，不宜于在教室里，可以到院子里，坐在草地上。'"在闻一多的书房，饮茶，聊诗，窗前洒满了皎洁的月光，这成为臧克家脑海里永恒的画面。

杨振声、赵太侔、沈从文、游国恩、张怡荪、梁实秋、吴伯箫……诸位先生，包括章太炎讲演《行己有耻》，都在诗人臧克家的记忆中留下了一鳞半爪。在《诗与生活》中，饶有情味与诗意的简单几笔，勾勒出诸位先生的风神。

1934年，从国立山东大学毕业后，臧克家执教于临清中学，但和青岛的师友联系、交往甚密。

《避暑录话》，一份报纸的文艺周刊，留下了臧克家的身影和诗文。

> 我们胸中落下了无边的天空，
> 我们将看见明早的太阳在大海上发红。[1]

青岛孕育了诗人臧克家，这是他年轻生命的一个港湾，他终究要出海远航，搏击风雨，为时代鼓与呼，为抗战文艺挥洒自己的才情。从臧克家诞生至今，110多年过去了，他已经成为人们怀念的孤帆远影……

---

[1]　臧克家著：《臧克家回忆录》，中国工人出版社，2004年1月，第79页。

陈梦家

新月如梦　梦里家山

——陈梦家与闻一多的诗缘

陈梦家，新月诗人，后放弃写诗，致力于学术研究，成为考古学家和古文字学家。

陈梦家祖籍浙江上虞。1911年4月16日，他出生于南京西城的一所神学院中。一个人的精神气质注定要打上家庭的烙印，周永珍在《陈梦家传略》中说："陈梦家的童年是在非常浓厚的宗教气氛中度过的，这在他的世界观与艺术个性上烙下了深深的印记。"陈梦家的父亲陈金镛曾长期任上海广学会编辑，他亲自创办了南京的这所神学院，并任"提调"（院长）之职，是一位忠厚纯朴的长者。

陈梦家自幼喜读古诗，尤其是唐诗，并长期在教会学校学习。"颠簸在社会风浪中的上层知识分子小康家庭的生活环境、传统文化的影响与教会学校中欧美文化的教育，造就了陈梦家充满矛盾的思想、气质与个性。"[1]

1927年8月，时任南京第四中山大学文学院院长的宗白华，聘新月派诗人闻一多来校任文学院外国文学系主任、副教授。闻一多在此校任教只有一年，虽然时间短暂，但他发现和培养了陈梦家和方玮德，两位后来都成为新月派诗人。在去第四中山大学任教前夕，闻一多给好友饶孟侃的信中谈到自己的状况："说来真是笑话，绘画本是我的元配夫人，海外归来，逡巡两载，发妻背世，诗升正室，最近又置了一个妙龄的姬人——篆刻是也。似玉精神，如花面貌，亮能宠擅专房，遂使诗夫人顿兴弃扇之悲……近来摹印，稍有进步，应酬也渐

---

[1] 徐迺翔主编，陆荣椿、蓝棣之编：《中国现代作家评传》（第2卷），山东教育出版社，1986年4月，第519页。

渐麻烦起来了。"

1927 年夏，陈梦家高中尚未毕业，就考入南京"国立第四中山大学"（前身是南京高师、东南大学，1928 年 5 月改名为"中央大学"），学的是法政科（有文章说是法律系）。1927 年冬，陈梦家到闻一多家中作第一次拜访，后来陈梦家在文章《艺术家的闻一多先生》中回忆说："我在南京单牌楼他的寓所里第一次会到他，他的身材宽阔而不很高，穿着深色的长袍，扎了裤脚，穿着一双北京的黑缎老头乐棉鞋。那时他还不到三十岁，厚厚的口唇，衬着一副玳瑁边的眼镜。他给人的印象是浓重而又和蔼的。"此后，两人因新诗的关系紧密团结在一起。除了诗歌是联系的纽带，两人的精神气质也有共通之处。

1930 年夏天，闻一多在杨振声的热烈邀请下，和梁实秋一起去国立青岛大学任教。当时，陈梦家还没有在中央大学毕业。1932 年 3 月上旬，陈梦家来到青岛，做闻一多的助教。1930 年 12 月 10 日，从闻一多致朱湘和饶孟侃的一封信中，我们可以感受到闻一多对新发现的两位诗人是多么器重。他在信中说："陈梦家、方玮德的近作，也使我欣欢鼓舞。梦家是我的发现，不成问题。玮德原来也是我的学生，最近才知道。这两人不足使我自豪吗……我的门徒恐怕已经成了我的劲敌、我的畏友。我捏着一把汗自夸。还问什么新诗的前途？这两人不是极明显的具体的证据吗……梦家、玮德合著的《悔与回》已由诗刊社出版了。"

1929 年 9 月至 1930 年 6 月，这一学年，新月诗人徐志摩兼职任中央大学外国文学系副教授，像接力棒一样，闻一多走，徐志摩来，在他的提携下，陈梦家、方玮德都成为《新月》的作者。陈梦家当时的创作，受徐志摩那种用"圆熟的外形，配着淡到几乎没有的内容"（茅盾著《徐志摩论》）的诗风影响甚深，也有一些诗是模仿闻一多的（如《葬歌》模仿《也许》）。

陈梦家在闻一多、徐志摩的指导下，诗歌写作水平突飞猛进。陈梦家曾将自己的诗集和《诗刊》邮寄给胡适，得到胡适 1931 年 2 月 9 日的回复和积极鼓励。陈梦家特地将胡适的回复题名"评《梦家诗集》"刊在《新月》第 3 卷第 5、6 期上。

1931 年夏，陈梦家从中央大学毕业，获得律师执照，从南京小营移住市郊兰家庄。7月，他应徐志摩之邀赴上海，住天通庵，负责编选新月诗派的主要代表作——《新月诗选》。陈梦家花费了一个多月的时间，选出前、后期新月诗派主要诗人的代表作共18家80首，将这些处于不同历史时期、具有不同社会地位与政治思想倾向的诗人，在艺术流派的体系上联系起来。

诗人闻一多不修边幅，陈梦家同样如此。梁实秋在《谈闻一多》中写道："一多从来没有忽略发掘新诗的年轻作者。在青大的国文系里他最欣赏臧克家，他写的诗相当老练。还有他的从前的学生陈梦家也是他所器重的。"在梁实秋的眼中，"陈梦家是很有才气而不修边幅的一个青年诗人，一多约他到国文系做助教，两人颇为相得"。

有一天，闻一多和陈梦家到青岛第一公园（今中山公园）去赏樱花，走累了，到路边的一个角落休息。陈梦家无意中正好坐在路旁一面招募新兵的旗帜底下。他当时蓬首垢面。这时，一个不相识的老者走过来，缓缓地对他说："年轻人，你什么事不可干，要来干这个！"闻一多把这个故事讲给梁实秋听，他认为陈梦家过于名士派了。

闻一多在国立青岛大学任教时，爱青松和大海，更爱两个年轻诗人——陈梦家和臧克家，他逢人就得意地说，他有"二家"。

1932年7月，陈梦家告别青岛之后，青岛海滨的灯塔仍在梦境中闪烁。对这一段青葱的诗意岁月，他在诗歌《往日》中追忆：

> 我与远处的灯塔与海上的风
> 说话，我与古卷上的贤明诗人
> 在孤灯下听他们的诗歌：像我
> 所在的青岛一样，有时间长风
> 怒涛在山谷间奔腾，那是热情；
> 那是智慧明亮在海中的浮灯，
> 它们在海浪上吐出一口光，
> 是黑夜中最勇敢而寂寞的歌声。[1]

[1] 陈梦家著：《梦家诗集》，中华书局，2007年9月，第181页、182页。

在青岛，陈梦家的诗歌得以远航。青岛，也是他与恩师闻一多结下深厚情谊的地方。1956年，陈梦家写就《艺术家的闻一多先生》发表在《文汇报》上（1956年11月17日），回忆他和恩师闻一多在青岛的时光："我们常常早晚去海边散步，青岛有很好的花园，使人流连忘返，而他最爱的是站在海岸看汹涌的大海。"

国立青岛大学闹学潮，学生驱赶闻一多，可能是因为他要求学生严格，不赞成学生放弃学业参与运动。于是，闻一多和陈梦家乘火车到泰山旅游，师生在车站分手。闻一多在泰安买了一盆花回青岛，陈梦家回南方。陈梦家评价其师："对于大海和泰山的爱，可以见到他的胸怀；对于小小奇巧事物，他也有癖嗜"，"绘画对于他是有着很大的影响，他所喜爱的颜色（黑与红）也象征着他思想情感中对立的两个倾向"。陈梦家写这篇文章时，闻一多已经去世十年，在陈梦家的心目中，闻一多集诗人的激情、学者的严谨、艺术家的气质于一体。

此时的陈梦家无法预料十年后自己的结局，这正如他在《梦家诗集·序诗》中所写：

> 人生是条路，
> 没有例外，没有变——
> 无穷的长途
> 总有完了的一天。

后人读史，虽不见前人，但了然生与死的巨大落差，我们再回到影响陈梦家一生的燕京大学。

1932年，陈梦家到北京燕京大学，在宗教学院读研究生，随后由宗教学转向攻读古文字学。此后，他倾全部精力于古文字学及历史学的研究。仅1936年，他便写有《古文字中的商周祭祀》《商代的神话与巫术》《令彝新释》等七篇文章，发表在《燕京学报》《禹贡》《考古社刊》上。

在燕京大学，陈梦家认识了赵萝蕤，家庭背景和喜好相同，使两人相恋。在燕京大学，陈梦家完成了由诗人到学者的转型。陈梦家由写新诗转向研究甲骨文，这是闻一多期许的方向。燕京大学与清华大学邻近，陈梦家经常到清华拜访闻一多。陈梦家说："在我初期治学

陈梦家、赵萝蕤夫妇　　　　　　　陈梦家和赵萝蕤在燕京大学时期的合影

时，也是热心于古代神话和礼俗的研究；和他（闻一多）对谈，常常扯得很远，越谈越有劲。后来我自己转入古代实物和历史的研究，觉得神话太空，引起他很大的反对。他在治学上的大胆的想象的驰骋，正表现为一个艺术家的气质，也是后来使他忘我地投入民主革命的一个动力。"[1]

　　陈梦家在燕京大学结识一位好友——小他三岁的王世襄。王世襄于 1934 年考入燕京大学，家境富裕。王家在大学附近的成府路刚秉庙东有一个 20 余亩地的园子。王世襄在这里种葫芦，制养蝈蝈的瓠瓶，还养鹰、鸽子和狗，雅聚各类玩家。陈梦家夫妇也搬到这个园子住过。他们雇一个工友做饭，白天各自上学，晚上集于乡野的园子，生活十分惬意。陈梦家喜爱红日衔山、鸡鸣野径的山村古风，可抵天白扰攘的尘梦。[2]

　　1935 年，年轻的诗人方玮德患肺病不幸去世。闻一多器重他的才华，非常伤心。《北京晨报·学园》刊发了"玮德纪念专辑"，其中有闻一多写的《悼玮德》，文章称方玮德有"中国本位文化"的风度。闻一多认为，作家、诗人、学者要成为中国文化的代言人，"对

---

[1]　陈梦家著:《梦甲室存文》，中华书局，2006 年 7 月，第 133 页。

[2]　张尔平文:《陈氏弟兄梦熊与梦家》，《人物》，2008 年第 8 期。

本国历史与文化的普遍而深刻的认识，由这种认识而生的一种热烈的情怀"。没有这种情怀，不能成为作家。文中还提到方玮德所进行的文史研究。与方玮德一起写诗的徐大纲、孙毓棠、陈梦家都不约而同地走上了研究"中国本位文化"的方向，"期待着早晚新诗定要展开一个新的局面，玮德和这几位朋友便是这局面的开拓者"。

"七七事变"之后，陈梦家与赵萝蕤离开北平南下，住在浙江德清县岳父家。1937年11月，长沙临时大学开学，当时清华大学国文系教授到者甚少。长沙临时大学开学之前，陈梦家接到电报，邀他去教文字学。陈梦家在清华获得教职，是闻一多、朱自清推荐的结果。朱自清在致梅贻琦的信中说："临时大学尚缺文字学教员一人，拟由清华聘陈梦家先生为教员，薪额一百二十元，担任此类功课。陈君系东南大学卒业，在燕大国学院研究二年，并曾在该校任教一年。其所发表关于古文字学及古史之论文，分见本校及燕大学报，甚为前辈所重。聘请陈君，不独可应临时大学文字学教员之需要，并可为本校培植一研究人才。"

在昆明西南联大，由于生活窘迫，闻一多挂牌治印。陈梦家回忆道："到了清华以后，他因为治《诗经》《易经》之故，兼治古文字学，因此也开始写摹甲骨文和金文……他的印章、书法和诗，有许多互相贯通的地方。他仿佛最爱格律、章法等形式的严整性，而由于他是热情而又有丰富想象力的人，常常想冲出这个形式的藩篱。"学者闻一多冲破了许多无形的东西，成为斗士，成为西南联大民主堡垒中的一座丰碑。

"李、闻血案"成为中国内战爆发前夕具有国际影响力的政治事件。1946年8月12日，美国哥伦比亚大学师范学院全体教授，为李、闻被刺致电杜鲁门总统，称"这种出于若干反动分子的残酷行为，刺痛了中美两国思想自由的公民良心，这刻画出中国局势在迅速地恶化，美国也被深深地卷入了"。

陈梦家夫妇在美国得知闻一多先生遇害的噩耗，不胜悲痛。此后，陈梦家的书房一直悬挂着闻一多的照片。后来，陈梦家在纪念徐志摩的一篇文章中，将他的两位老师——徐志摩和闻一多进行比较："志摩的诗是温柔的、多情的、自由奔放的，更多一些个人的感情；一多的诗是敦厚的、热情的、谨严的，更多一些爱国主义的情绪……志摩

20世纪40年代的陈梦家

如他自己所说的，为都市生活压死的；而一多的晚年是为革命而牺牲。一个是意外地可惋惜地早死，一个是至死不屈地悲壮地成仁。"

赵萝蕤将陈梦家对两位老师的比较作了中肯的评价："梦家是新月诗人中的一名健将和代表人物，他师事徐志摩和闻一多两位先生，但他没有徐志摩那样精深的西方文学造诣，也绝没有闻先生对祖国、对人民的强烈政治责任感。"

方令孺

孑然一身向前行

——新月女诗人方令孺的选择

客居青岛的名人，怎能少了女性？比如陈干的夫人杨紫霞，在辛亥革命中，她女扮男装，参加革命军，屡次与清兵交战，出生入死，英勇顽强。杨紫霞会骑马，双手打枪，枪法精准，被誉为辛亥革命的"双枪女将"。这样一位女中豪杰，在收复青岛中出力甚多。她协助陈干整理文稿，撰写材料，印发传单，并深入群众中做宣传工作，发动青岛各界人士上街游行以迫使日本交还青岛主权。康有为在青岛时，一度住在陈干、杨紫霞家中，赞许两人在收复青岛中立下的功勋，书写"鲁案砥柱"相赠。

　　杨紫霞是一位巾帼英雄。在这里，我们聚焦一位知识女性——方令孺。这两位女性，一文一武，堪称客居青岛的女性的代表人物。

　　方令孺，新月派女诗人，国立青岛大学中文系讲师，"酒中八仙"中的"何仙姑"。抗战时期，任复旦大学中文系教授。1949年后被选为上海市妇联副主席，1958年出任浙江省文联主席。

　　作为诗人、大学教授，方令孺与大时代紧密相连，更重要的是，她的一生这样走来，代表了一代知识女性的独立和坚强。她的诗歌和散文中，蕴藏着内心的独白、思想的低语，展示了一个丰富细腻而又宏大丰饶的精神世界。

　　方令孺出身于安徽桐城方家。到了晚清，桐城方家不再是簪缨家族，但毕竟受到"桐城古文派"家族底蕴的滋养，出身于书香世家的方令孺，注定成长为一名新时代的知识女性。可是大家族根深蒂固的观念也无形中束缚着她，她的苦闷与彷徨、哀愁与悲伤，缘于她的旧式婚姻。

　　在散文《家》里，她写道："做一个人是不是一定或应该要个家，家是可爱，还是可恨呢？这些疑问纠缠在心上，教人精神不安，像旧小说里所谓给魔魔住似的。"

她3岁即遵父母之命，许配于南京的富裕之家陈氏。16岁，方令孺完婚。新文化运动之风吹拂大江南北，觉醒之后的方令孺无法从旧式婚姻中挣脱出来，但她成为桐城第一位出国留学的女性。1923年，她赴美国留学，先后在华盛顿大学、威斯康星大学攻读西方文学。

1930年，国立青岛大学校长杨振声在校医邓仲纯的介绍下，聘请方令孺任中文系讲师。

没有爱情的婚姻不幸福，方令孺与丈夫陈平甫琴瑟不和，可能因为这个原因，她孤身一人在国立青岛大学教书，郁郁寡欢。在梁实秋的印象中，"她相当孤独，除了极少数谈得来的朋友之外，不喜与人来往。她经常一袭黑色的旗袍，不施脂粉。她斗室独居，或是一个人在外面彳亍而行的时候，永远是带一缕淡淡的哀愁……不愿谈她的家世，一有人说起桐城方氏如何如何，她便脸上绯红，令人再也说不下去"。

国立青岛大学的"酒中八仙"闻名遐迩，狂言"酒压胶济一带，拳打南北二京"。在薄暮时分上席，三十斤一坛的花雕被抬到楼上筵席，每次都要喝光才算痛快。几位豪于酒的教授，喝得兴起，宽衣攘臂，猜拳行酒，夜深始散。在这样喧闹的场景中，斯文的教授们显示出豪放的一面。唯一的女性——方令孺，不胜酒力，一杯薄酒喝下，脸上就红红的，带着浅浅的笑，置身于人群中间，暂时忘记了自己的痛苦与烦忧。表面有多热闹，内心就有多孤寂。美酒无法让人摆脱内心的孤独，方令孺便寄情于诗。她在《灵奇》一诗中写道：

> 有一晚我乘着微茫的星光，
> 我一个人走上了惯熟的山道。
> 泉水依然细细的在石上交抱，
> 白露沾透了我的草履轻裳。[1]

---

[1]　子仪著：《新月才女方令孺》，青岛出版社，2014年10月，第95页、96页。

这大概是方令孺内心的独白。国立青大北依青岛山，山上有德军建设的炮台，炮台下有隧道，与山下的俾斯麦兵营相连通。方令孺经常到青岛山上散步。那时的青岛山，有泉水汇聚成小溪流淌。小溪流到山下，就成了青岛河。

一天夜晚，方令孺登上青岛山。山间一片寂静，可见闪烁的磷火。一个人独行天地之间，虽找不到爱的归宿，但可以感受到大自然的美，泉水与山"交抱"，潺湲低语，日夜不息。白露沾衣欲湿，头顶上闪烁的星光，看似微茫，实则永恒。

新月社新出版的杂志就叫《诗刊》，1931年1月出了创刊号，有方令孺的《诗一首》：

> 爱，只把我当一块石头，
> 不要再献给我，
> 百合花的温柔，
> 香火的热，
> 长河一道的泪流。
>
> 看，那山冈上一匹小犊，
> 临着白的世界；
> 不要说它愚碌，
> 它只默然，
> 严守着它的静穆。

陈梦家评价说："这是一个清幽的生命河中的流响，她是有着如此样严肃的神采，这单纯的印象素描，是一首不经见的佳作。"

国立青岛大学校舍是利用了原德国人建的俾斯麦兵营，其7号楼原是军官营房，学校用作了女生宿舍，楼上住着单身女教工（在学校筹备期间，蔡元培一家住此）。住在这里的还有校图书馆工作人员张兆和（沈从文的未婚妻）等。

生活中，方令孺并不孤单。此时，新月派的文人、诗人多在青岛，互相砥砺，创作了大量的诗文。陈梦家在南京读大学时，与同学方玮德同时受教于闻一多。两人跟随闻一多写新诗。闻一多到国立青岛大学任教时，把陈梦家带到青岛，担任他的助教。陈梦家与方玮德常在信中交流诗歌创作。

新月派诗人方玮德是方令孺的侄子，作家舒芜（本名方管，学名方硅德）也是方令孺的侄子，美学家宗白华是方令孺的外甥。方令孺在大家族中排行第九，她的侄子辈都叫她九姑，后来，很多朋友也叫她九姑，比如巴金，但这无关辈分了。

因为方玮德的缘故，方令孺与闻一多交流自然也多。两人之间，渐渐地有了一种微妙的心灵的默契。在生活和诗作中，他们内心有爱的讯息，有情感的呼应，以至于同事之间传出两人相爱相恋的"艳闻"。（徐志摩致梁实秋信中语）

闻一多在这个时候写了《奇迹》一诗："半启的金扉中，一个戴着圆光的你！"据周融的文章《从团扇悟见人面——〈奇迹〉意象的中西之辨》，可以知道国内的学界关注闻一多和方令孺同时期的诗歌，试图破译两人的内心世界。国内学界的主流看法倾向于此诗是闻一多为中文系唯一女性同事新月派诗人方令孺作。

陈子善教授在《闻一多集外情诗》中考证：《奇迹》和闻一多另外两首同时期的佚诗《凭借》《我懂得》都与方令孺有关。孙玉石教授的《闻一多〈奇迹〉本事及解读》亦持类似看法，认为《奇迹》和方令孺同时期的《诗一首》（和《奇迹》同时发表在《诗刊》的创刊号上）《灵奇》有着互相呼应的关系。

"半启的金扉中，一个戴着圆光的你"写的是方令孺。后来，方令孺对她的学生裘樟松说过这件事。

闻一多写《奇迹》，方令孺写《灵奇》，正是一种情感上的共鸣。方令孺感受到爱的力量正是这"灵奇的迹，灵奇的光"。

梁实秋对闻一多和方令孺的这段短暂的感情心知肚明，他称闻一多内心宛如"古井生波"，"情感上吹起了一点点涟漪"。

1984年，梁实秋在台湾出版的《看云集》一书中收录了《再说闻一多》一文，这篇文章披露了闻一多除了《奇迹》之外，还有两首情诗，其一是《凭借》：

> "你凭着什么来和我相爱？"
>
> 假使一旦你这样提出质问来，

年轻时的方令孺

　　我将答得很从容———我是不慌张的，
　　"凭着妒忌，至大无伦的妒忌！"

　　真的，你喝茶时，我会仇视那杯子，
　　每次你说那片云彩多美，每次，
　　你不知道，我的心便在那里恶骂：
　　"怎么？难道我还不如它？" [1]

　　书中同时刊出《凭藉》手迹，署名"沙蕾"。"沙蕾"是闻一多的笔名，当年闻一多将此诗交梁实秋转寄《诗刊》发表。梁实秋认为这首诗写得并不高明，对话体的格式，模仿英诗的痕迹太重，最重要的是闻一多的笔迹"瞒不了人的"。闻一多听从好友梁实秋的意见，不再打算发表，就将诗稿留给了梁实秋。梁实秋说，"这首诗是他在青岛时一阵情感激动下写出来的"，所以不肯署真名。

　　1935 年 3 月 22 日，"新月派"女作家凌叔华在她主编的《武汉日报·现代文艺》第六期发表署名"沙蕾"的新诗《我懂得》，也应出自闻一多手笔：

_____

　　[1]　陈子善著：《边缘识小》，上海书店出版社，2009 年 1 月，第 67 页。

我懂得您好意的眼神，

注视我，

犹如街灯注视夜行人，

仿佛说：

别怕，尽管挺着胸儿迈进，

我为您：

驱逐那威胁您的魔影。

这样来看，闻一多为方令孺写了《奇迹》《凭藉》《我懂得》三首情诗。爱是一种力量，打破了某种平衡，也打碎了内心的宁静。两人之间的微妙感情也引来了流言蜚语。

对于闻一多的这段"艳闻"，闻一多次子闻立雕并没有回避，他也认为这段感情应该是闪现过的，现在看来只不过是一段小插曲而已，"正是因为当时大家的传闻越来越多，父亲在亲戚的建议下，决定把母亲和我们再次接到青岛来，这样，流言蜚语才慢慢消失"。这一招无疑是釜底抽薪，掐断了爱情的小火苗，一阵涟漪彻底恢复了平静。

1931 年 11 月 13 日，沈从文致徐志摩的信函中写道："方令孺星期二离开此地，这时或已见及你。她这次恐怕不好意思再回青岛来，因为其中也有些女人照例的悲处，她无从同你细谈及，但我知道那前前后后，故很觉得她可怜，她应当在北京找点事做，能够为她援一只手的只有你……"令人遗憾的是，徐志摩在几天后乘坐的飞机在济南党家庄附近失事，新月诗人命丧云海，魂归大地。徐志摩帮不上方令孺的忙了。但方令孺很感激徐志摩，写了《徐志摩是人人的朋友》一文悼念他。

方令孺在与徐志摩的通信中曾这样说过："我们爱的不是这固有的生命，我们爱的是这生存的趣味。我想，生存的趣味是由于有生命力……我们爱生命决不是为这肤浅的感官上的愉快，要不是这生命力驱策我们创造，勇敢地跨过艰难的险嶂，就是生，又有什么趣味！"

自从 1929 年方令孺离开丈夫独自抚养女儿之后，她就是在人生的道路上孑然一人，孤独前行。

"七七事变"爆发后，方令孺漂泊在重庆。执教复旦大学时，她与老友梁实秋、冰心等人交往甚密。在战乱之中，方令孺刚到重庆，

晚年方令孺（左，手捧鲜花者）

梁实秋就去她的寓所看望她。梁实秋说："我有一天踱到她的房间聊天，看见她有一竹架的中英图书，这在抗战时期是稀有的现象。逃难流离之中，谁有心情携带图书？她就有这样的雅兴。"

1949 年之后，方令孺先后在上海、杭州定居。进入新时代，方令孺的笔墨不再是新月那样的纯粹的诗意，文章合时而著。"我确是觉得大时代给我心一种新的悸动、新的颤栗、新的要求。过去几年止水似的生活，到此完全给推倒、翻动，现在再也不允许我停顿、悠闲和沉迷在往古艺神的怀抱里。现在我睁开眼，看的是人，活生生各种形态的人生，各种坚毅与劳苦的面孔。"20 世纪 50 年代初，她曾到朝鲜战场，慰问援助朝鲜的志愿军战士，歌颂朝鲜人民"凤凰在烈火中诞生"。

1976 年 9 月 30 日，方令孺病逝，享年 80 岁。

新月派女诗人，方令孺和林徽因，代表了知识女性的两种生活方式和人生道路。与林徽因相比，不论是生活还是诗作，方令孺都很低调。她没有那么多的传奇色彩，但她有着同样丰富的内心世界。只是，她的悲欢和离愁，她的心酸和不易，我们已无从探知了。

沈从文在青岛（叶公超摄）

水云深处情书美

——沈从文在青岛收获爱情

沈从文（1902—1988），我国现代著名作家、历史文物研究学者，原名沈岳焕、沈茂林，湖南凤凰人。22 岁时，他开始文学创作，出版了《石子船》《沈从文子集》等 30 多种短篇小说集和《长河》等 6 部中长篇小说。代表作为《边城》。

沈从文和青岛有着深厚的渊源。1931 年暑假过后，应校长杨振声的邀请，沈从文到国立青岛大学文学院任讲师，讲授中国小说史和高级作文课程。他在青岛居住了两年，我们可以在福山路 3 号找到沈从文故居，也可以在众多的文史资料中追寻沈从文的青岛时光。

求婚记
在青岛收获甜美爱情

1931 年，沈从文虽然在路上四处奔波，但一个相貌清秀、肤色微黑的女子的影子时常浮现在他的脑海里，挥之不去。这个女子就是沈从文在上海中国公学教书时的学生张兆和。来国立青岛大学任教之前，沈从文已经给她写了 100 多封信，当然都是情书。到了美丽的青岛任教后，沈从文的生活逐渐稳定下来，并且在这个海滨城市收获了他的爱情。

1932年7月，张兆和从上海中国公学毕业回到了苏州。那年暑假，沈从文决定亲自到苏州看望张兆和，并向张家提亲。沈从文带了一大包礼物，是英译精装本俄国小说，有托尔斯泰、陀思妥耶夫斯基和屠格涅夫等作家的著作。此外，还有一对书夹，上面有两只有趣的长嘴鸟。张充和在《三姐夫沈二哥》里说到这件事："这些英译名著，是托巴金选购的。"

"为了买这些礼品，他卖了一本书的版权。"张兆和觉得礼物太重，只收下了《猎人笔记》《父与子》。

沈从文去张家拜访时，张兆和不在家中，去了图书馆。沈从文留下了纸条，怅然而去。在去张家求访未果的情况下，沈从文回到了旅馆。正在思绪烦乱的时候，沈从文突然听到了两声轻轻的叩门声，打开门一看，门口站着的正是他苦苦等待的张兆和。原来，沈从文从张家离开后不久，张兆和就回到了家。在二姐张允和的劝说下，张兆和来到了旅馆回访沈从文。

在苏州停留一周的时间里，沈从文每天一早就来到张家，直到深夜才离开。在这期间，张兆和终于接受了沈从文。沈从文长达三年的追求终于有了一个美满的结果。沈从文追求张兆和成功，有个原因是张家不仅不反对，反而很支持。比如张家小五，沈从文很感激他，后来，他出版的《月下小景》，写着送给张家小五。这次拜访，腼腆的沈从文没有当面向张兆和的父亲提亲。七天后，沈从文离开了苏州，返回青岛。沈从文写信给张允和，托她征询张父对这桩婚事的意见。

张兆和的父亲思想开明，对儿女的恋爱、婚姻从不干涉。在张兆和的婚事上，他自然也不持异议。在得到父亲的明确意见后，张允和与张兆和一同来到邮局，给沈从文发了一份电报。

周有光回忆道，张允和给沈从文回复的电报里只有一个字，就是"允"。这一个字有两个意义：一个是表示允许了；另外一个意义，"允"是她的名字，作为回复电报人的名字。一个字的电报发出去了，张兆和仍不放心，她担心沈从文看不懂，就给沈从文发了另一封电报："乡下人，喝杯甜酒吧！"

沈从文接到电报后，欣喜地去找赵太侔。其时，国立青岛大学的

校长杨振声已经辞职，国立青岛大学改组为国立山东大学，赵太侔任校长。为了成人之美，赵太侔请张兆和到图书馆工作。1932年秋天，张兆和到了国立山东大学，两个人终于走到了一起。

1932年至1933年，沈从文和张兆和都在国立山东大学。这一年，沈从文再也不感到孤单，他经常牵着张兆和的手，去栈桥看海，或者去汇泉湾的海水浴场散步。有时，他们去人迹罕至的太平角，两人坐在海边的礁石上，依偎在一起，看一层一层的海浪从海天之间涌过来，遇到礁石，卷起千堆雪，"轰"的一声，海浪散去，海水带着白色的泡沫，钻进礁石的罅隙。海浪层层叠叠，无休无止。两人就这样坐着，天地之间，只有他们两人，好像是今生的约定，相依相伴，终生厮守，直到天荒地老。

1930年代的中国，电影还不发达，人们还没有关注电影明星的习惯。而作家的动态和情感，成了公众关注的对象。有一杂志叫《老实话》，1933年第3期刊载了一篇《最近的沈从文》，报道热恋中的沈从文和张兆和。文章作者好像目睹了两人的甜蜜：

> 先来谈谈他的她吧，在他称呼她：黑猫，或小猫中，便使我想象到这位张兆和女士是如何温柔和活泼，三四年前张兆和女士在中公（中国公学）时代是一位用功而常常获得学业优等的学生，一部分男士，曾私谥之为皇后，她会运动，时报上常有她的照片……

> 张兆和的面庞并不白嫩，现在被青岛的海风吹得更黑了，但却更透出健康的美，我们常常看见她偎傍着沈从文在海滨走过，踱着一种轻快悠适的步调。

真不知这文章作者是想象出来的还是亲眼看见的，但这文章的确透露出一个信息，沈从文对张兆和的爱称和昵称"黑猫"是真切的。沈从文和张兆和在青岛度过了一段快乐而甜蜜的时光，这成为他们共同的记忆，温馨而悠长。30 年后，沈从文还在给张兆和的信中提到在青岛的种种细节。

1962 年 8 月 1 日，在大连的沈从文漫步海滩，捡了几块鹅卵石。他忽然想起在青岛的甜蜜时光，在信中写道：

> 从小石子让我回想起卅年前在青岛种种，上白云洞时你的尴尬处，到北九水洗手时我告你写小说的事——也捡了好些青红圆石子，和这里的竟差不多，特别是在一处崖边得到的硬度较高的长长的石子，这里也有，和宝石差不多，有些近似"乌金墨玉"。小妈妈，你那时多结实年青！我因此捡了些近于"乌金墨玉"的石子作个纪念，别人看来无意思，给你却有意思！[1]

在青岛经历的一切都不曾消失，成为岁月之中美好的记忆。沈从文在不同时期写给张兆和的情书和家书，情感真挚，文笔优美。文学

---

[1] 沈从文著：《沈从文全集》第 21 卷，北岳文艺出版社，2002 年 12 月，第 224 页、225 页。

沈从文和张兆和在苏州（1935年）

家随手写来的文字，经过岁月的酝酿，就像一坛美酒，只要打开，就会让人微醺。沈从文写给张兆和的情书中最经典的是这一段：

> 我生平只看过一回满月。我也安慰自己过，我说："我行过许多地方的桥，看过许多次数的云，喝过许多种类的酒，却只爱过一个正当最好年龄的人。"[1]

青岛只是沈从文人生旅程中的一个驿站。青岛的路与桥、山与海、水与云，都是促使沈从文进行创作和灵感迸发的素材。

---

[1] 沈从文著：《沈从文家书》，人民文学出版社，2010年1月，第6页、7页。

创作记
游崂山写出《边城》

　　杨振声主持国立青岛大学期间，每个周末，开过教授会（校长办公会）之后，就和闻一多、梁实秋等人在一起开"夜宴"。文人聚会，少不了诗与酒，当时他们被称为"酒中八仙"。这可能是因为杨振声是蓬莱人的缘故吧。座中八位也恰好有一位女士——方令孺。

　　沈从文从不参与这样的宴饮，第一个原因是他的性格，他不喜欢太热闹，他喜欢带一本书到海边，听潮看云，沉思默想；第二个原因是经济状况，沈从文在国立青岛大学担任讲师，月薪比闻一多、梁实秋等教授低得多，加之他的妹妹沈岳萌也在国立青岛大学念书，他的经济状况并不是特别好；第三个原因是沈从文格外珍惜时间，他教书之外的时间，不是用来读书就是进行创作。也许由于这些因素，沈从文不爱参与"酒中八仙"的聚会，甚至有点儿反感，他以此为素材创作了小说《八骏图》。这部小说写于 1935 年盛夏，但小说的素材来自在青岛的生活，甚至小说中的甲、乙、丙、丁等教授都有原型，就是福山路 3 号楼里居住的教授们。

　　《八骏图》里的"八骏"指的是八位教授，他们是物理学家、哲学家、史学家、六朝文学史专家等。小说表面上是写生活，其实也是揭露背后的人性，现代文明外衣下真实的人性。由于他把笔伸向了教授们的家庭生活角落，故而作品发表后引起了一些人的不满，他们指责沈从文在作品中挖苦了他们。因此，沈从文和他们的关系有点儿僵硬，有点尴尬。这篇 1.5 万多字的作品，对福山路 3 号庭院、汇泉湾的景色、海水浴场的沙滩等都有精彩的描写。小说以主人公周达士到一所大学后的所见所闻为线索，展现了一幅知识分子的生活画卷。小说中周达士将所见所闻写信告诉美丽的未婚妻瑗瑗，符合沈从文刚到青岛时的生活境况。

　　《一个女剧员的生活》里的主人公，厌倦了上层社会圈子里种种怯懦、自私的爱情追求，出人意料地选择了一位用率真、坦诚的方式向她求爱的人。在《如蕤》中，沈从文写了一位出身于高贵门第的小姐，逃脱了上流社会的包围，到海边去追求新的生活。这两篇小说，也可以从沈从文在青岛执教时的人际交往中找到蛛丝马迹。

沈从文在青岛精力充沛，爱情激发了他的创作灵感，再加上山海风景俱佳，适合居住，他每天只睡五个小时，教书之外，其余时间都用来创作，写下了《都市一妇人》《凤子》《三个女性》《三三》等作品。"三"，是张兆和在姐妹中的排行。婚后，沈从文写给张兆和的许多书信都称她为"三三"。

沈从文作品的成熟，得益于青岛山水的滋养。他在青岛的两年多时间，6次游览崂山，有一次同杨振声、闻一多、梁实秋在崂山住了6天。当被问及对崂山的印象时，他说："棋盘石、白云洞留下的印象特别深刻。两次上白云洞，都是由海边小路一直爬上，这两次在'三步紧'，临海峭壁上看海，见海鸟飞翔景象，至今记忆犹新。"

1933年春，沈从文和张兆和游览崂山北九水，见到一个小女孩为去世的亲人送葬，因与张兆和约，将写一故事引入所见。这次游崂山给他带来创作的灵感，后来，沈从文据此写出小说代表作《边城》。翠翠这个虚构的人物身上，有湘西女性的风情，也有崂山北九水小女孩的"不幸""欢乐和痛苦"，还有张兆和的"纯厚""为人的善良"。《边城》是沈从文送给张兆和的"一件礼物"。

1932年暑假，沈从文在青岛完成了《从文自传》，1934年7月由上海第一出版社出版发行，发行人为谢文德，时代印刷厂印刷。书前有"沈从文先生近影"。这部作品出版后曾被周作人和老舍誉为"一九三四年我爱读的书"。

《从文自传》讲述的是1902年到1922年沈从文进入都市前的人生经历，即沈从文的湘西经历。一个只有小学学历的湘西人，是如何成长为一个作家的？湘西是如何成为他写作中挖掘不尽的资源的？这就是这本自传的核心内容。他这样谈及《从文自传》的创作：

> 就个人记忆到的写下去，既可温习一下个人生命发展过程，也可让读者明白我是在怎样环境下活过来的一个人。特别是在生活陷于完全绝望中，还能充满勇气和信心始终坚持工作，他的动力来源何在。[1]

---

[1] 沈从文著：《沈从文全集》第13卷，北岳文艺出版社，2002年12月，第367页。

沈从文在北平（1935 年）

　　在青岛的海天水云间，回望故乡湘西的沅江，生命之舟顺流而下。一位作家的现在，由无数过去的时光构建。《从文自传》中对过去的追忆始终联系着目前的生命情状。他如此道出创作这本书的初衷："民廿过了青岛，海边的天与水，云物和草木，重新教育我，洗炼我，启发我。又因为空暇较多，不在图书馆即到野外，我的笔有了更多方面的试探，且起始认识了自己。"

　　正是在青岛，沈从文有了回望自己来时路的契机，开始审视自己。一位作家开始写自传，标志着已经确立了在文坛的地位。

生活稳定，爱情甜蜜，创作成熟，作品丰收。正因为如此，沈从文对青岛怀有特殊的感情，他说其他的海滨城市"总觉得不如青岛"。"海既那么宽泛，无涯无际，我对人生远景凝眸的机会便多了些。海边既那么寂寞，它培养了我的孤独心情，海放大了我的感情与希望。"

1949 年后，沈从文转行做文物研究。他时刻怀念着青岛的青山绿水，曾 3 次来青岛休养。1983 年，当青岛的同志去拜访他时，他还说："青岛是我一生留恋的地方，也是我现在向往的地方，我一生中写作最多的地方就在青岛。"在临终前不久，他还托人"代向青岛人们问候和祝福"。

离城记
赴济南告别徐志摩

1931 年 11 月 21 日下午，沈从文和青岛大学文学院的几个同事正在校长杨振声家中喝茶聊天，忽然接到一个急电——11 月 19 日，徐志摩乘飞机因大雾在济南开山不幸遇难。沈从文无法相信这个事实，就在 11 月 13 日，沈从文还曾致信徐志摩，托他给刚刚离开国立青岛大学的方令孺在北平找工作。杨振声决定让沈从文乘夜车去济南，各地的亲友将于 22 日在济南齐鲁大学校长处会齐。

11 月 21 日晚上，当开往济南的火车离开青岛时，悲痛万分的沈从文感觉路程像黑沉沉的夜一样漫长，关于徐志摩的回忆在胶济铁路上蔓延。十几年前，文学青年沈从文在北京漂泊，如果没有徐志摩等朋友的鼎力相助，他也许还是北京街头的一个巡警，也许在北京的屋檐下冻僵甚至饿死了。沈从文想起在北京时，徐志摩怎样在文学创作上鼓励他，怎样在《晨报》副刊上刊发他的作品。

11 月 22 日早晨，沈从文到达济南，在齐鲁大学最先见到了朱经农。沈从文一问才知道北平来了三个人，南京来了两个人（郭有守和张慰慈）。从北平来的梁思成、金岳霖、张奚若三人，于 11 月 22 日上午

20世纪50年代沈从文、巴金、张兆和、章靳以及李健吾合影（从左至右）

9点半赶到济南。

　　沈从文等人冒雨赶到济南郊外的长清，在一个叫"福缘庵"的小庙里，沈从文看到了最后的徐志摩。此时的他穿了身与平日性情爱好极不相称的上等寿衣：头戴红顶黑绸小帽，身穿蓝色的绸布长袍，上罩一件黑马褂，脚着一对粉底黑色云头如意寿字鞋。沈从文后来才得知，是中国银行的一位姓陈的先生帮助料理徐志摩的身后事，徐志摩所穿的寿衣是当地民间寿衣的样式。

　　沈从文望着徐志摩的遗体：眼睛微张，鼻子略肿，门牙脱尽，额角有一个小洞，安静地躺在小庙一个角落的棺材里。心中默想，这还是那个爱热闹的诗人徐志摩吗？自此一别，天人永隔。小庙檐角滴着淅淅沥沥的雨。这初冬的雨，带着一股寒意，浸透了沈从文愁肠百转的心。

　　当日晚上10点，沈从文从济南乘车返回青岛。23日，沈从文写信给王际真，告诉他徐志摩飞机失事的详情。

沈从文致王际真全信如下：

际真：

志摩十一月十九日十一点三十五分乘飞机撞死于济南附近开山。飞机随即焚烧，故二司机成焦炭。志摩衣已尽焚去，全身颜色尚如生人，头部一大洞，左臂折碎，左腿折碎，照情形看来，当系飞机堕地前人即已毙命。廿一此间接到电后，廿二我赶到济南，见其破碎遗骸，停于一小庙中。时尚有梁思成等从北平赶来，张嘉铸从上海赶来，郭有守从南京赶来。廿二晚棺木运南京转上海，或者当葬他家乡。我现在刚从济南回来，时二十三早晨。[1]

11 月 24 日，在青岛大学的沈从文致信胡适，信中建议：一、购买徐志摩乘坐的失事飞机以留纪念；二、定下一个日子，在上海、南京、济南、青岛、北平、武昌各地，同时举办一个徐志摩的追悼会。

此后的几天，尚在悲痛之中的沈从文写诗文纪念徐志摩，并写信给胡适，谈了自己对徐志摩日记的处理意见。朋友们预备印行徐志摩的信札，作为纪念。

交友记
邀请巴金来青岛小住

1932 年 7 月，沈从文在到苏州拜访张家之前，先去了上海，还在上海认识了巴金，并由此开始了他们长达半个多世纪的友谊。

当时，原《创作月刊》的主编汪曼铎请沈从文到上海一家俄国餐

---

[1]　沈从文著：《沈从文全集》第 12 卷，北岳文艺出版社，2002 年 12 月，第 262 页。

馆吃饭，同时请了巴金，二人相见相谈甚欢。饭后，沈从文约请巴金到他住处小坐，巴金又陪伴他到闸北新中国书局，把小说集《都市一妇人》书稿卖掉。因沈从文当晚要赶去苏州，两人便在书局门口分手。沈从文约巴金到青岛玩。9月初，巴金到青岛住了一个星期，沈从文把自己的房间让给巴金住，以便巴金安静地写小说。两个人话都不多，无话即时沉默，但两人的友谊深厚长久。

对于这段往事，巴金也在《怀念从文》一文中有过如下的回忆：

> 我在他那里（即青岛）过得很愉快，我随便，他也随便，好像我们有几十年的交往一样。他的妹妹在山东大学念书，有时也和我们一起出去走走、看看。他对妹妹很友爱，很体贴。我早就听说，他是自学出身，因此很想在妹妹的教育上多下功夫，希望她熟悉他自己想知道却并不很了解的一些知识和事情。
>
> 在青岛他把他那间房子让给我，我可以安静地写文章、写信，也可以毫无拘束地在樱花林中散步。他有空就来找我，我们有话就交谈，无话便沉默。他比我讲得多些，他听说我不喜欢在公开场合讲话，便告诉我他第一次在大学讲课，课堂里坐满了学生，他走上讲台，那么多年轻的眼睛望着他，他红着脸，一句话也讲不出来，只好在黑板上写了五个字"请等五分钟"。他就是这样开始教课的。[1]

沈从文在青岛的朋友，除了青岛大学的同事外，还有陈翔鹤。1932年1月，陈翔鹤来到青岛，在青岛市立中学任语文教师。陈翔鹤是当年沈从文在北京大学旁听时认识的，陈翔鹤是中文系的，沈从文还认识了德文系的冯至。后来，沈从文回忆起陈翔鹤说：

> 那时老朋友陈翔鹤先生，正在中山公园旁的市立中学教书，生活十分苦闷，经常到我的住处，于是陪他去公园，在

[1]　巴金、黄永玉等著：《长河不尽流——怀念从文》，湖南文艺出版社，2018年5月，第13页、14页。

公园一个荷塘的中央木亭子里谈天，常常谈到午夜。公园极端清静，若正值落月下沉海中时，月光如一个大车轮，呈鸭蛋红色，使人十分恐怖，陈翔鹤不敢独自回学校，我经常伴送他到校门口。[1]

沈从文与陈翔鹤也保持了终生的友情，是"澹而持久的古典友谊"。

[1] 刘宜庆编：《名人笔下的青岛》，青岛出版社，2008年11月，第175页。

黄际遇在青岛留影

把名字写在水上

——鸿儒黄际遇的水厄

黄际遇，一代鸿儒，是多个大学的数学系主任，同时又是天文学家、文学家、音韵文字学家、书法家。这样卓荦的学者，一生却遭遇两次水厄。

　　1925年11月，黄际遇由上海乘舟南下，返回汕头，船到了福建诏安古雷山，不幸触礁沉没，又遇到海盗。同船之人多罹难，黄际遇幸而脱险。但是，他随身携带的书籍行李散失，积聚二十年的著作（日记，笔记等），都付诸海浪飘零。抗战胜利后，中山大学复校返穗，他与同事乘木船从北江南下，道经清远峡时，不幸落水身亡，生命最后一息散入空茫。诚如英国诗人济慈所说，把自己的名字写在水上，黄际遇一生的遭际和命运正是如此。

潮汕才子
出任多所大学教授

　　黄际遇，字任初，号畸庵，1885年生于广东澄海一个名门望族。黄际遇14岁中秀才，1903年到日本，入宏文学校普通科学习，1906年考入东京高等师范学校数理科，攻读数学，1910年毕业。选择数学，成就了他大学数学系教授的元老地位，为中国现代高等数学教育事业奠定了基石。在日本留学时，黄际遇与范源濂、经亨颐、陈衡恪、黄侃交游，过从甚密。更与黄季刚（黄侃）从余杭章太炎游，遍窥各家门径。黄际遇对音韵文字学的研究，大概始于此时。

1910年，黄际遇回国，受聘到天津工学堂任教，下半年参加京试，中格致科举人。1914年，黄际遇任武昌高等师范学堂教授，开始了在大学40年的教书生涯。

1920年，黄际遇由教育部派赴欧美考察，入美国芝加哥大学研究数学，1922年获硕士学位。梁实秋的回忆文章写道，黄际遇在澄海的老宅，其额匾题"硕士第"。1924年，黄际遇任河南中州大学教授；1926年应聘为广州中山大学教授；1928年，又北上任河南中山大学校长，还一度出任河南省教育厅厅长。黄际遇担任河南省教育厅厅长时，与时任河南省政府主席的韩复榘打交道，"为维护河南大学计，雅非其志而抗颜"。有一次，河南大学爆发学潮，大学生罢课，韩复榘大怒，传河南大学校长张广舆问话。黄际遇感到不妙，陪同张广舆去见韩复榘。一见面，韩复榘即厉声叱责，张广舆刚要申辩，韩复榘喝令他跪下。张校长脖子一梗，抗声说："士可杀，不可辱！"韩复榘顿时下不了台，冷笑一声说："好，我就杀了你！"黄际遇一看事情不妙，害怕真的出人命，于是连拉带推，使张校长屈膝，离开现场。于是有了黄任初智救张广舆之掌故。后来，黄际遇在青岛执教于国立山东大学，韩复榘来校视察，黄际遇想起这段不快往事，仍然难消心中块垒。

酒中八仙
风神潇洒名士派头

1930年，杨振声在青岛筹备创立大学。是年夏天，国立青岛大学行开学礼。杨振声为校长，黄际遇为理学院院长兼数学系主任。两位学者，一位是蓬莱达人，一位是潮汕潮人；一位是蜚声国内的文学家，一位是闻名遐迩的数学家。他们的身材同样高大魁梧，风神潇洒，

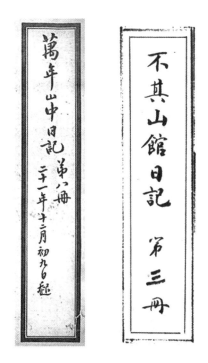

《万年山中日记》《不其山馆日记》题签

有名士派头。在这次开学典礼上，两人一出场就成为全场关注的焦点。我们不妨通过梁实秋的描写，看看黄际遇的肖像：紫檀脸，膀大腰圆，穿的是长衫，黑皂鞋；讲一口广东官话，调门很高，性格爽朗而诙谐。他的长衫有一个特色，左胸前缝有一个细长细长的口袋，内插一支钢笔和一支铅笔，取用方便。有亲炙黄际遇先生风采的门生弟子回忆说，他爱穿一件玄色长袍，胸前缝有两个特大的口袋，左边放眼镜，右边放笔。

黄际遇爱才惜才，提携后进，善于发现并培养新生苗子。1932年，刚大学毕业在青岛胶济铁路中学任教的刘书琴好学上进，黄际遇特地安排刘书琴到国立山东大学数理学会作一次讲演，讲题是"数学的定义"。1933年11月，国立山东大学为纪念徐光启逝世300周年举行学术报告会，黄际遇让新到任的讲师杨善基讲"几何学的分类"。对于这类大胆启用新人的特别讲演，黄际遇事先准备好内容提纲，向讲演人提出具体要求，进行细致指导，目的是给青年才俊一个锻炼的机会。以后，刘书琴留学日本，杨善基留学美国哈佛大学，学成回国后，刘书琴、杨善基一直在高校数学系任教授。

黄际遇博学多闻，出口成章，俯拾皆丽句。蔡元培来青岛度假，黄际遇与之一见面，即脱口而出："君住故都皇帝之居。"蔡元培则对曰："子住岛上神仙之宅。"两人相视大笑，在场教授鼓掌叫好。

杨振声掌国立青岛大学时期，有几位教授豪于酒，常常聚饮。他们中间还出现了八位名震校园的善饮者，人送雅号"酒中八仙"。黄际遇为其中之一。"每当嘉会，酒阑兴发，击箸而歌，声振屋瓦，激昂慷慨，有古燕赵豪士风。"黄际遇在武昌高等师范学堂执教时的学生张云，后来成为中山大学的校长，他如此评价其师。

万年山中
青岛日记价值极高

在青岛的这一段时光，是黄际遇人生中风平浪静的日子。他勤于写日记，在国立山东大学执教五年，他写的日记名为《万年山中日记》《不其山馆日记》。

万年山，即今青岛山，位于中国海洋大学鱼山校区东北。1891年，青岛建置，在八关山麓建造的广武中营和崇武中营，位置分别在鱼山之北（今海大南部鱼山路操场一带）和八关山西北部（今海大北部五校门一带）。德国侵占青岛后，在此建俾斯麦兵营。1914年，日本第一次侵占青岛期间，将德国的俾斯麦兵营作为万年兵营，兵营附近之山遂被称为"万年山"。黄际遇在其日记第20册小序有说明："万年山者，国立山东大学旧国立青岛大学所在也。地居青岛之西南，当年日德人聚兵于此，筑营其间。三面环山，一面当海，东海雄风，隐然具备。今则修文偃武，弦歌礼乐，三年于兹。"梁实秋也有一段描写："青岛大学是新创立的学校，校址是万年山麓，从前德国的万年兵营，有五六座楼房，房屋构造坚固，勉强可以用作教室宿舍。"梁

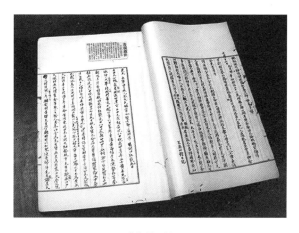

黄际遇日记

实秋的回忆文章还提到黄际遇的住所："民国十九年，一多送眷回乡，返校后就住学校宿舍，好像是第八校舍，是孤零零的一座楼在学校东北方……楼上有一个套房，内外两间，由一多住；楼下的套房由黄际遇（任初）住。这位黄先生比我们年长十几岁，是数学家，潮州人，喜欢写字，下象棋，研究小学，为人很豪爽。"《不其山馆日记》的得名，则源自青岛城阳一带在汉代时被称为"不其"。不其县，西汉置，因山为名。不其山，今铁骑山。考古学家王献唐著《炎黄氏族文化考》中说，原始社会末期，在不其山周围生活着"不族"和"其族"，山以二族得名。

黄际遇在青岛写的日记——《万年山中日记》24册，《不其山馆日记》3册，由潮汕历史文化研究中心"文化名人档案库"收存。在青岛，梁实秋对黄际遇的日记印象深刻："他的日记摊在桌上，不避人窥视，我偶然亦曾披览一二页，深佩其细腻而有恒。他喜治小学，对于字的形体构造特别留意，故书写之间常用古体。"《万年山中日记》主要用中文书写，也偶尔夹有英、日、德文；文体有散有骈，此外还有对联、书信、棋谱和大段大段的高等数学方程算式。杨方笙教授在《黄际遇和他的〈万年山中日记〉》中写道："由于它全部用的是文言文，有些还是华丽富赡、用典很多的骈体文，文章里用了许多古今字或通假字，而且绝大部分没有断句、不加标点，如果读者不具备一定的文字学知识，几乎触目皆是荆棘，无从下手。""蔡元培先

167

生曾说：'任初教授日记，如付梨枣，须请多种专门者为之校对。'"

李新魁教授在《博学鸿才的黄际遇先生》文中写道："先生勤写日记，日以蝇头小楷记述其研讨学问之心得，诸凡数理文学、文字语言、棋艺评论，各项见解，杂然并陈。时或记述交游，学者文士往来之行踪，写景、抒情以及酬唱之辞，时呈笔端。日积月累，竟达四十七厚册。"学人的日记是第一手文史资料，其重要性自不待言，"录心境之起伏，著世事之兴替，为文为史，具有巨大之学术价值"。

黄际遇的《万年山中日记》和《不其山馆日记》，是他执教山大时写下的，不仅记录大学里的科研、教学活动，同时也为20世纪30年代青岛的文化学术活动留下了翔实的记录。比如，他在1933年11月24日记录的山大的学术活动：

> 徐光启先生三百年纪念祭下午三时在科学馆举行。主会者大学数理学会，到会者数学物理两系全体师生，到会者蒋右沧（李珩代表）、教育局王科长、赵太侔、杜毅伯、赵漈之、罗玉君。首由予报告徐光启传略，几何原本概要，几何学发达史概观。次由李珩报告徐光启在天文学上之贡献，翔实充畅。杨善基报告几何学之分类，条理明晰（别见记录）。

> 今日《大公报》特发图书增刊，载二文曰：徐光启逝世三百年纪念及徐文定公与朴学，文楞而脆，盖教徒之言，不过尔尔。又有关于徐光启新刊三种增订：《徐文定公集》（七角）、《徐氏庖言》（一元五角）、《徐上海特刊》（二角），均由上海徐家汇天主堂出版。今日可云科学之极盛已。

> 会终漈之同来八校舍晚酌，偕善基访太侔，戴月而行，山光波影，远近掩映。[1]

从这天的日记来看，黄际遇虽然是数学家、天文学家，但他的审美、旨趣承袭了中国传统文人的趣味。请看1934年4月28日记载："入夜空如萧寺，心冷于僧，止水在槃，薰香味永。"1934年5月27日

---

[1] 黄小安、何荫坤注：《黄际遇日记类编：国立山东大学时期》，中山大学出版社，2020年11月，第179页。

记载："出访晓舫，对席窗前，万里海天，尽入怀抱，一年最好莫过此时。玉君夫人为拍二照，积瘁之躯，惭于对镜久矣。旋返空斋，茗香自遣。"在青岛的六年，的确是黄际遇生活比较安定的时光。

天下没有不散的宴席。20世纪30年代，日寇步步紧逼，"九·一八"事变后，东三省沦陷，随后，华北告急。在内忧外患之中，山东大学的学潮频发，"酒中八仙"先后离开青岛。而黄际遇告别青岛，是在1936年2月13日。请看他当天的日记：

> 晨起清行囊，分广州者六件，归汕者二十余件，老鼠搬疆更相关也。晤智斋，即来宏成发补日记。为纫秋书手卷，写《直妇行》全首六百余言，以行草行之。心思二王（孟津、阳明）之意，欲出矣简劲清适而未能也。智斋来共饮几爵，亦索一轴以爪印之迹。晓舫玉君夫妇来（各资馈行粮）。啸咸来以胡念修纂文叙录汇编一小册为订交之券。宏成发馈花生食油菜韭各若干。它友均未及知予行，刘康甫赶上，一剧诸友言欢拳拳，申时催行，乃接渐而行，同车至海嵎，少顷鸣钲解缆矣。送行者自崖而返。[1]

弦歌不辍
胜利返乡不幸遇难

自此，黄际遇离开青岛，重回广州国立中山大学。从上述这一天起，他所写日记称为《因树山馆日记》。这一天，也是黄际遇一生的一个转折点，他把自己的学术生命镶嵌到中山大学。在中山大学，他任数学天文系主任，兼任中文系教授，为中文系高年级学生讲"历代骈文"。他经常幽默地说："系主任可以不当，骈文却不可不教。"

---

[1]　黄小安、何荫坤注：《黄际遇日记类编：国立中山大学时期》，中山大学出版社，2020年11月，第1页。

听过黄际遇讲骈体文的学生何其逊写道：黄际遇先生摇头晃脑地吟咏汪中的《吊黄祖文》，"而且还伴随着那抑扬顿挫、悠扬悦耳的潮州口音，以手击节，以脚打板，连两眼也眯缝起来，脑袋也在不断地画着圆圈"。何其逊的同桌李德善说："黄老师来教骈文，就是为了过瘾。"而他的板书也非常有特点，一律用篆书写，写得又好又快，可谓银钩铁划。

1938 年 10 月，日寇侵犯广州，形势危急，中大迁校到云南澄江，又迁回粤北坪石。1944 年秋，李约瑟访问中山大学，盛成和黄际遇欢迎李约瑟来访。在播迁流离之中，"黄际遇弦歌不辍，犹有古学者之流风遗韵也"。不论环境如何简陋、艰苦，黄际遇闲暇之时，都可安心读书写字，研究象棋。1945 年抗战胜利前夕，他又随中大理学院迁至连县。

1945 年 8 月 15 日，抗日战争胜利，举国欢腾，双鬓飞霜的黄际遇可谓"漫卷诗书喜欲狂"。分散在各地办学的中山大学师生陆续返回广州校址。10 月 17 日，黄际遇一行 80 余人，赁大木船一艘从粤北的北江乘船返校。这本是一次"青春作伴好还乡"的欢畅之旅，孰知却成为黄际遇的不归之路。10 月 21 日，"上午 8 时许，船行至白庙，将抵清远城，先生因出船舷解手，失足坠于江中"。同船的中山大学教务长邓植仪警觉，"悬钜金急营救，四子家枢随侍，亦仓皇下水救，卒以谬俗不救已溺，增援力薄，遂罹难"。一代岭南才子，风流付水，天丧斯文。

黄际遇不幸遇难的噩耗传来，老舍以泪和墨撰写挽联云："博学鸿才真奇士，高风亮节一完人。"不论是政界要人还是学林士子，都痛惜一代名师星陨，清远流水无情。

1947 年 2 月 8 日，国民政府特发布一则褒扬黄际遇的命令，全文如下："国立中山大学教授黄际遇，志行高洁，学术渊深，生平从事教育，垂四十年，启迪有方，士林共仰，国难期间，随校播迁，辛苦备尝，讲诵不辍。胜利后，归舟返粤，不幸没水横震，良深轸惜，应予明令褒扬，以彰耆宿。此令。"[1]

---

[1]　陈景熙、林伦伦编著：《黄际遇先生纪念文集》，汕头大学出版社，2008 年 6 月，第 113 页。

斯人已逝。文化的薪火相传，门下桃李芬芳。70 年后，翻阅纪念黄际遇先生的文章，不由得让人慨叹。黄际遇这样的学者，世间罕见。他将治学娱乐都"玩"到了极致。青年时代喜击剑和足球，在日本留学时，曾获击剑比赛荣誉奖；在山东大学执教时，曾为学生的足球比赛当执法裁判。中年喜欢下象棋，与人对弈不用棋盘，在中山大学执教时，常与省港象棋高手过招。晚年研究棋谱，将棋艺与数学之原理融通，推演棋谱，手订《畴盦坐稳》50 册，匠心独运。

黄际遇学贯中西，文理皆通，德艺双馨，精力过人。从晚清到民国，黄际遇处在社会风云变幻多端、新旧交错、内忧外患的动荡年代。如果没有 1945 年深秋的不幸失足落水溺亡，他一定能迎来一个新的时代。人生就像一盘棋，没有想到一次意外终结了他的生命。"人生寄一世，奄忽若飘尘。"每个人都是时代的过客。将名字写在"逝者如斯夫"的流水之上，也是一种永恒了。

宋君复

山大教授　奥运先驱

——宋君复的奥运情缘

在中国的奥林匹克运动史上，青岛和奥运会紧密相连，有着非常深的渊源。中国奥运史上的三个关键人物——王正廷、宋君复、郝更生，都曾在青岛居住。王正廷曾担任政府要职，宋君复和郝更生曾担任国立山东大学体育教授。

民国时期，高级外交官员王正廷是中国第一个国际奥委会委员。1922年3月，王正廷任"鲁案"善后督办（即当时青岛的最高行政长官），12月，同日本签订"鲁案协定"，并办理移交胶澳管理手续。驻守胶州湾的日军于1923年1月撤退回国，中国终于收回了山东主权，王正廷由此出任青岛商务督办兼胶济铁路理事长。收回山东权益不失为中国外交的重要成就。

1922年，王正廷经曾任国际奥委会主席的顾拜旦推荐，在巴黎召开的国际奥委会第二十届年会上，被推举为中国第一位国际奥委会委员，国际奥委会同时承认，"中华业余运动联合会"为其成员组织，即中国的奥委会，并由王正廷担任主席兼会长。从此中国便与国际奥委会正式建立起关系。王正廷于1936年、1948年任中国代表团总领队，率中国体育代表团参加第十一届与第十四届奥运会。值得一提的是，王正廷是国际奥委会终身委员。

再来看一看宋君复。宋君复是民国时期唯一连续参加三届奥运会的体坛风云人物，他两次担任山东大学教授，主持修建青岛第一座体育场。

主持修建青岛第一座体育场

1933年,青岛体育场(即青岛第一体育场,今天泰体育场的前身)诞生在汇泉广场。这座体育场融入青岛的岁月,成为一座标志性建筑,它不仅记录了青岛的重大体育赛事,培养了大量的体育人才,而且见证了很多重大历史事件,是一座用石头建造的历史丰碑。一座体育场,仿佛是一个巨大的容器,积蓄了历史的风云。

青岛之所以能够拥有第一个体育场,有两个无法绕开的重要历史人物:一个是时任青岛市市长沈鸿烈,一个是山东大学体育教授宋君复。

1932年,在张学良的资助下,时任东北大学体育科教授的宋君复,作为教练带领短跑运动员刘长春,参加在美国洛杉矶举办的第十届奥运会。宋君复在美国期间,考察洛杉矶奥运会的体育设施,回国时带来洛杉矶体育场的图样、资料和照片。他回国时,也没有料到这些资料会在青岛大有用武之地。由于东北已被日本占领,宋君复不愿回东北,他和同时在东北大学体育科任教的郝更生、高梓夫妇一起来山东大学任教。

1933年夏天,第十七届华北运动会在青岛召开。时任青岛市市长沈鸿烈特批了760公亩土地,按照宋君复带回的洛杉矶体育场的图样,以四分之一的比例缩建体育场。体育场周围环以15级看台,可容纳15000人。体育场除田径赛场外,还设有排球场和网球场。场内的照明设施、场外的绿化美化都带有西方特色,整个体育场在当时是全国一流的。这也是中国第一个带有奥运色彩的体育场馆。

体育场建成后,沈鸿烈为之题名"青岛体育场",并刻碑石镶嵌在城墙上,"自古盛世之民健而多寿,衰世之民多夭……民积弱已久……市属中小学加授军事训练,以冀贯通德智体三育",字字句句都传达了建体育场的宗旨——"树民族自强之基础"。这一年7月,第十七届华北运动会在此举行。沈鸿烈任大会会长,张伯苓任总裁判,郝更生任总干事。刘长春作为辽宁的参赛选手来到青岛体育场,并夺得100米、200米两项冠军,可称得上当时中国的"百米之王"。

青岛体育场

青岛体育场自 1933 年落成，就成为青岛建筑中的一颗璀璨的明珠。它位于青岛市文登路 9 号，在文登路以南、荣成路以西，依山临海。北为太平山，峰峦秀丽，树木参天；南临大海，涛声阵阵，水天一色。青岛体育场落成之前，汇泉就有始建于 1924 年的青岛万国体育总会（曾叫青岛竞马俱乐部，主要经营青岛赛马场）。

青岛体育场和汇泉广场、中山公园、第一海水浴场、八大关组成青岛风景名胜区。体育设施和场地，为风光秀美的风景区注入运动的生机和蓬勃的活力。青岛体育场成为青岛城市建设中的重要基点，支撑起青岛蒸蒸日上的体育运动事业。

青岛体育场还是一个巨大的生死场，欢笑与血泪，梦想与心碎，荣耀与苦难，都在这里留下痕迹，而更多的是刷新的纪录、奔向未来的脚步。这座体育场铭记着宋君复那一代体坛健将强健体魄、振兴中华的光荣与梦想。

2003 年，经过改建后的青岛体育场——天泰体育场，重新对公众开放，如同凤凰涅槃，象征着传统与现代、历史与现实的完美结合，开辟了历史新篇章。

刘长春和宋君复

两次担任山东大学体育教授

宋君复是浙江绍兴人，出身于一个商人家庭。从宋君复填写的个人履历表可看出他成长的脚步："1912年至1916年暑假，蕙兰中学，读书；1916年8月至1922年7月，美国可培中学、大学及春田体育大学，读书；1922年9月至1927年1月，蕙兰中学，任体育主任兼英文教员；1927年3月至1930年8月，上海沪江大学，任体育主任；1930年9月至1932年8月，沈阳东北大学体育科，任教授。"

宋君复读中学时就去美国留学，英文流畅；毕业于美国赫赫有名的春田体育大学。这两个优势，好比双飞翼，让他脱颖而出，飞得更高更远。

郝更生和宋君复到青岛山大执教，和当时国内复杂的形势、美国洛杉矶举办奥运会有直接关系。

1931年"九·一八"事变后,日军侵占东北,体育人才培养基地东北大学岌岌可危,于1932年迁往北平勉强维持。1932年7月30日至8月14日,美国洛杉矶举办第十届夏季奥运会。国家时处多事之秋,国人热切地期盼中国体育健儿的身影出现在奥运赛场上。

1932年7月1日,在东北大学体育科毕业典礼上,张学良宣布刘长春和于希渭为运动员,宋君复为教练员,代表中国参加第十届奥运会。

1932年6月20日《大公报》刊发了东北大学体育科停办的消息,人脉颇广的杨振声立刻托人与郝更生和宋君复取得联系,以重金邀请他们来国立青大执教。《山东大学报》(2008年7月9日)刊载了杨振声发给郝更生和夫人高梓、宋君复、傅宝瑞的聘书,聘书发出时间是8月,奥运会一结束,郝更生和宋君复便来到了海滨城市青岛。

聘书发出去不久,杨振声就离开了国立青大,此时的青大因为学潮面临被解散的困境。1932年9月2日,国立青大改名为国立山大,学校渡过解散难关。等郝更生、宋君复来到青岛之时,青大已变为山大。不过,他们并没有因此动摇,新任校长赵太侔也同样重视他们,"郝更生担任体育主任兼教育主任,月薪360元;其爱人高梓担任体育教授兼教育副主任,月薪100元"(《山东大学报》)。宋君复的工资等级处于二人之间。

郝更生、高梓在国立山大执教仅一年多一点的时间。据黄际遇的《万年山中日记》记载,1933年11月8日,"郝更生来辞行,往就教育部督学,以注重国民体育、节制球戏各节勖之"。郝更生被调到教育部做体育督学,高梓亦随夫君离开山大,1934年开始执教中央大学体育科。郝更生离开山大后,宋君复便担任国立山大体育主任一职。"当时的国立山大没有专门的体育系,十几个体育教师针对全校学生上课,也就是现在所说的大课,并不专职招收体育学生。"田广渠在接受《半岛都市报》记者张文艳采访时如是说。这也就是宋君复被称为体育主任或体育教授的原因。

宋君复不仅为青岛市带来一座体育场,还为山大兴建体育场馆。宋君复回忆说:民国二十三年(1934年)冬季,出于学校实际的需要和赵校长热心的提倡，虽然经费困难，但仍毅然决然开始建设了一座很适用、设备齐全的体育馆。该馆也是青岛唯一的体育馆，于民国二十四年（1935年）4月落成后，馆内自早到晚的学生川流不息。青岛市的社会团体以及其他学校的学生也经常到体育馆来参加各种比赛。1935年暑假，为备战第十一届奥运会，宋君复率领中国体育代表团在青岛进行了紧张的训练，山东大学的体育场馆是运动员的主要训练基地。

"七七事变"爆发后，宋君复离开山东大学。1946年，山东大学复校，对山大有着深厚感情的宋君复和徐中玉全家一起坐船由上海到青岛，再次执教山大。宋君复仍担任体育卫生组主任。

宋君复在抗战期间执教四川大学，认识了古希腊文学研究和翻译专家罗念生教授，两人结下深厚的友谊。战后，宋君复再次执教山大，还为山大延揽人才。据张洪刚《宋君复电请罗念生加盟山大》一文载，1948年2月，在一次校务会上，宋君复向赵太侔举荐了罗念生。1948年春，山大开学之际，宋君复经过多方联络，终于联系上了罗念生，并寄去了国立山东大学的聘书。聘书原文如下："兹聘罗念生先生为本大学文学院外国语文学系教授，月薪600元，聘期，（民国）三十七年二月一日起至本年七月三十一日。"

1949年，宋君复离开青岛，赴北京先后任北京师范大学体育系教授和北京体育学院副院长等职。1977年，宋君复以80岁高龄去世。

青岛合江路1号，曾是宋君复居住了近4年的地方，当时这里叫欧阳路山大公舍，里面住着多位山大教授。在这里，宋君复曾多次接受记者采访，1947年11月10日，《军民日报》访问宋君复，他表示期待奥运；1948年8月28日，参加奥运会归来，宋君复接受《民言报》专访，谈中国体育的不足……

宋君复一生治学严谨，精心钻研业务，曾编著有《体育原理》《刘长春短跑》《女子篮球训练法》等。

民国时期参加三届奥运会

1932 年，时任东北大学体育科教授的宋君复，作为教练带领短跑运动员刘长春，冲破阻力，克服困难，参加在美国洛杉矶举办的第十届奥运会。

郝更生是刘长春参加洛杉矶奥运会的幕后推动者，他通晓国内外政治经济，社会活动能力很强，依靠与张学良的频繁来往和张氏本人对体育的热心奖励，私下从张学良手中筹措八千元。后来，刘长春回忆道："在 1932 年 7 月 1 日东北大学体育科毕业典礼上，张学良亲自宣布刘长春和于希渭为运动员，宋君复为教练员，代表中国出席第十届奥运会"，"一切要务在几日内匆促办妥"。于希渭因被日本人监视，未能南下出行。

郝更生（1899—1975），中国体育活动家，江苏淮安人。1925年毕业于美国斯普林菲尔德学院（旧译春田大学），回国后任东吴大学、清华大学教授。1929 年至 1932 年，任东北大学体育专修科主任，随后继任山东大学体育主任。郝更生主持参与制订了许多重要的体育法规，对促进中国近代体育特别是学校体育的发展与规范起到了积极作用。

1932 年，中国首次派遣运动员参加在洛杉矶举行的第十届奥运会。在张学良的资助下，中国代表团成行。说是代表团，其实一行只有三人：领队沈嗣良（已先期到达美国），教练宋君复和运动员刘长春。在国人期待的目光中，郝更生、宋君复和刘长春在轮船的汽笛声里离开上海。郝更生送了宋君复和刘长春一程后，乘坐小船返回上海。

轮船航行在大海中，海天一色，郝更生乘坐的小船消逝在海天深处。在漫长的旅途中，宋君复提起笔，给郝更生写下两封信，这是中国第一次参加奥运会代表团的心声。

第一封信云：

更生兄：

　　上海握别，即回房拜读我兄所赐之教言，诵毕后，弟等有无限感触及安慰，得一知己如兄，实弟大幸也。此次得能

郝更生与夫人高梓

参加世界运动会，皆我民族我兄所赐，感激之心笔难形容。
此行弟深觉使命重大，在沪时尚有我兄之辅助，以后一切责
任无人分负，自当格外谨慎，处处留心，俾不负国人期望及
我兄一向推爱之苦也。长春弟在船上无晕船之苦，诸事安好。
弟写此信时，他埋头案上做他的日记，现已定每日下午四时
练习徒手操及跑步等动作。长春弟不习西餐，又与膳食管理
员接洽妥当，自明日起，中餐及晚餐为长春预备中国饭，如
此办法，或能使其将来能力加多，到美国后可无影响。船上
客人不多，除我们两个中国人外，尚有四五位赴美学生，现
已互通姓名，途中可免寂寞。内中二位是清华学生，还有二
位是政府派去调查矿物的，还有一位十三岁的小学生，与他
母亲到日本去，他见了长春是很崇拜的。他也有从报上剪下

来的你我的照片，他似乎对于体育是很注意的，若是中国教体育的人才，多有如兄那样的奋斗牺牲，以后中国的体育，一定是有希望。弟今日中膳后睡了二小时，精神复原了不少，明日船到神户，所以弟草草地写几句报告一切，专此奉闻，并颂双安。

弟君复上（八日）[1]

第二封信云：

更生兄：

在神户时，奉上一函，谅蒙收阅；昨日下午 6 时，船到日本神户，来港迎送的华侨一二十人，因受日人之故，并无过分热忱之感，即有日本记者上船，询问一切，并给我二人拍照，询刘君参加何种项目运动，过去成绩如何。最后又发怪问，我二人代表中国乎？抑代表"满洲国"乎？当即严重声明，我二人乃代表大中华民国。彼说因报上登有此说，故问也。彼等似不快而退。事后我即关照侍者，无论何人来问我等，可说已上岸游览去矣。昨晚有《时报》特派员鲍振青先生前来探望，因侍者不知他是谁，故亦被拒绝，今晨始得见面，畅谈约一小时。日本报今日已登我二人照片，并说明是代表中华民国，此报弟已见过，乃另一友人所购，不幸此报已失。今日下午四时半钟，不料日本体育会来电给"满洲国"参加世界运动会代表，中说：威尔逊总统号，"满洲国"奥林匹克选手队，敬祝一路顺风，佳运常临，愿诸君大获胜利，日本体协会。弟因看信封上是"奥林匹克选手队"，所以签字而后拆读之，及知是给伪国代表，故弟即刻将原电返回，并收回所签字之收据，且告船上电信员，船上无"满洲国"

[1] 王永祥、王爱光主编：《中国奥运第一校》，东北大学出版社，2008 年 6 月，第 24 页、25 页。

代表，请退回日本，他即许可。日本处处用此手段，令人防不胜防，照预定方针，明日船到横滨，仍照神户办法不上岸，不见新闻记者。刘君每日练习运动，并记日记，每日生活皆有定时，身体与精神咸佳，请勿念。今日刘君练习时，弟为他拍了五张照，不知光线好否，大约明日可知。今晚船摇动，弟觉头重，故不能多写，祈原谅为要，并祝双安。

弟君复上（十一日）[1]

从上述两信中，可见这次参加奥运对国人精神的振奋，体育精神与爱国精神水乳交融。宋君复、刘长春冲破重重阻力，从被日本侵占的东北南下，组成代表团参赛，实属不易，这本身也是对日本斗争的胜利。在奥运赛场内外，向世界展示中国人的爱国情怀，及拼搏奋斗、自强不息的形象，在外交上亦是一次重大胜利。

1932年7月29日，宋君复和刘长春历尽艰难，终于到达洛杉矶。第二天一早，奥运会开幕，刘长春在日记中写道："此日，最引人注意之一事，即为中国代表到场。我和宋君复先生到场时，有警察多人乘机器脚踏车护卫，后面有汽车五辆，满载中国华侨组成的应援团为我助威。"中国代表队以第八位入席，代表队成员系临时拼凑而成，由刘长春执国旗，沈嗣良为总代表继之，随后代表四人，即宋君复、刘雪松、申国权、托平（托是美国籍，任上海西青体育主任）。当写有"CHINA"的牌子出现在会场中时，观众席沸腾了！

"惜毕业考试一月及舟行劳顿，缺少练习，未能上名。"刘长春在100米跑和200米跑比赛中分列小组第五名和第四名，未能进入决赛。虽然没有进入决赛，但宋君复、刘长春代表中国第一次出现在奥运赛场，就已是零的突破。

自此以后，宋君复的名字紧紧地与中国组团参加奥运会联系在一起。或者说，国立山大教授宋君复就是中国体坛的一面旗帜。

---

[1]　王永祥、王爱光主编：《中国奥运第一校》，东北大学出版社，2008年6月，第26页。

刘长春在洛杉矶奥运会赛场留影

　　1936 年第十一届奥运会，宋君复奉命筹组和领导中国体育代表团参赛，中国组成了 69 人的奥运会体育代表团，参加田径、游泳、举重、自行车、拳击、篮球和足球等项目的比赛。为了备战奥运会，1935 年夏，在宋君复的努力下，山东大学体育场和体育馆被中华体育协会选定为中国运动员备战奥运的训练场地之一。参赛队员在青岛进行了紧张的暑期训练。

　　这次参赛队员在青岛的训练被载入史册。崔乐泉在《中国近代体育史话》中写道：1935 年 7 月 10 日至 8 月 20 日，在青岛山东大学还曾举行过"全国体协暑期训练班"。这个训练班是为迎接第十一届奥运会而进行的运动员集训。如今，中国海洋大学鱼山校区的体育场边立了一块纪念碑，以昭示后人。

宋君复

　　根据中华全国体育协进会的指示，宋君复组建了中国第一支参加奥运会比赛的男子篮球队，并由他担任篮球队的教练。经过他的努力，球队经过短期训练后，便前往德国参赛。结果第一次参加奥运会的中国篮球队，以45比38的比分，战胜了欧洲知名的篮球队——法国队，在这届奥运会上爆出了一个不小的冷门。这一年，宋君复获得了国际篮球裁判资格。

　　1948年7月，第十四届奥运会在伦敦举行，宋君复第三次率团出征。在伦敦奥运会举办前后，青岛的各大报纸都报道了宋君复备战奥运会的消息。他同时还担任篮球裁判。1948年8月10日的《军民日报》刊载了《宋君复任篮球裁判》的报道，美国对阵阿根廷和美国对阵埃及，都由宋君复裁判。由于此时的国民政府在打内战中惨遭失败，所以这次参加伦敦奥运会的经费比前两次还要紧张，运动员比赛前甚至都吃不饱。为人豪爽的宋君复自掏腰包，上街给运动员买来食品，在运动员比赛前分发给他们吃，让他们有体力上场比赛。

　　宋君复三次带队参加奥运会这一段旧闻，并没有湮没在历史深处。

青史留名的刘长春、宋君复、郝更生，他们的身影宛然屹立在海天交接处。

　　历史与现实往往通过一个地名、一个人物对接。今天人们在中国海洋大学鱼山校区，站在那块纪念碑前抚今追昔，风云往事俱来眼底……

宋春舫

褐木庐内书香浓

——宋春舫的戏剧人生和蓝色梦想

董桥说："我们只知道什么人在中文大学当什么要角，我们或许知道什么人在编什么杂志，但是，我们更应该知道有位宋春舫先生一生做了什么工作。"

2009 年，宋春舫这位被很多人遗忘的剧作家、藏书家、学者，通过幽暗的历史隧道与现实发生联系。宋以朗出版了张爱玲的《小团圆》，他是张爱玲终生信赖的朋友宋淇的儿子，宋淇是宋春舫的儿子。从宋春舫、宋淇一直到宋以朗，一条时隐时现的文化脉络，连接起历史与现实。宋春舫的身影也清晰了起来。

宋春舫（1892—1938），浙江吴兴人，王国维的表弟，剧作家、戏剧理论家，曾留学瑞士，精通英、德、拉丁等语，回国后担任北京大学、清华大学教授。宋春舫又是一位藏书家，其书房"褐木庐"主藏国外戏剧书刊。他还是中国海洋科学的先驱，曾任青岛观象台海洋科科长，倡导建立中国海洋研究所。在他的努力下，青岛水族馆于1932 年竣工。

出身商人家庭
留学欧洲爱上戏剧

"1912 年的春天，从马赛开往巴黎的 P.L.M. 特快二等车内，坐着一位愁眉不展，一望而知不是中国人便是日本人的裙屐少年——岂敢——这少年便是我。"这是宋春舫1933年在《蒙特卡罗》文中写的一段话。这位愁眉不展的少年从哪里来，又到哪里去呢？

这位少年来自中国，他的祖籍是吴兴，出生于上海。

宋春舫的父亲宋季生本是吴兴人。但晚清的太平天国运动席卷江南，宋季生就像一棵浮萍，被历史的洪流裹挟到了上海，由此改写了宋氏家族的命运。宋季生随着父母还有两位哥哥逃难到上海后，因为懂英文，便开始经商，担任英国中孚洋行的买办。

宋季生娶了海宁世家的徐碧云为妻。徐碧云和王国维是亲戚，王国维是宋春舫的表兄。王国维投颐和园昆明湖自尽之后，其兄王国华整理出版《海宁王静安先生遗书》，请宋春舫作序。他在序文中称王国维为表兄。宋春舫的孙子宋以朗说："从这篇序文可以看出，祖父和王国维本人并没有太亲密的关系，只是和王国华交往较多。"

宋春舫出生于商人家庭。徐碧云对这个独生子的教育非常用心，对他管教甚严，聘请了吴兴的大儒作教书先生。宋春舫自幼天资过人，是读书的材料。1904年，宋春舫十三岁，回吴兴原籍参加清朝的最后一次童子试。那时他分明还是个孩子，身材瘦小，无法跨过考场的高门槛，要人扶持才能进场。

在宋春舫逝世两周年后，上海的《剧场艺术》杂志推出"纪念宋春舫先生特辑"，其子宋淇曾经写了一篇文章说："他十三岁考上秀才，非但使祖父祖母觉得骄傲，而且也是使我们小时候神往的事情之一。现在我们还保存着一张他穿上秀才衣服的照相。"中了科举之后，宋春舫又在母亲的督导之下学习西洋文化。1910年，他进入教会开办的上海圣约翰大学，学习英文及拉丁文。当时同校的还有另一位宋家公子——宋子文。当时全校英文第一名是宋子文，而中文第一名是宋春舫，并称"两宋"。

年轻时的宋春舫爱上了自己的表妹，要自由恋爱。宋季生、徐碧云夫妇对这个儿子的做法不以为然，他们已经为儿子物色好了结婚的对象——比宋家更有钱的朱家的女儿朱伦华。宋春舫不同意父母为自己定的婚事，执意要和表妹结婚。宋季生勃然大怒，扬言宋春舫如果娶表妹，就别想得到家中的一分钱。宋春舫只好妥协，要求先出国留学，回来后再与朱伦华完婚。

1912年，宋春舫挣脱了大家庭的束缚，在上海圣约翰大学还没有毕业就到欧洲读书了。他先在法国索邦大学就读，后到日内瓦大学深造，主修社会学和政治学，1915年获得文学硕士学位。

在欧洲留学期间，宋春舫找到了一生的真爱——西洋戏剧。他开始接触并迷恋上了欧洲戏剧。同时为了避免自己回国后看不成西洋戏剧，宋春舫开始大量购置欧洲戏剧书籍，累计达3000册，准备运回国内。

宋春舫的孙子宋以朗说："祖父很有语言天赋，会多国语言。对此，我爸爸在纪念祖父逝世两周年的文章《两周年祭》里有提及。根据爸爸文章的说法，我祖父能读、能说、能写的至少有英、法、德、意、西班牙五国语言，能读的至少还有几种。希腊、拉丁语都通，而且他曾在拉丁语上下过七年苦功。在他四十岁以后，他还开始读俄文，一两年后已经直接看原文了。但他在日语上碰壁，自认失败。因为语言上的便利，他能很容易地看各国剧本的原作，用不着翻译的帮助。"

1920年，宋春舫再次来到欧洲，考察第一次世界大战后的社会状况，以及欧洲文坛的风向。其间他曾担任日内瓦和平会议中国代表团秘书。次年，他把自己在欧洲买的戏剧类图书运回国内。此后，这些藏书伴随着他，成为青岛"褐木庐"的珍品。

养病来到青岛
褐木庐里书香氤氲

宋春舫的前半生可谓顺风顺水，不仅与胡适、蔡元培等学界名流皆有交往，还在杭州与自己的小舅子朱润生建起一栋双子别墅"春润庐"，过着优哉游哉的生活。然而，1924年，32岁的宋春舫骑马时从马上跌落，伤肺吐血，留下了病根，严重影响了他的健康。第二年，他辞去所有教职，到青岛疗养。

1928 年，宋春舫来青岛避暑，住在观象台台长蒋丙然的家里。随后，蒋丙然聘请宋春舫为青岛观象台海洋科科长。

在一片广袤的蓝色大海之上，宋春舫的书香在聚集。他在青岛与图书馆紧密联系在一起。

1929 年 10 月，国立青岛大学筹备委员会在青岛开始办公，因筹办图书馆迫在眉睫，特聘宋春舫为主任（即馆长），专司其事。创办伊始，诸事待理。当时所藏图书，仅有私立青岛大学图书及从济南运来的前省立山东大学馆藏书 28 箱，为数极少且多不适用。宋春舫到职后，积极备置，注重丰富馆藏，并陆续制订了国立青岛大学图书馆暂行组织条例、图书馆贷出规则、阅报室规则及校外人借书暂行规则、借阅指定参考书规则等，为山东大学图书馆的发展奠定了良好的基础。

1930 年，宋春舫还兼任过青岛观象台"观象图书馆"主任。据青岛市档案馆馆藏的《青岛观象台十周年纪念册》记载，青岛观象台图书馆成立于 1930 年 2 月，宋春舫任主任。当时的观象台购买了大量天文、气象书籍，但由于没有专人负责管理，对图书、资料的编排极不规范，既无分大类也无细目，查阅和借还都不方便。宋春舫查看了原来图书、资料管理的情况后，亲自动手制订《图书目录编排法》，从此青岛观象台就有了图书资料的统一目录编排方法。至 1933 年春，青岛观象台便将该台所有图书资料的目录编印成册，分发同人，还寄送国内学术机构进行交流。

这两次为公立图书馆工作是初试啼声，那创办自己的私人藏书楼——褐木庐，则是高歌一曲、余音绕梁了。

宋春舫的褐木庐藏书楼建在青岛，它是 20 世纪 30 年代青岛文化繁盛的见证和缩影。来青岛之初，宋春舫居黄县路，后在福山支路（今 6 号）购下一楼，开办褐木庐戏剧专业图书馆。据考，"褐木庐"是 Cormora(宋春舫喜欢的三个戏剧家的缩写) 音译，Cor 即高乃依 Cormeille，Mo 即莫里哀 Moliere，Ra 即拉辛 Racime。褐木庐所藏图书，是宋春舫留学欧洲期间所购。1931 年，宋春舫"斥金四千，始建褐木庐于青岛之滨"，将平生所收集的戏剧图书列置其中。

1936 年，中华图书馆协会第三次年会在青岛召开，全国各地代表 190 多人与会，青岛市有代表 6 人，而褐木庐图书馆则是唯一参会

宋春舫的褐木庐

的私人图书馆代表。由此可见宋春舫褐木庐的名气之大、影响之深。

褐木庐藏有多少外文的戏剧类书籍？宋春舫 1932 年撰写的《褐木庐藏剧目》中说是"三千册"，有人说有 5000 册，有人说有 7000 册，可能是不同时期统计的结果。

褐木庐所藏图书是怎样的规模？梁实秋在《书房》一文中详细地记录了褐木庐藏书的情状，他写道："我看见过的考究的书房当推宋春舫先生的褐木庐为第一。在青岛的一个小小的山头上，这书房并不与其寓邸相连，是单独的一栋。环境清幽，只有鸟语花香，没有尘嚣市扰。《太平清话》：'李德茂环积坟籍，名曰书城。'我想那书城未必能和褐木庐相比。在这里，所有的图书都是放在玻璃柜里，柜比人高，但不及栋。我记得藏书是以法文戏剧为主。所有的书都是精装，不全是 buckram（胶硬粗布），有些是真的小牛皮装订（halfcalf, oozecalf,etc），烫金的字在书脊上排着队闪闪发亮……"

宋春舫的褐木庐，成为当时青岛的一张文化名片。其时，国立青岛大学名流汇集，像杨振声、闻一多、梁实秋等都有留学背景，分别在古典文学、诗歌、翻译、戏剧方面有专长。可以想见，他们都是褐木庐藏书楼的读者。当时在青岛的戏剧家、翻译家，如洪深、章铁民、张友松、孙大雨等，也是褐木庐的读者。远在上海的戏剧家李健吾，慕褐木庐之大名，他说："我做梦自己有一天飞到青岛，飞进他的书库，在那些栉比的书架中翱翔。"在国立青岛大学任外文系主任的梁实秋，兼任青岛大学图书馆馆长，一直得意于自己的国外戏剧史料及莎士比亚研究资料的收藏之富，但参观了"褐木庐"，即被主人宋春舫的藏书折服。出版家、编辑家赵景深先生在《宋春舫纪念》一文中写道："他能直接看法、英、德等国文字，所以藏书大部分是第一手的原文，不是辗转翻译出来的。"

一所国立的大学，一个私人的藏书楼，形成了 20 世纪 30 年代青岛的文化磁场，吸引了国内众多的学者、作家、诗人、戏剧家纷纷来青岛。那时的文化盛况，令人心驰神往。

宋以朗曾在哈佛大学燕京图书馆找到一本《褐木庐藏剧目》，这是宋春舫编订的。扉页有 1932 年宋春舫用文言文写的《自序》，全文如下：

予自始冠西行，听讲名都，探书邻国，尔时所好，尽在戏曲，图府之秘籍，私家之珍本，涉猎所及，殆近万卷。民国四年，初游法京，入 Bibliothèque de l'Opéra（歌剧院图书馆），寝馈其间，三月忘返。六年返沪，择所爱好，挟与俱归。十年再渡，道出德奥，时则大战甫平，币值下降，遂罄囊橐，捆载而东。后因疾疹，并束高阁。近五六载，沪杭平津，奔走往来，不宁厥处。去岁，斥金四千，始建褐木庐于青岛之滨，聚书其中。今春复辞青市府参事，扃户写目，匝月乃竟。盖二十年来，辛苦搜求，所获不过三千余册，财力不足，闻见有限，无足怪也。犹幸所藏，仅限一类，范围既隘，择别较易，即此区区，已为难得。以言戏曲，粗备梗要，中土所藏，此或第一，持较法京，才百一耳。至于网罗四部，掇拾遗亡，充栋汗牛，事属公家，要非私人所能为力也。且铢累寸积，聚散无常，远者无论，近如聊城之海源，扬州之测海，累世菁英，终归散佚。今兹所有，当难永保，矧烽火连天，迫于眉睫耶？编次既讫，忧心如捣，辄记所感如右。

民国二十有一年，吴兴宋春舫记 [1]

这篇《自序》道出了宋春舫的藏书来源以及聚书的艰辛。褐木庐的出现，成为青岛的一个文化地标。在那个年代的中国，私人能藏有如许多册外文书，且大都有关西洋戏剧，殊为不易。胡适组织人员翻译《莎士比亚全集》时，到青岛参观褐木庐，看见很多莎翁作品，仅《哈姆雷特》就有五国文字的版本。

宋春舫在《自序》中似乎预测到自己藏书的命运，"聚散无常，远者无论，近如聊城之海源，扬州之测海，累世菁英，终归散佚"。纵使如聊城杨氏海源楼、扬州吴氏测海楼，也逃不过人去书散的结局，不免"忧心如捣"。

在生命的最后几年，他将青岛褐木庐的藏书运送到北京大学，在北大盖了一个房子，存放这些书籍。

上海解放后，朱伦华写信提议将宋春舫遗留的藏书捐献给人民政府。当局的批示说，可捐献三对象为北京图书馆、北京大学图书馆、上海剧专，由遗族决定。宋春舫在世时与北京图书馆有过口头承诺，宋春舫的家人决定将其藏书捐献给北京图书馆。

这批藏书有一部分后来被人从图书馆运出，下落不明。直到20世纪90年代，有人在北京琉璃厂等旧书市场发现贴有宋春舫藏书票的旧藏。北京海王村也惊现褐木庐主宋春舫的藏书。藏书家如上海的陈子善、台北的吴兴文、香港的黄俊东专程到北京收购，以拥有宋春舫褐木庐藏书为荣。

陈子善"意外地发现"宋春舫是最早创作并使用藏书票的作家。

台北的藏书家吴兴文认为，宋春舫的藏书票设计得比较巧妙，我们现在知道 Cormora(褐木庐的英文名) 这个词是宋春舫自己造的，他的藏书票中间写着一个字母，是 B 和 C 融合在一起的。B 不

[1]　宋春舫著，陈子善编：《从莎士比亚说到梅兰芳》，海豚出版社，2011 年 3 月，第 87 页、88 页。

宋春舫设计的藏书票

是指 book(书)，而是 Bibliophile 藏书家的缩写。C 是褐木庐的英文 Cormora 的缩写。他很巧妙地把自己的身份、藏书楼的名字都融合在了一起。每一张藏书票的下方都标注着该书的序列号。

宋春舫不仅使用藏书票，还使用藏书章。北京书友小赵出示"春舫藏书"，其上有四灵图案——左青龙、右白虎、前朱雀、后玄武，还有篆书构成的藏书章，颇有汉画像石的味道。

青岛褐木庐早已消逝在历史的烟云之中，但留下的文化馨香仍然伴随着后人。

戏剧开路先锋
观念超前推小剧院

"他原来是一位年轻人，个儿矮小，有一双小巧、文雅的手，一只比你看见过的一般中国人大的鼻子，戴着一副金边眼镜。虽然这天天气暖和，他还穿着一套厚粗花呢西装……他说话有一种高亢的假声……他流利地用英语、法语和德语表述自己的意思。"这是毛姆眼中的中国戏剧学者宋春舫的形象。

1919 年年底至 1920 年 3 月，毛姆在中国游历，他被誉为"20 世纪用英文写作的最受欢迎的作家之一"。在北京，毛姆访问了哲学家辜鸿铭，并与宋春舫会面交流。毛姆对"旧中国的代表"辜鸿铭青眼有加，甚至有点儿崇拜，但对宋春舫则有点刻薄，对这位年轻的戏剧学者予以讽刺、挖苦，当然也有一些欣赏。在毛姆眼中，辜鸿铭狂傲，对英国人的道德缺陷和人性弱点有着深刻的洞察；宋春舫拘谨，抱着向西方文化学习的心态来改良中国的戏剧。

宋春舫初见毛姆，递上了一张名片，一张形式和大小都正规的漂亮的名片，繁复地围着黑边。这"黑边"是什么含义？毛姆虽没有问，心里却是有疑问的。宋淇在《毛姆与我的父亲》一文中称：名片上印黑边的原因，是宋春舫的母亲过世不久，表示"服孝"的意思。

毛姆和宋春舫见面时，谈到文学、戏剧、哲学上的一些问题。

毛姆问宋春舫，推荐了什么英文、法文小说给学生阅读。

宋春舫有点踌躇："我真的不知道，你明白，那不是我的专业，我是专门搞戏剧的；但是如果你感兴趣，我将要我们学校教授欧洲小说的同事来拜访你。"

毛姆问道中国古代哲学家庄子时，宋春舫亦是避而不答。

这两个问题并不说明宋春舫对文学和哲学一无所知，他只是觉得有专门研究的学者更有资格与毛姆对谈。

后来宋春舫的儿子宋淇说，在 1920 年之前，宋春舫已经在国内报刊撰文介绍高尔斯华绥、王尔德、法郎士、邓南遮、苏德曼、霍普特曼等小说家兼剧作家的作品，不可能对英法文学茫然无知。

对于宋春舫的回答，毛姆觉得索然无味。他不无讽刺地说："同一个卖弄学问的教师争辩是无益的，正如海洋的圣灵对江河的圣灵议论一样。"

接下来，宋春舫向毛姆讨教剧本"技巧的秘密"。毛姆说："我只晓得两件事：一个是要有常识，另一个是扣紧要点。"毛姆的话令宋春舫感到高深莫测，他于是再问："那就是说，除了写一个剧本别无要求了？"毛姆同意其说法："你要有某种诀窍，就像打弹子一样。"对于毛姆过于简单的回答，年轻的宋春舫当然大惑不解，他说："在所有重要的美国大学里，他们都讲授戏剧技巧。"毛姆的话变得尖刻："美国人是极其讲究实际的人，我相信哈佛大学正在设立一个指导祖母吸吮鸡蛋的讲座。"

毛姆在"五四运动"后来到中国，他对中国有隔膜，看待中国也有着英国人的傲慢和偏见。宋春舫在当时代表了"五四"以来的欧美留学生，希望把他们留学的心得应用到社会上去，不管是科学还是文学，能推进中国的现代化就好。

毛姆访问中国的散文集《在中国屏风上》留下了戏剧学者宋春舫的身影。我们究竟该如何看待宋春舫呢？宋春舫在 20 世纪中国戏剧史上留下了什么？

宋春舫是最早（清宣统三年）研究和介绍西方戏剧及理论的学者，是中国戏剧运动的开路先锋。我们来看一看这位戏剧家的戏剧活动以及他的戏剧人生。

1916 年，宋春舫回国，受聘专为北京大学文科学生讲授欧洲戏剧课程。1918 年的《新青年》戏剧改良专号上，刊登了宋春舫的《近世名戏百种目》，介绍了 13 个国家 58 位欧美作家的作品。

大概在这一段时间，宋春舫也在清华学堂讲西洋戏剧。1925 年，李健吾考入清华大学，先在中文系，后转入西洋文学系。李健吾后来在纪念宋春舫的文章中说，"宋春舫应当是我的师长，我考进清华那一年，他已经不在学校教书"。从这句话判断，宋春舫在清华执教应为 1925 年暑假之前。

宋春舫留学欧洲，学政治经济，又精通多种外国语言，他做过很多事情。他自己经常有一种置身社会之外的孤独感，大学教授，外交官，政府顾问，海洋科学先驱，戏剧家，诸多职业或者名号，对他来说都是一种客串。他在《原来是梦》的序里说："因为我家庭的环境，能容纳我过一种比普通一般人较为舒服的生活，我对于过去及现在的职业，似乎老站在清客串的地位。"他最热爱的还是戏剧，一生花费的时间和金钱都在此。他又在中国戏剧社里说："如果有人组织团体，出来开戏院子，我情愿把邻近上海乡下那一块地皮拿出来捐给那团体，

宋春舫在褐木庐前留影

作为发起人之一。"

宋春舫出身于商人家庭，不差钱，他又娶了更有钱的朱家千金朱伦华。宋春舫在北京、上海、杭州、青岛都有地产或房产。

说起他在杭州的别墅，更有戏剧性。

宋春舫和朱伦华完婚后去杭州度假。宋春舫对西湖的山水赞叹不已，游览过后，夫妇投宿"旗下某大旅馆内"，晚上遭到佩枪巡警查私娼，各路人马一个晚上查了 5 次。这真是秀才遇到兵有理说不清，令他们不胜其烦。宋春舫很喜欢杭州，为免再受查房滋扰，便索性在那儿自己盖房子。这房子是他和小舅子朱润生（银行家）合建的，由两座别墅组成，外面那座属于朱润生，故称"润庐"，里面那座属于宋春舫，故名"春庐"。整栋房子合起来，名为"春润庐"（今杭州北山路 54 号）。

这座别墅盖好之后，宋春舫和朱润生并不经常来住，结果成了北大在杭州的招待所。北大校长蔡元培就在西湖之畔春润庐住过一段时间。1926 年 7 月，徐志摩写给陆小曼的信中有这样一段话："前日发函后，即与旅伴（歆海、老七及李藻孙）出游湖，以为晚凉有可乐者，岂意湖水尚热如汤，风来烘人，益增烦懑。舟过锦华桥，便访春润庐，适值蔡鹤卿（蔡元培）先生驻踪焉。"此时，蔡元培因抗议北洋政府乱抓北大学生而辞去校长一职，南下隐居在春润庐。1926 年 7 月，北京大学曾派出两位代表谭熙鸿、钟观光南下请蔡元培回校。当年 7 月 24 日，谭、钟两教授在写给北大全体教职员的信中说："二十二日来杭。访蔡先生于春润庐，连日长谈。"

宋春舫因在北大、清华任教之故，与京城的教授、学者多有交往，只要有朋友到杭州游玩，他都会热情洋溢地邀请其入住春润庐。宋春舫又与新月派文人、诗人交游，与邵洵美、徐志摩都是朋友。在春润庐留下身影的皆为民国文化界的名流。章太炎、杨杏佛、徐志摩、蒋梦麟、熊十力、马一浮、刘大白、马寅初等人都借宿过春润庐。

1929 年，杭州举办西湖博览会，春润庐的名人住客纷纷大显身手，如生物学家谭熙鸿担任农业馆负责人，画家林风眠担任艺术馆负责人，电机专家李熙谋则担任工业馆负责人。

回国后的宋春舫开始在国内推广欧洲戏剧，翻译了许多欧洲剧目。他提倡的新剧，要求"剧本优良，布景完美，分幕恰当，情节突兀，戏剧性强"。他不仅是戏剧理论家，还是戏剧改革的实践者，提出在中国以"小剧院""非盈利"的模式推广戏剧。以今天的眼光来看，宋春舫的这个观念很超前。

青岛大学师范学院中文系教授宁殿弼，在接受《半岛都市报》记者孙英男的采访时，将宋春舫在戏剧推广方面的贡献概括为三点：

> 他在戏剧推动方面做了几个很重要的东西：一是提倡小剧院。宋春舫主张戏剧要推广，要建小剧院，他认为在操场、食堂甚至大厅里都可以演戏剧，表演的节目、方式也可以灵活调整。因为只有这样，现代戏剧才能真正推广开。咱们现在这样的小剧院是很多的，这就是宋春舫最早推广的。另外，他提出戏剧的"非盈利化"，提倡新剧，指出戏剧不能为了挣钱而存在，早期的话剧可以分成旧剧和新剧，旧剧当时又叫"文明戏"，是在中国传统戏曲上结合了一定西方话剧的

基础，旧剧的明显特征就是没有剧本，演员可以临时发挥，而且还没有女演员，女角都是男扮女装。而宋春舫推广的新剧叫"爱美剧"，这样的戏剧就规范多了，不仅有剧本，也有了专门的女演员，而且不以盈利为目的，这就是现在话剧的早期雏形。第三个事就是，他提倡推广导演制，咱们说了以前的话剧没有剧本，也没有导演，演员自己随便来。他提出应该有人专门出任"导演"。但是宋春舫只是提议，落实这个导演制提议的是洪深。[1]

值得一提的是，20 世纪 30 年代，中国著名的剧作家、戏剧家，都与青岛颇有渊源。确切地说，是与在青岛的山大有千丝万缕的联系。宋春舫曾担任山大的兼职教授，推行导演制的洪深是山大外文系主任。宋春舫是戏剧家，还是海洋学家；而丁西林是戏剧家，还是物理学家，曾在山大物理系执教。

宋春舫写了三个剧本：《一幅财神》《五里雾中》《青春不在》。《一幅财神》是宋春舫创作的一部喜剧。他以一种善意的揶揄告诉国人：只有继承传统文化中的精髓，才能实现真正属于自己的价值！从这个起点出发，宋春舫一直努力，试图将中国的风俗世态与新的艺术形式高度结合起来。

这三个剧本没有怎么上演，在国内的影响也不大。宋春舫的影响力在于戏剧理论，1923 年，他出版了《宋春舫论剧》第一集（中华书局出版），是国内"唯一论西洋演剧的书"。这仿佛是一股从海外吹来的风，唤醒了许多青年人的心灵，激发他们爱好戏剧的热忱。戏剧史家赵景深在《宋春舫论》中写道："宋春舫是戏剧（尤其是话剧）的先知先觉或老前辈。我最早读的戏剧理论书就是《宋春舫论剧》第一集，这是民国十二年出版的，离现在已经将近二十年了。因了这本书，我才知道戈登格雷、来因赫特、小戏院、表现派、未来派等等，像我一样对于这本启蒙运动的书怀有感谢的人，想来不少吧！"

1940 年 9 月 10 日，在上海出版发行的《剧场艺术》，在宋春舫

[1] 郑立波主编：《人文青岛（第一季）》（上），青岛出版社，2014 年 8 月，第 153 页。

去世两周年之际，推出"宋春舫先生纪念专辑"，纪念宋春舫为中国戏剧作出的贡献。这一期《剧场艺术》，仿佛是战火中开出的花朵，冲破血污，向所有抗战中的军民微笑。

宋春舫的一生是短暂的，但他却始终微笑着面对残酷的世界和苦难的人生。

海洋科学先驱
出钱出力建水族馆

除了钟情于戏剧、藏书之外，宋春舫还是一位海洋学研究先驱。

子猷在《为海洋科学研究奠基——纪念宋春舫与蒋丙然二位先驱者》文中提到，宋春舫早年在法国留学期间，曾到法国西南部的邻国摩纳哥参观，摩纳哥很重视海洋科学，拥有专门的海洋研究船，于1908年建立了一座雄伟的海洋博物馆，并附设水族馆。宋春舫回国后写成《海洋学与海洋研究》一文，刊登在上海《时事新报》上，以期引发国人的关注。到了1928年，宋春舫来青岛避暑，住在当时青岛观象台台长、气象学家蒋丙然家中，再次说起此事。蒋丙然对此深表赞同，并认为可先从小处着手进行推广。不久，青岛观象台聘请宋春舫为海洋科科长，后来他又兼任了观象台图书馆馆长。

宋春舫倡议建设水族馆，借此开展海洋研究。宋春舫蓝色的梦想很快就实现了。

1930年，中国科学社在青岛开会，中国科学界、文化界的学者云集青岛。会上，蔡元培、李石曾、胡若愚、蒋丙然、宋春舫等人建议在青岛成立中国海洋研究所，获得了大家的支持。其后成立了一个三人筹备委员会，成员分别是青岛市市长胡若愚、观象台台长蒋丙然、观象台海洋科科长宋春舫。大家决定先建一座水族馆，再建中国海洋研究所。但会议之后，水族馆的建设资金迟迟不能到位。不久，中国

水族馆开馆初期职员合影（前左为宋春舫，前右为蒋丙然）

海洋研究所第二次筹备会在南京召开，宋春舫在会上汇报了筹备计划，指出建设经费始终是拦路虎。随后，宋春舫自己捐出了 600 块银元，成为筹建水族馆中捐款最多的个人，朱润生捐了 500 块银元。

　　1932 年 2 月，青岛水族馆终于竣工，当年 5 月 8 日举行开馆仪式。当时，亚洲大陆只有大连有一座水族馆，且由日本人经营，规模较小。所以在开馆典礼上，蔡元培激动地称"其当为吾国第一矣，比年我国多故，百事尽废，独此水族馆，得二三君子之努力，以底于成，于此可见事在人为"。在这二三君子中，宋春舫起了主要作用。这座古代城楼造型的水族馆如今仍矗立在青岛海滨，成为一道独特的风景。而镶嵌在水族馆二楼楼梯口处的石碑上，则刻着当年发起人和募捐人的名单，其中宋春舫的名字赫然在列。

　　青岛水族馆的石碑上刻着各单位、个人捐款的数额，抄录如下：

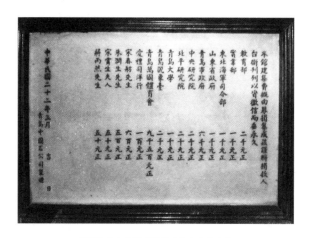

筹建青岛水族馆时捐款单位和个人名单

教育部	二千元正
实业部	一千元正
东北海军司令部	一千元正
山东省政府	一千元正
青岛市政府	六千元正
中央研究院	二千元正
北平研究院	二千元正
（国立）青岛大学	一千元正
青岛观象台	二千元正
青岛万国体育会	九千五百元正
爱礼司洋行	一百元正
宋春舫先生	六百元正
朱润生先生	五百元正
宋云生夫人	五十元正
蒋丙然先生	五十元正

青岛水族馆建成之后，归青岛观象台管理。而青岛观象台隶属于中央研究院。曾任青岛观象台台长的王华文，在《观象台百年感言》中高度评价蒋丙然、宋春舫为中国海洋科学作出的贡献："1928年10月5日，观象台成立海洋科，并先后兴建青岛水族馆和中国海洋

研究所，创我国海洋事业之先河。蒋丙然（当时青岛观象台台长）宋春舫（国立青岛大学教授、观象台海洋科科长）两先生不愧为我国海洋科学的奠基人。"青岛水族馆成为中国海洋科学的重镇。王华文说："1932 年，蔡元培先生在青岛水族馆开幕中，对蒋、宋两先生在我国海洋科学事业的创建和稍后的循序渐进的规划、实施的开拓精神倍加赞许，这是历史，是青岛海洋科学的光荣历史。"

青岛水族馆、中国海洋研究所（位于市南区莱阳路，1936 年建成，1955 年与青岛水族馆合并，改称青岛海产博物馆）、山东大学海洋系，这是中国海洋科学发展的一个脉络。在这个脉络中，我们可以清晰地看到宋春舫的位置。

1937 年，日本发动全面侵华战争。宋春舫离开生活了近 10 年的青岛去了上海，次年 8 月病逝，年仅 46 岁。

生活在青岛这个城市，每次乘车经过莱阳路，脑海中就会浮现出宋春舫的形象。透过车窗的玻璃，看到蔚蓝色的大海，看到窗玻璃上映着一位探寻历史的沉思者，也看到了从马赛开往巴黎的 P.L.M. 特快二等车内，那位愁眉不展的少年。他在后人的追忆中，微笑着……

老舍在青岛（1936年）

穿透时空的足迹

——在青岛与老舍相遇

1899 年，老舍出生于北京小羊圈胡同；1966 年，老舍逝世于北京太平湖。生与死之间，是朝代更迭、沧海桑田的巨大变迁。诚如老舍在《猫城记》中所说："生是一切，死是一切，生死中间隔着个无限大的不可知。"

　　追寻老舍的足迹，可以看出这位"人民艺术家"的生命轨迹和文学地图。北京是他学习、生长的地方，北京城的一切为他的创作提供了永不枯竭的源泉。他是从小羊圈胡同走出来的平民作家，笔下的作品带有原汁原味的老北京味道。在英国伦敦大学任教的 5 年内，他完成了他的头三部长篇小说：《老张的哲学》《赵子曰》和《二马》。在齐鲁大地生活的 7 年中，他留下了《济南的冬天》《五月的青岛》等散文，在济南完成了长篇小说《牛天赐传》，在青岛完成了他的代表作《骆驼祥子》。抗战爆发后，老舍辗转到战时的陪都重庆，以笔为枪，投身于文艺抗战的大潮中。1946 年 5 月，老舍和曹禺应美国国务院的邀请赴美讲学和进行文化交流。他在美国创作了《四世同堂》《鼓书艺人》。1949 年 12 月，老舍应周恩来总理邀请由美国回国，迎接一个新时代。在改天换地的建设热潮中，老舍创作了《茶馆》《龙须沟》等著名话剧。时代太急，老舍太忙，自传体小说《正红旗下》尚未完成，他却在太平湖中找到了人生最后的归宿，留下一个悲凉而决绝的身影……

　　投身太平湖，身后留下一片海。老舍的经典文学作品是一片永恒的海。从 1934 年 9 月到抗战全面爆发，老舍在青岛生活了 3 年，他的足迹遍布岛城，他为这个有海的城市留下了丰厚的精神财富。青岛老城区有以他的名字命名的公园——老舍公园，还有骆驼祥子博物馆（黄县路 12 号）。从中可见老舍在青岛的地位。

老舍在青岛生活的一段时间是他的创作黄金时期。他的两部作品的名字都带有青岛的元素和特色：一部叫《樱海集》，从书窗望去，一株樱桃树映入眼帘，透过晃动着的绿叶，能够看见蓝色如锦缎的大海；另一部叫《蛤藻集》，仿佛看见老舍带着孩子在前海沿儿散步，在沙滩上，俯身挖蛤蜊捡海藻，挺身而起时，看到一层一层雪白的浪花漫过沙滩卷向岸边，海中的帆船缓缓地漂荡……

老舍先生的半身铜像设在红色石基上，色调凝重，造型简洁。老舍雕像守望着永恒的大海，构成了一个充满人文内涵的城市景观。最吸引人、最震撼人的是老舍的表情。在人们的印象中，老舍的表情是幽默的，而老舍雕像的表情是严肃的。其实，幽默的背后是悲悯，是温和，是沉重的思索，是停留在历史深处的叹息。老舍的眉头紧蹙强化了眉心的皱纹，让人联想到历史风雨的沧桑。眼神深沉，目光睿智，"如果你久久地凝视老舍的雕像，也许就读懂了老舍的精神和他的命运"。

老舍在国立山东大学执教，与萧涤非、台静农等同仁、文友交往甚密。

1936 年深秋的一天，在室内陈设像北平的东兴楼的老饭庄，台静农见到了为他接风的老舍。在台静农的印象中，老舍"面目有些严肃，也有些苦闷，又有些世故"。老舍喜冷幽默，偶尔讲几句笑话，令大家哄然大笑，他自己也"嘻嘻"地笑。台静农又觉得老舍有着"小孩样的天真"。老舍和台静农经常下馆子，喝一种"苦老酒"（即墨老酒），紫黑色，味苦而微甜。这独特的风味，"不在绍兴酒之下"。

还有一次，冬日阴霾的天气，晚来天欲雪，老舍发现有一家新开的馆子卖北平的烤羊肉，便邀请台静农、邓仲纯等朋友一同去品尝。台静农还记得那天老舍穿的是一件长长的皮马褂。

在青岛，老舍常和洪深、孟超、王余杞、臧克家、杜宇、刘西蒙、王统照诸先生在一起，而且还合编过一个暑期的"小刊物"。这个"小刊物"名为《避暑录话》。《避暑录话》从 1935 年 7 月 14 日创刊，至当年 9 月 15 日停刊，每周一期，一共出了 10 期。老舍和青岛的文

老舍与胡絜青的结婚照（1931 年）

人聚会时，也要喝几杯薄酒的。他写于 1939 年的《怀友》透露出这样的信息："洪深先生在春天就离开青岛，孟超与杜宇先生是和我前后脚在七七以后走开的。多么可爱的统照啊，每次他由上海回家——家就在青岛——必和我喝几杯苦露酒。"这苦露酒又叫"苦老酒"，就是即墨老酒。

老舍接着写道："苦露，难道这酒名的不祥遂使我们有这长别离么？不，不是！那每到夏天必来示威的日本舰队——七十几艘，黑乎乎的，把前海完全遮住，看不见了那青青的星岛——才是不祥之物呀！日本军阀不被打倒，我们的命都难全，还说什么朋友与苦露酒呢？"1937 年，日本侵略者开始全面侵华。在这样的大背景下，什么样的美酒也都是一杯苦露。

1930 年的老舍

　　友情醇厚如酒，因为这样的点滴时光，老舍的音容笑貌和风趣幽默，从时光深处透过来，感染今天的我们。生活在青岛的人们，总会以一种方式与老舍重逢。或者在鱼山路海大校区，或者在安徽路老舍公园，或者在黄县路 12 号骆驼祥子博物馆。青岛大剧院落成后，引进老舍的经典话剧《四世同堂》《茶馆》，于是，我们又多了一种和老舍相遇的方式。

　　2014 年 3 月 6 日，我在青岛大剧院，怀着对老舍经典话剧的敬畏之心，沉浸在人艺打造的《茶馆》之中。小小茶馆，演绎世态万象、人生百味，一幕一幕地转换，是朝代更迭、历史巨变的大戏。幽默的对白，经典的台词，接地气，带京味儿，观众在笑声中流下眼泪。梁冠华、濮存昕、杨立新等艺术家的精湛表演，凝聚了老舍的艺术精神。

演员谢幕之时，观众的掌声，如同层层的海浪，经久不息。

在这一刻，我相信，老舍的足迹遍布岛城，老舍的精神萦绕青岛。老舍的文学作品、艺术魅力，具有穿透时空的力量。

在青岛，与老舍相遇！

老舍

栈桥涛声兼风雨

——老舍在青岛

1934 年 9 月上旬的一天，作家老舍辞去了齐鲁大学中文系教授一职，告别在济南火车站送行的朋友，离开生活了四年的泉城，乘上胶济铁路上开往青岛的火车。他的生活翻开了新的篇章，迎接他的是山东大学学子的掌声，以及胶州湾畔大海的涛声。

执教山大
老舍严谨又幽默

1934 年 9 月 11 日，国立山东大学文理学院院长黄际遇在日记中写道："午，怡荪（张煦，时任国立山东大学中文系主任）偕舒舍予来……不期而会，相见亦无事，重与细论文。舍予前尝在历城典试同评国学试卷。"黄际遇的这则日记传递出一个重要的信息：老舍来青岛的确切时间，应该在 1934 年 9 月 11 日前一两天。

老舍在新学期担任山东大学中文系讲师。消息灵通的记者打探到了新闻，9 月 15 日，《青岛民报》首先向社会发布了老舍来山大的消息。

山大新学期开学了，各地的学子纷纷报到。一群一群的大学生围在学校的告示牌前观看。学生们最为关心的是山大新聘请的教授们都有哪些。新学期，山大聘请了童第周为生物系教授，王淦昌为物理系教授，洪深为外文系主任、教授，舒舍予为中文系讲师。

9 月 24 日《国立山东大学周刊》第 85 期，刊登了《本校新聘请教员之介绍》，其中这样介绍老舍："舒先生曾在英国伦敦大学教学五年，对于西洋文学，研究极深。回国后在济南齐鲁大学中国文学系担任教授四年，著述甚多，国内各大刊物常见其作品（署名老舍），文字别具风格，极富趣味，社会人士多爱读之。今来本校就教，中文系同学无不庆幸也。"

1934—1935 学年，老舍被聘为讲师，为中文系四年级学生讲授必修课"文艺批评"；为四年级学生讲授选修课"欧洲文学概论"；为二、四年级学生讲授选修课"小说作法"和"高级作文"。

1935—1936 学年，老舍被聘为教授，开设"文艺思潮（代小说）""欧洲文学概论""高级作文""欧洲通史""世界文学史"等课程。

老舍做过小学教师、小学校长、中学教师、大学教授，也做过教育行政官员，对教书育人这项神圣的工作丝毫不敢懈怠。胡絜青回忆说："他很少有时间游览青岛的风光，他每天忙着看书查资料、备课、编讲义和接待来访的同学，他老是感到学识不丰富，唯恐贻误人家的子弟。"老舍严肃认真，重学品与人品，曾在学生的纪念册上题下"对事卖十分力气，对人不用半点心机"。老舍生性诙谐、幽默、擅讲笑话，在课堂上讲课滔滔不绝，时不时抖出几个包袱，令同学们笑得前仰后合，而他本人则面无表情。他被学生亲切地称为"我们的笑神老舍先生"。

老舍开设的课程，不论必修课还是选修课，都很受学生欢迎。学生上他的课考 80 分以上者寥若晨星，但来听课的学生非常多。

老舍惜才、爱才，鼓励学生创作，经常提携学生。他为徐中玉的散文集《芭蕉集》作序。在序言中，他赞许徐中玉："著者徐君还很年轻，他的文字，思想，情感，经验都正在发展前进，不能轻易下断语。"

徐中玉于 1934 年考入山大，97 岁（虚岁）时接受记者采访，谈到他在山大求学的时光。讲到老舍上课常有率性发挥，有时会讲一讲自己的经历。徐中玉听过老舍两门课——"欧洲通史"和"小说作法"。老舍讲历史会掺杂他自己的见闻和感受；讲小说更具体生动，经常讲他创作的经验与教训。

1935年初秋，山大开学，老舍被聘为教授。这位教授仍然孜孜不倦地学习。他想学习法语，就成了外文系赵少侯先生法语课堂上的一名学生。据中生说，"当我修一年级法文时——一星期四课，我和舒先生是同班，他一星期也来上课四次。当练习拼音时，他也跟着拼音，自己说他的舌头硬了，有点拼不过来。赵先生要我们作练习题、交本子，他带笑的说'舒先生也要交'，舒先生点了头，第二次上课时果然带了本子和我们一起交上去"。

另据老舍的学生章棣回忆："舒先生求知欲很强。有一次，赵少侯先生上法语课，我们发觉他也在旁听。后来他向别人说：'学然后知不足，教然后知困。我要扎扎实实跟赵先生学法文，以便得到更多的知识。'他的这种好学精神，让我们对他更加尊敬。"

老舍向赵少侯学习法语，赵少侯向老舍学写小说。《天书代存》是老舍与赵少侯于青岛合写的《牛天赐传》续篇。这部书信体的长篇小说未完成，发表于1937年1月18日至3月29日《北平晨报》。

安家青岛，执教山大，老舍的生活安心又安稳。青岛的大海让他安心，山大的环境让他安稳。"济南与青岛是多么不相同的地方呢！一个设若比作穿肥袖马褂的先生，那一个便应当是摩登的少女"，在《青岛与山大》一文中，他认为在"以尘沙为雾，以风暴为潮的北国里，青岛是颗绿珠"。他喜欢青岛的气候，尤其是冬天："我常说，能在青岛住过一冬的，就有修仙的资格。我们的学生在这里一住就是四冬啊！"

然而，在平静的海面下是汹涌的暗流。日寇在华北频频制造事端，老舍的故乡北平笼罩着一层阴影。日本的军舰居心叵测地出现在青岛的前海上，黑洞洞的大炮对准了美丽的城市。华北之大，已经放不下一张安静的书桌。山大的爱国抗日风潮又一次爆发。这一次学生的爱国运动让师生分化，是罢课还是复课，双方互不相让。

1936年3月中旬，老舍在校方和学生中间做过一些调解工作。据中生说，"我记得那一天晚上，两派学生都挤在科学馆的礼堂里，听舒先生的一篇伟论"，"他走上讲台，一开口就说：'这一次的事情，弄到今天的地步，可说是学校办教育的失败（大家肃然），但我听说你们要开火了，吓得我三天不敢出来（大家哗然）。今天，你们都来了，这是一种好现象。现在有些问题，我们仍要讨论一下。你们能接受意见，没事儿；不能接受，学校关门大吉……'"。[1]

因为学生的爱国运动，山大校长赵太侔左右为难，辞去校长一职。齐鲁大学代理校长林济青接任山大校长。林济青可能按照当局的授意，对赞成学生罢课的教授予以解聘。山大中文系的教授几乎走光了。林济青为了要老舍给他支撑门面，利用齐鲁大学老同事的关系曾三顾茅庐，都被老舍拒绝。在同被辞退的萧涤非看来，明摆着几百元的教授薪金不要，宁可单靠写稿过活，也要和朋友们共进退，真是好样的！萧涤非为老舍点赞，认为他有骨气，可谓"铁骨铮铮"。

1936年7月，老舍辞去山大中文系教授一职，专心做"职业写家"。

安居青岛
又迎来创作高峰

1934年秋至1935年春，老舍全家住在青岛莱芜路上。1981年3月，老舍夫人胡絜青来到青岛，站在他们在莱芜路上的家门口，百感交集地说："一九三四年初秋，我们全家从济南搬到青岛，住在山大后身的一所洋式平房里，这所房子，当时属于莱芜路，现在是登州路10号甲。如今的这一带，已是楼房成片，人口稠密的所在了；四十多年前，却比较空旷，我们一家孤零零地住在这里，四周没有多少人家，不甚方便。"

1935年春至1935年年底，老舍全家住在青岛金口二路上，邻近海滨，当时门牌不详，现为金口三路2号乙。此地东临汇泉湾，西望青岛湾，南面是海滨公园（现在的鲁迅公园），风景优美，甚契合老舍的创作心境。在《樱海集》的序中，老舍这样写到新家："开开屋门，正看邻家院里的一树樱桃，再一探头，由两所房中间的隙空看见一小块儿绿海。这是五月的青岛，红樱绿海都在新从南方来的小风里"，

---

[1] 张桂兴编：《老舍年谱》（修订本上下），上海文艺出版社，2005年5月，第172页。

"大门向东，楼本身是南北向。房东住在楼下，我们住在楼上。楼上除去厨房、厕所，还有四间：有阳台的一间是我们的卧室，隔壁是书房……"。从书房西窗能够眺望大海，这座小楼曾经出现在吴伯箫和臧克家的回忆中。优美的环境给予老舍无尽的创作灵感，在"樱海雅舍"里，他创作出短篇小说《上任》《牺牲》《老年的浪漫》《邻居们》和中篇小说《月牙儿》等，均编入《樱海集》中。

1935 年年底至 1937 年 8 月，老舍全家住在黄县路 6 号，邻近山东大学，现门牌为 12 号。黄县路 12 号是老舍在青岛时最后一处住所，也是唯一保存下来的老舍故居。在这栋二层小楼房里，房东住楼上，老舍一家住一楼的四个房间。1933 年到 1935 年，二楼住有几个孩子，竟是日后的"艺坛三兄妹"：黄宗江、黄宗洛和黄宗英。这栋曾容纳了这么多文化名人的小楼，如今是骆驼祥子博物馆。

老舍一家在黄县路上住了 600 多天。这座普通的小楼本可以淹没在岛城的红瓦绿树当中，然而《骆驼祥子》的问世，让这里散发出夺目的光芒。

胡絜青回忆，在黄县路居住的这段时间是老舍一生中创作的旺盛时期，在这里，他留下了 40 多篇作品，其中包括中篇小说《我这一辈子》《老牛破车》《文博士》及散文《想北平》等代表作。更重要的是，老舍的名著《骆驼祥子》诞生在这栋小楼，老舍故居自然进入了中国现代文学的版图之中。

1936 年春天，山大的一位朋友与老舍闲谈。朋友之间的聊天很随意，朋友谈到他在北平时曾用过一个车夫，这个车夫自己买了车又卖掉，如此三起三落，到末了还是受穷。说者无意，听者有心。听了朋友这几句简单的叙述，老舍立即就说："这颇可以写一篇小说。"紧跟着，朋友又说，有一个车夫被军队抓了去，哪知道，转祸为福，他趁着军队移动之际，偷偷地牵了三匹骆驼回来。

这两个车夫都姓什么，哪里的人，老舍没有问，但他记住了车夫与骆驼，"这便是骆驼祥子的故事的核心"。

从春到夏，一个北平的车夫形象，在老舍的心里从模糊到清晰起来。他一闭眼，就能看到这个车夫的音容笑貌，看到他拉车的姿态、擦汗的动作、憨厚的笑容。

每天晚上，妻子胡絜青、女儿舒济、儿子舒乙枕着蓝色的波涛进

老舍故居（也是骆驼祥子博物馆，青岛黄县路12号）

入甜蜜的梦乡后，老舍便在一盏台灯下开始写作。老舍写得很慢，每天落在纸上只有一两千字，慢慢地把这个他命名为祥子的车夫和他的经历从心里掏出来。写作的时间虽然不是很长，但思索的时间很长，"笔尖上能滴出血与泪来"。

老舍写《骆驼祥子》，仍用老北京的方言，好友顾石君给老舍提供了许多北平口语中的字和词，平易的文字鲜活、生动，带着原汁原味的北平风情。他有意放弃了以往的幽默风格，舍弃了语言上的俏皮，专心打磨小说情节，"即使它还未能完全排除幽默，可是它的幽默是出自事实本身的可笑，而不是由文字里硬挤出来的"。

如今，我们在黄县路12号骆驼祥子博物馆展示柜中，可以看到不同版本、翻译成不同语言的《骆驼祥子》。隔着80多年的时光，我仿佛看见老舍在一灯如豆的夜晚伏案写作，沉浸在创作的世界里。

老舍有两部作品名字带有鲜明的青岛元素和特色：一部是《樱海集》，一部是《蛤藻集》。

1935年5月，老舍将一部短篇小说集编好，取个什么书名呢？老舍从书窗望去，一树红樱桃映入眼帘。从樱桃树旁边，可以看到蓝色如锦缎的大海。于是，老舍顺手拈来，"樱"与"海"，各取一字，就命名为《樱海集》。

1936 年 10 月，又一部短篇小说集编好了，还没有名字。老舍带着女儿舒济在汇泉湾海滩上玩耍。舒济喜欢捡海滩上漂亮的光滑的贝壳。海滩上还有一些被海浪冲上来的海藻，墨绿色，一片片一簇簇，点缀在金黄色的沙滩上。舒济看到海藻，用小手抓起来，丢到卷着浪花的海水里。老舍想起在英国教书时，有一年的初秋，和朋友去爱尔兰的海滩，名为天鹅绒滩，那里沙子极细极多。老舍和朋友发现沙滩上有一些海藻，叶短有豆，很像圣诞节时用的 mistletoe（槲寄生）。朋友说，踩踩海藻上的豆，对脚有好处。于是，老舍和朋友脱掉鞋子，像孩子一样，在沙滩上追逐、嬉戏。踩到海藻豆，豆破有声，很有趣。刚踩到海藻豆时，脚底痒痒的；踩破了，海藻豆汁液喷射出来，脚底凉凉的。老舍想起这段往事，不由得笑了。他和女儿也赤足，在柔软的沙滩上奔跑，雀跃。和女儿在汇泉湾的沙滩上玩耍累了，并排躺在沙滩上，望着蓝天上悠悠的白云，老舍想起了尚未命名的短篇小说集，灵机一动，干脆叫《蛤藻集》吧。他觉得自己写的这些短篇小说平淡无奇，自己不是非常满意，"出奇的蛤壳是不易拾着，而那有豆儿且有益于身体的藻也还没能找到"，即使这样寻常的蛤壳与海藻，也会给读者带来快乐吧……

萍聚星散
文友办《避暑录话》

老舍，王统照，洪深，吴伯箫，孟超，赵少侯，臧克家，王余杞，王亚平，杜宇，李同愈，刘西蒙，这是一个梦幻般的作家群体，将学者、作家、戏剧家、诗人等联系起来，群星闪耀，点缀着青岛的文化夜空。

这 12 位作家在青岛合办了一份报纸的副刊——《避暑录话》。

在一次作家聚餐会上，大家喝得醋畅淋漓之时、逸兴遄飞之际，有人提议，在《青岛民报》开设一个文艺副刊，为青岛文艺的发展做点事情。结果，一呼百应，如同王亚平在《老舍与〈避暑录话〉》中所说，既然大家相聚在此，就应该"干点事儿，不能荒废下去"。于是决定，给《青岛民报》办一个副刊，借避暑之名谈点心里话，故取名为《避暑录话》。1935年7月14日，依托《青岛民报》而实则独立编排、装订、发售的文艺副刊《避暑录话》诞生了。

老舍在《避暑录话》上发表了《谈西红柿》《再谈西红柿》《暑避》《等暑》等散文。老舍的散文风趣幽默，有浓郁的生活气息和青岛风情。

他在《避暑录话》上发表了一篇意识流小说。在这篇题为《丁》的小说里，主人公申明说："我，黄鹤一去不复返，来到青岛，住在青岛，死于青岛，三岛主义，不想回去！"这似乎可以看作老舍的心声。

《避暑录话》每周一期，办了10期，随着《青岛民报》发行，也单独发售，在平津、上海等大城市都可以买到。《避暑录话》带有很强的时令色彩，因暑热而生，临秋风而凋。1935年9月15日，老舍在《避暑录话》发表散文《"完了"》，是与读者的告别语。《避暑录话》的十几位作者，萍聚之后是星散，"故人南北东西去"，老舍、洪深、赵少侯本就是山大的教授，留在青岛，送别朋友们远行，老舍写了三首旧体诗为纪。其中一首是：

> 远近渔帆无限情，与君携手踏沙行。
> 于今君去余秋暑，昨夜香残梦故城。
> 漠漠云波移往事，斑斑蛤壳照新晴。
> 何年再举兰陵酒，共听潮声兼话声。

《避暑录话》部分作者离开青岛后，老舍与山大中文系萧涤非、台静农等同仁交往甚密。

有一次，老舍、赵少侯和萧涤非一起下馆子。萧涤非带来一只聊城熏鸡当下酒菜。老舍觉得这熏鸡风味甚佳，因熏鸡色泽黑亮，有着铁骨铮铮的外表，他幽默地称之为"铁公鸡"。

三杯酒下肚，老舍意气风发，问萧涤非和赵少侯到过济南没有，两人都说没有去过。

老舍饮了一杯酒，侃侃而谈。他说，济南城里有个大明湖，湖的北岸有座铁公祠，是纪念明朝初年一个名叫铁铉的铁汉子的。当时燕王朱棣带着几十万大军南下要抢夺他侄儿建文皇帝的天下。铁铉拼命抵抗，后来兵败被俘，被反绑着手带到朝廷去见已经登上皇帝宝座的燕王。这铁铉也真够铁的。他一不跪，二不站，用背对着燕王一屁股坐在地上，直骂燕王。燕王对他说，只要他转过头来回顾一下，就赦他一死。可他就是不买账，结果被分尸。真不愧是姓铁的。山东既然有这一处名胜古迹，管它叫铁公鸡，不也就表明它是山东的特产了吗？老舍从一只聊城熏鸡，联想到铁铉，说到名士节操，一番谈古论今令两位好友拍案叫绝。这顿饭吃得有滋有味，让萧涤非难以忘怀。

1936 年 8 月，台静农从厦门大学到国立山东大学中文系任教，担任讲师，教"中国文学史""经书攻读""中国现代文学研究"等课程。在青岛，台静农与老舍经常一起饮苦老酒。台静农后来到了台湾，想念老舍时，就想起一起饮苦老酒的时光。他写了两篇文章《我与老舍与酒》《谈酒》，友情醇厚如酒，在绵长的岁月中，滋味更加丰富。

台静农和老舍喝的这种苦老酒就是即墨老酒，加热了喝，风味更佳，有焦煳味，有的还加姜片。直到 20 世纪 90 年代，青岛的酒馆饭店里喝即墨老酒者并不罕见。在寒风呼啸的冬日，和朋友小聚，温一壶老酒，焦煳的香味中有一点绵甜，酒入口不像白酒那般辣与烈，但绵柔的背后也有劲儿，喝得急了，容易上头。

卢沟炮火
老舍一家别青岛

"我的理想家庭要有七间小平房，一间书房，书籍不少，不管什么头版与古本，而都是我所爱读的。"老舍在《我的理想家庭》一文中写道。

2017 年 2 月 19 日，笔者在青岛中山路与湖北路路口的光影 1907 三零文人书店举办了一场讲座，题为《老舍的人生踪迹与悲剧迷思》。在讲座开始前，笔者带着女儿来到黄县路 12 号骆驼祥子博物馆，走进老舍故居的一刹那，想到了老舍在《我的理想家庭》开篇的这段话。

老舍写道："院子必须很大，靠墙有几株小果木树。除了一块长方的土地，平坦无草，足够打开太极拳的。其他的地方就都种着花草。"如今老舍故居这栋小楼有一个庭院，四季常绿的冬青丛中竖立着老舍先生的雕像。院子不是很大，门口有一株高大的银杏树，草坪上有几株樱花。院子很整洁，因为院内院外有祥子书店、荒岛书店和求索书店，给人以文化的馨香。和青岛的老楼院一样，红瓦的小楼掩映在绿荫之中，历经沧桑，让人感觉有了岁月的魅力，很安静。因为老舍在这里生活过，在这里写出了《骆驼祥子》，所以幽静的院落一年四季迎接着不断来此寻访的游客。

在青岛的三年是老舍的黄金时代。老舍说："从收入上说，我的黄金时代是当我在青岛教书的时候。那时节，有月薪好拿，还有稿费与版税作为'外找'，所以我每月能余出一点钱来放在银行里，给小孩们预备下教育费。"他买了寿险，有存款，有一大箱子字画，每月还能买几十元的书籍与杂志。此外，有诗，有酒，有故事，有旧雨新知。

这样的日子是安稳的。2013年人民文学出版社出版的《老舍全集》中，收录了1937年4月老舍写的五则日记，我们不妨摘录两则，从中看看老舍在青岛作为写家的生活片段：

4月10日　晴　稍暖

写千余字。买邮票一元。孔觉民君函约面谈，函到过迟。致函莘田（罗常培）。接絜青函。晚饭请杜宇、杨枫、孟超、式民吃"朝天馆"，大饼卷肥肠，葱白咸菜段长三寸，饮即墨苦头老酒，侉子气十足。

4月14日　晴　暖

雨后天晴，庭中草怒发。早到公园转一圈，玉兰正好，樱花尚须三四日；已有茶棚。函慰恢仁。下午写千余字。接絜青函：小济小乙都好了。晚看电影，没大意思。明天该正经干活了！[1]

---

[1] 老舍著：《老舍全集》（第十九卷），人民文学出版社，2013年1月，第3页、4页。

青岛百花苑中的老舍雕像（秦岭摄）

老舍在青岛的交游，多为《避暑录话》作者群、山大教授。4月10日，老舍请客，四位朋友中杜宇、孟超是《避暑录话》的作者。4月13日，老舍去山大赠书，山大校长赵太侔、教育系教授叶石荪、中文系副教授颜歆、中文系讲师台静农获得了老舍的新作《老牛破车》。

老舍的几则日记写到了浓郁的山东风情，吃潍坊特色小吃朝天锅，饮即墨苦老酒。朝天锅起源于清代乾隆年间的民间早市，流传至今。原是露天围坐而食，后朝天锅经改良进入室内，以锅台为桌，食者围锅而坐，以薄而白的面饼卷煮猪下货（以大肠为主），佐以大葱和咸菜疙瘩，用小碗喝煮猪杂碎的老汤。这种吃法是赶集的人们发明的，属于劳动人民的美食。朝天锅带有原汁原味的乡野之气，老舍和朋友们吃得很过瘾，所以说"侉子气十足"。

老舍的青岛日记所载，也透露出青岛的气候特点——春天来得晚。4月14日，济南的樱花早已开放，青岛中山公园里的樱花开放"尚须三四日"。

可是，好景不长，安稳而平静的日子被卢沟桥的炮火震得粉碎。战事打乱了老舍的生活节奏和写作计划。"七七事变"爆发时，老舍正在赶写两部长篇小说：一部是上海《宇宙风》杂志特约的《病夫》，另一部是天津《方舟》杂志特约的《小人物自述》。"我无法写下去，初一下笔的时候，还没有战争的影子，作品内容也就没往这方面想，及至战争已在眼前，心中的悲愤万难允许再编制'太平歌词'了。"老舍在《这一年的笔》中这样写道，《病夫》写不下去了，自传体小说《小人物自述》也只留下了前四章。

老舍以笔为枪，承担起文化抗战的职责，为青岛的报纸写稿，呼吁抗战。老舍还记录了"七七事变"前后青岛的防御情况。在《这一年的笔》中，他描述了"山雨欲来风满楼"的青岛依然有序，人们同仇敌忾共御外侮："青岛的民气不算坏，四乡壮丁早有训练，码头工人绝对可靠，不会被浪人利用，而且据说已有不少正规军队开到。公务人员送走妇孺，是遵奉命令；男人们照常做事，并不很慌。市民去几里外去找'号外'，等至半夜去听广播的，并不止我一个人。虽然谁也看出，胶济路一毁，敌人海军封锁海口，则青岛成为罐子，可是大家真愿意'打日本鬼子'！抗战的情绪平定了身家危险的惊惧，大家不走。"

1937 年 7 月后，老舍每天都会给青岛当地的报纸撰文，直至 8 月 12 日被迫举家离开青岛。

8 月 1 日，次女舒雨出生。据老舍自述："得小女，大小俱平安。久旱，饮水每断，忽得大雨。"所以给女儿起名舒雨。

8 月 4 日，老舍记下了一幕悲怆的外逃人员海上受难图："此地大风，海水激卷，马路成河。乘帆船逃难者，多沉溺。"

时局动荡，人心惶惶，朋友陆续和老舍辞别，离开青岛。7 日，王统照偕家眷离青赴沪，前来黄县路老舍寓所辞行；臧克家、杨枫、孟超诸友，也均有南下之意。因妻子刚刚生产不便走动，老舍只得坐困愁城。

8 月 9 日，《民众日报》出版最后一期后被迫停刊。在终刊号上，老舍在副刊发表《苦露》文（已散佚）。《民众日报》于 1936 年 12 月 1 日创刊，还不满 9 个月，这张报纸便因时局被迫停刊。

8 月 12 日，老舍决定离开青岛。之前已经和齐鲁大学约定，秋初开学，任国文系两门课。老舍只身离开青岛，先到济南齐大找房子，再接妻子儿女。老舍一想到自此离开喜欢的青岛，不知此生能否再来此定居，不由得悲从中来，"别时，小女啼哭甚悲，妻亦落泪"。

自从"七七事变"爆发，不论在青岛还是济南，老舍一家好像风暴中的一叶扁舟，在动荡的时局中难以安定下来。老舍到济南三天后，妻子儿女也到了，他们拥抱在一起，流下激动的眼泪，短短三天再见面，竟有恍若隔世之感。

11月15日晚,国民党军队炸毁济南泺口黄河铁桥,巨大的爆炸声,以及天边的红色的闪光,震撼着城中每一个人的心。济南的市民陷入惴惴不安之中。全市的商铺都上了门,街上断绝了行人。日军兵临城下,济南马上就要沦陷了。老舍决定离开妻子,离开尚在襁褓中的小女儿,投身抗战的洪流。他提着一个小箱子,抚摸了下孩子们的头,抹去眼里泛着的泪水,狠狠心转身离开了家门。他不敢有片刻停留,不敢回头。他知道,稍一踟蹰,就会放下箱子,不能迈步了。

　　老舍只身飘然南下,到了武汉,汇入全民抗战的队伍中。老舍,这位备受人们爱戴的作家,领导着全国文艺界抗敌协会,在八方风雨中,扛起民族救亡的文艺大旗,奔走于西南天地间,用笔记录时代的脉搏,尽职尽责抗战到底,生死无悔抗战到底。

洪深（1950 年摄于北京）

人生如戏　戏如人生

——洪深的光影人生

"我们洪家对青岛有特殊的情感，这里有我爸爸欢乐、悲痛、血泪混在一起的生活。"2016 年 5 月 26 日，中国话剧、电影先驱洪深之女洪钤来到八大关宾馆"蝴蝶楼"（山海关路 21 号），在洪深展室百感交集。1933 年，洪深根据自己的家族经历在青岛创作了电影剧本《劫后桃花》，并于 1935 年拍摄成电影，而"蝴蝶楼"就是当时主要的拍摄场地。洪钤将一套《洪深文集》和《洪深历世编年纪》捐赠给"蝴蝶楼"。当天，洪钤还走访了父亲曾执教过的国立山东大学旧址，年过七旬的洪钤说这次青岛之行让她感到欣慰，"有一个角落让我取暖，就够了"。[1]

100 多年前，宋教仁在沪宁火车站，被一颗有毒的罪恶的子弹击中腹部。宋教仁被刺，改变了民国政治的运行轨道，也将诸多人卷入这桩历史谜案之中，很多人的人生轨迹因此而改写。在悼宋教仁的挽联中，黄兴严斥"凶手"："前年杀吴禄贞，去年杀张振武，今年又杀宋教仁；你说是应桂馨，他说是洪述祖，我说确是袁世凯！"

宋教仁被刺后，警察不仅查获了洪述祖与应桂馨的往来电报，而且查到了总理赵秉钧的头上。这真是一个绝妙的讽刺，民国初年的警察官员大多是赵秉钧的下属。赵秉钧算是北洋系的人物，袁世凯的嫡系。进入民国后，他先后担任北京政府内务总长、代理财政总长、国务总理。宋教仁被刺，警察查到最大的主谋是赵秉钧。

---

[1] 王法艳文：《洪深之女洪钤来青寻踪》，《半岛都市报》，2016 年 5 月 27 日。

从各方面的资料来看，国务总理赵秉钧揣摩袁世凯的意图，欲除掉最大的政敌宋教仁。赵秉钧授意袁世凯心腹、内务部秘书洪述祖去执行。洪述祖秘密南下，找到其上海滩旧友、青帮成员、江苏驻沪巡查长应桂馨，蓄谋刺杀宋教仁。"事成之后，奖现金五十万元，授二等功勋。"面对开出的条件，应桂馨铤而走险。他物色了兵痞出身的武士英做杀手。1913年3月20日，晚上10时45分，宋教仁在沪宁车站和前来送行的国民党诸位同仁告别，准备登车。就在宋教仁和送行的人们告别之时，一声枪响，宋教仁倒在了送别的月台上。

在宋教仁案中，几个主要案犯离奇死亡了。先是武士英，他在狱中吃了应桂馨派人送来的几个馒头之后暴毙身亡。应桂馨被捕后在上海租界受审。袁世凯对国民党采取军事行动后，国民党从上海撤退，应桂馨在混乱中被其党徒趁机解救，逃到了青岛。等风头一过，应桂馨到了北京，要求袁世凯兑现"毁宋酬勋"的诺言，并索要50万元。一颗被用完的棋子竟然如此嚣张，袁世凯动了杀机。1914年1月19日，应桂馨乘坐的火车刚过天津以南的杨柳青，袁世凯的杀手——北京军政执法处的侦探长郝占一和侦探王双喜闯入应桂馨的车厢将他捅死。

再就是赵秉钧，也离奇死亡。1914年2月，赵秉钧在天津督署被凶手下毒暗杀。赵秉钧在宋教仁案发后，曾发表过危及袁世凯的言论，出言不慎，引火烧身。

卷入宋教仁案中的几个人大多已成为死人。唯独洪述祖命大，活了下来。袁世凯给了他一大笔钱。洪述祖离开北京，举家迁往青岛。最初，洪述祖住在湖南路，对面就是前清两江总督周馥的寓所。因为洪述祖是袁世凯的嫡系，周馥等晚清遗老不给他好脸色看。他受不了晚清遗老的白眼，一气之下，在风景秀丽的崂山南九水买了一块地，建了一所别墅，题名"观川台"。

"观川台"为西洋式，覆以厦，西临川，背依楼，楼后为山，石壁上刻洪述祖七律诗一首："青山转处起高台，台下川流更不回。涧势落成瓴建屋，溪喧声似蛰惊雷。凭栏我有濠梁趣，作障谁为砥柱才。多少黄金延郭隗，几人比德水边来。"曾为昔日上海滩的青帮成员，也曾为混迹北京的政客，此时的洪述祖，成为隐逸崂山的观川居士。在云雾缭绕的山川之间，他以诗酒自娱，在宅院种菜，在池塘养鱼，在院子外面还买了种有梨树的果园，倒也逍遥自在。这大概是他一生中最平静的时光。

此时，洪述祖的儿子洪深在清华园求学，每逢寒假、暑假，都会回到青岛的家，在观川台休憩。

如果这样的岁月一直延续下去，洪述祖本可淡出政界、终老崂山。但是，1914年，第一次世界大战爆发，日军打败了德军，日本取代德国占领青岛。1915年，日本人将洪述祖一家赶出了"观川台"，"观川台"随即变成为日本占领军服务的料理店。后来，洪深写文章说："日本人的拿去，是毫无道理拿去的，是利用武力拿去的。有一年，据说因为料理店的营业并不起色的缘故，日本人曾经要我父亲赎回，只需我父亲贴他六千元的损失，我父亲不愿花钱去买那本来属于自己的东西。"

就在世人将要把洪述祖忘记的时候，洪述祖不甘寂寞，自己跳了出来。

1917年春，洪述祖化名张佼安，重出江湖，到了昔日闯荡的上海滩。他从日本领事馆买到一张派司，替日本不法商人推销鸦片，从中谋取暴利。有一天，他在黄浦江畔散步时，被宋教仁的儿子宋振吕认了出来。仇人见面，分外眼红。宋振吕和同伴冲上去，将洪述祖痛打一顿。就这样，洪述祖先被扭送到上海地方法院提起公诉，后被解送到北京地方法院。在全国舆论的关注下，洪述祖被判为无期徒刑。但是，宋振吕认为量刑太轻，向北洋政府高等检察厅提出控告。

1919年，大总统黎元洪为了平息舆论，授意改判洪述祖死刑。洪述祖成为第一个用从英国买来的绞刑机处决的犯人。

洪深遭此变故，精神受到打击，更重要的是，他深刻地体会到人世的冷暖、世态的炎凉。1932年，洪深在《文学月报》一卷一期发表的《印象的自传》一文中沉痛地写道："我父亲不幸的政治生命，使得我陡然感受人情的残酷。我父亲下狱之后，许多亲戚朋友，尤其是我父亲走运时常来亲近的，立刻都拿出了狰狞的面目。无能为力的我，时时要被他们用作讥讽或诟骂的对象。而普通的人士呢，更是怀疑你，鄙视你，隐隐地把你不齿人类；仿佛你做了人，吸一口天地间的空气，也是你应当抱歉的事情……但身受的我，却从此深切地认识到了一个人处在不幸的环境中的痛苦。"

洪深的亲身经历以及家世背景，让他深刻地体验到人生如戏、戏如人生。这一切为他创作戏剧和电影提供了素材。

洪述祖是江苏武进人，他的祖上是清代乾嘉年间赫赫有名的大文豪洪亮吉。洪亮吉诗文有奇气，尤精地舆学，以立言留名青史。洪述祖取名述祖，有继先祖功业之意。然而，洪述祖却与乃祖之行背道而驰，最终走上一条不归路。

洪深在父亲被处决之后，远离政治和政坛，决心"述祖"。他在电影和戏剧方面留下了自己的名字。而洪深的创作和人生，同样和青岛密不可分。

洪深于清华学校毕业后，1916 年赴美国留学，先学习烧瓷工程，后改学文学和戏剧。留学美国期间，他成功地编、导、演出了英文剧《木兰从军》。当时清华、北大在美国的留学生，热衷排演中国古典题材的英文剧，赵太侔、闻一多、梁实秋等人都在美国有此经历。后来，他们四个人先后与青岛发生联系，在山东大学执教，堪称一个戏剧性的汇聚。

1925 年，洪深发表了第一部电影剧本《申屠氏》。那时，拍摄电影都没有剧本，只有简单的幕表。《申屠氏》剧本的问世，开创了我国电影文学剧本创作的先声，尽管还很不规范，直至他的《劫后桃花》的出版，才使得电影剧本的格式固定下来。

从 1930 年开始，洪深写了《农村三部曲》，包括《五奎桥》《香稻米》《青龙潭》三个剧本，受到戏剧界的好评。洪深与田汉，两颗文星闪耀上海滩。

1934 年，梁实秋因要回北平以便照顾生病的父亲，辞去山大外文系主任一职。校长赵太侔聘请洪深来继任外文系主任。1934 年 5 月 4 日，田汉在《赠洪深》一诗中说："人生四十不算老，阅历既深精力饱。秋风黄浦动征衣，洪深先生赴青岛。"

重返青岛，这时青岛的故居"观川台"已经面目全非。洪深说："每到青岛，总要到南九水看看故居，见到日本侍女越来越漂亮了，游崂山的人，包括很多中国人在那里饮酒就餐的也很多，觉得心里十分不是滋味。"

经过四十年的人世沧桑，经过剧烈的家国变故，洪深在山大执教之余，创作了电影剧本《劫后桃花》。这部剧讲述的是德国侵占青岛后发生的一个故事。依赖帝国主义势力苟延残喘的前清遗少祝有为和

电影《劫后桃花》剧照

抗战时期洪深（前排左一）和妻子常青真（前排抱孩子者）合影

精明的祝太太，在辛亥革命后来到青岛，在临近汇泉炮台处建了花园别墅。祝有为通过卖身投敌的汪翻译巴结上了德国总督。在祝家种花的刘花匠贫苦但正直，祝有为的女儿瑞芬与他有了感情。后来刘花匠因为斥责汪翻译的汉奸行为而被祝有为辞退，被迫离开青岛。1914年，日本人强占了青岛。祝有为的表侄余家骧当了日本人的特务，他狗仗人势，把祝有为陷害致死，把祝家花园当作了日本人的俱乐部。祝太太去哀求余家骧交回旧居，而他提出以祝瑞芬嫁给他为条件。祝太太没有答应，别墅也没能收回来。1922年，中国政府收回了青岛。祝太太没有经济收入，晚景凄凉，与女儿瑞芬相依为命。瑞芬与教书的李先生结婚，与政府交涉要求收回旧屋，仍得不到批准。一天，祝氏母女偶遇刘花匠，一同来到祝家花园，见桃花依旧，但已经物是人非了。

《劫后桃花》描述的是世事沧桑之下的光影人生。这个剧本有洪深家族在青岛的影子，他将诸多重大历史事件投影到一个花园别墅里。祝家花园进进出出的各色人物具有鲜明的性格，每个人的人生选择都和一个城市的命运变迁紧密联系在一起。这部备受观众喜爱的电影，被誉为"历史的照妖镜"。

1935年，当时著名的电影导演张石川率胡蝶、舒绣文等明星来青岛开机拍摄《劫后桃花》。洪深帮他们在沙子口附近选了一处外景地。"观川台"已经面目全非，他选择了八大关的一座小楼作为拍摄地。胡蝶在回忆录中说："洪深是美国留学生，中外文学造诣都很深，他丰富的生活阅历、熟练的创作技巧，使这部电影里的人物刻画入木三分。"《劫后桃花》成为中国电影史上最优秀的作品之一。

洪深在山大执教期间，给外文系四年级学生开了"浪漫诗人""大学戏剧""小说选读"等课。他讲课很有特点，从不照本宣科，而是注重与社会和现实相联系。在讲授戏剧课时，洪深曾说："在戏曲方面，我的大半生经验，一个多钟头就可讲完，但重要的是怎样去实践。"

洪深的到来带动了山大戏剧的发展。他倡议创办了"山大剧社"，开展课余戏剧演出活动，活跃了学生们的文娱生活。他还对进步的"海鸥剧社"予以大力指导、保护，使中共地下党支部通过剧社作了大量的宣传工作。"海鸥剧社"成立于1932年，排演了以崔嵬等人为主演的独幕世界名剧《月亮上升》。这部剧讲述的是外国革命者流浪和脱险的故事，对当时处于日益严重的民族危机中的中国青年学生具有很强的鼓舞力量。"海鸥"有了洪深的指导，飞得更高更远。

据曲烽《洪深在山大》一文可知：洪深不仅是创作话剧的戏剧家，也是京剧研究的行家里手。他在大力推动新剧的同时，也非常热爱京剧艺术，并且对京剧有精深的研究，还能扮演角色演出。当时，他和俞珊都参加了青岛著名的京剧票友组织——和声社。有一次，在山东大学的晚会上，洪深粉墨登场，在京剧《打棍出箱》中扮演范仲禹，他用脚踢起帽子，恰好戴在头上，博得了满堂彩，可见他的京剧艺术功底之深。[1]

1928年，洪深创造性地将英文Drama译为"话剧"，区别于已陈腐的"新剧"，中国话剧从此定名。

1936年，赵太侔辞去山大校长一职。随后，洪深离开青岛去了上海。诸多戏剧家云集青岛的时代结束了，但洪深在山大的戏剧和文学创作，成为他留给这座城市厚重的文化资源。

青岛，对于洪述祖、洪深父子来说，是人生中重要的驿站。"观川台"已经消失在历史深处，位于福山路1号的洪深故居却点亮了游客寻访的眼睛。

[1] 孙长俊主编：《山大逸事》，辽海出版社，1999年9月，第50页。

萧涤非

体坛健将　杜诗权威

——山大教授萧涤非侧影

他是清华大学足球队队长，创下的百米跑纪录直到新中国成立后才被打破；他是杜甫研究专家，被称为"20世纪的杜甫"；他两次在山东大学任教，是中文系"四大台柱子"之一。他就是著名学者萧涤非。

清华健将
曾带队参加华北足球赛获冠军

萧涤非，1906年生于江西临川茶溪村一个穷秀才家庭。1926年，萧涤非以优异成绩同时考取清华大学和东南大学（即中央大学）。因慕梁启超之名，遂入清华大学中文系。

清华大学非常重视体育。中国近代体育教育的先驱马约翰教授执教清华时，学校规定，体育成绩不及格，不发放学士学位证书。在这样的氛围下，萧涤非不仅学习全优，而且是一名体育健将。他创造的清华大学百米跑纪录，一直保持到新中国成立后。

萧涤非还是清华大学足球队的队长，曾带队参加华北足球大赛获得冠军。当时在清华就读的余冠英、吴组缃，还有季羡林、李长之，都是他球队的啦啦队成员。北平报纸的体育新闻中，常有萧涤非的名字。

1930 年，萧涤非以 4 年平均在 80 分以上的优异成绩，免试进入清华研究院。在清华研究院，萧涤非得到著名汉乐府学家黄节先生的指导。他三年学习成绩全部为最优，清华的同学半开玩笑地送他一个刻有"状元"二字的铜墨盒。这个墨盒一直放在萧涤非的书桌上，陪伴他终生。他的研究生毕业论文《汉魏六朝乐府文学史》于 1943 年出版后，被誉为"乐府文学之最佳通史"，"通人至论足以振聋发聩"。

1933 年，经黄节先生推荐，萧涤非到青岛国立山东大学中文系任讲师。当然，山东大学足球队也添了一员猛将。这一年，萧涤非27 岁。从此，他与山东大学结下了不解之缘。他在山大开的第一门课是四年级的必修课"词选"，此外他还开了"乐府"等课。诗人臧克家是萧涤非的学生，而臧克家比萧涤非还大一岁。

1934 年考入山东大学的何炳棣，后来成为著名的历史学家。他回忆在山东的求学经历时，特意提到了两位中文系的老师：一是游国恩，一是萧涤非。游国恩是楚辞研究专家，萧涤非是魏晋南北朝文学研究专家。

特殊婚礼
老舍送来唯一的礼物

萧涤非在青岛和老舍结下深厚友情，两人的友谊在文坛留下佳话。

1935 年的一天，老舍在青岛与萧涤非下馆子小酌。萧涤非带去一只聊城熏鸡当下酒菜。老舍品尝后，称赞道："别有风味，生平未曾尝过。"当得知这种聊城特产尚未命名时，老舍便说："这鸡的皮色黑里泛紫，还有点铁骨铮铮的样子，不是挺像戏里那个铁面无私的黑包公吗？干脆，就叫'铁公鸡'。"此事传开后，聊城的熏鸡也就这样得了个"铁公鸡"的名儿。

1936 年秋，萧涤非将要和从中文系毕业的黄兼芬结婚。新娘黄兼芬是江西武宁县人，出生于一个茶商家庭，是著名爱国将领李烈钧的外甥女。就在举办婚礼的那一天，萧涤非突然被校方无理解聘，不得不在结婚当天离开青岛南下。就在萧涤非夫妇乘坐的列车即将开动的时候，车窗外忽然传来一阵急促的喊声："涤非！"萧涤非惊奇地发现，来者是老舍。只见他右手拎一根文明棍，左肋下夹着一本书。"涤非，弟妹，我是来参加你们婚礼的。"老舍气喘吁吁地说着，将夹在右肋下的那本书递上，"这是我送给你们的结婚礼物。"萧涤非接过一看，才知道是刚刚印出的老舍新著《牛天赐传》，他非常感动。

老舍成了萧涤非"婚礼"上的唯一来宾。这本《牛天赐传》则是萧涤非新婚时收到的唯一礼物。后来，为了抗议校方无理解聘萧涤非，老舍退掉了山东大学给他的教授聘书。老舍的侠义心肠令萧涤非刻骨铭心。

"七七事变"后，原来聚集在山东大学的大批学者和作家星散在大西南。

1941 年 10 月底或者 11 月初，老舍结束了在云南的演讲和休养，打算回重庆，他到昆明青云街靛花巷 3 号等候外出的杨振声，商量回重庆的事宜。这个时候，已从四川大学来西南联大任教的萧涤非来此找卞之琳解决伙食问题。因为卞之琳还未成家，负担较轻。萧涤非和卞之琳曾是四川大学的同事，萧涤非在昆明生活上有困难就找卞之琳帮助。不料，卞之琳也外出了。萧涤非和老舍，两位老朋友在此邂逅，萧涤非不禁狂喜，老舍也笑逐颜开。

老舍向萧涤非说起自己刚创作完的《大地龙蛇》，并朗诵了其中一段台词。在萧涤非的印象中，这段台词有 200 字左右，文句都比较短，他朗诵得铿锵错落，轻重分明，确实动听。萧涤非在《我和老舍》文中写道："这表明，当他下笔之先，这些台词早已烂熟于心，不知默诵了多少遍。"

昆明弦歌
因生活贫穷将孩子送给别人

1941 年，萧涤非因拒绝参加国民党，在四川大学被突然解聘，全家困在峨眉山下，幸亏老同学余冠英来信，说闻一多先生要他去昆明西南联大，另一老友黄玉佳先生从香港电汇路费，萧涤非这才得了活路。

萧涤非在西南联大期间经历了失子的刺心之痛。

身为联大师范学院副教授的萧涤非，先后到中法大学、昆华中学、天祥中学兼课，但生活依然十分穷困。黄兼芬再次临产。萧涤非内心十分痛苦，他写下了"妻行骨立欲如柴，索命痴儿逐逐来……"的诗句。第三个孩子即将出生，他们抚养不起，只好忍痛将其送给了四川大学的一位没有孩子的教授。骨肉分离，其情难舍，萧涤非仰天长叹，作了一首令人断肠的五律，为孩子送行。诗名《早断》，诗云：

> 好去娇儿女，休牵弱母心。
>
> 啼时声莫大，逗者笑宜深。
>
> 赤县方流血，苍天不雨金。
>
> 修江与灵谷，是尔故山林。[1]

萧涤非是江西临川人，夫人是江西武宁县人，故用父母家乡的修江、灵谷峰给孩子指点血脉的源流所在，期待孩子长大怀念祖籍、怀念父母。朱自清把这首诗拿去刊登于重庆《饮河诗刊》。

即使在这样艰难的环境中，萧涤非仍箫吹弦诵，教书育人，潜心治学。1943 年，他的《汉魏六朝乐府文学史》由中国文化服务社出版。

1945 年 12 月 1 日，昆明爆发爱国民主运动。萧涤非的学生潘琰遇难，他怒不可遏，写了《哭潘琰君》诗二首，发表后，因其中有"堂堂黉宇变屠宫，血染青天白日红"之句，受到反动派恫吓和警告。

1946 年 4 月，西南联大即将结束，清华、北大、南开复校，联

---

[1]　刘宜庆著：《绝代风流：西南联大生活录》，辽宁人民出版社，2020 年 1 月，第 200 页。

大师生准备离开昆明。萧涤非的学生廖仲安请萧涤非写一幅字以作纪念。萧涤非写诗云：

> 春来日日望花开，手自爬梳手自栽。
> 但使一枝能照眼，不辞心血活莓苔。[1]

重返山大
成为中文系"四大台柱子"之一

1947年7月，萧涤非重返青岛，在山东大学中文系任教授。对此，朱自清在回信中表示祝贺。从这个时候开始，萧涤非的后半生即在山东大学展开，他成为国内权威的杜甫研究专家。

1951年3月，山东大学与华东大学合并成立新的山东大学，著名哲学家、史学家华岗出任新山大第一任校长。1958年，著名教育家成仿吾出任山东大学校长。二十世纪五六十年代，山大迎来第二个黄金时期。萧涤非和冯沅君、陆侃如、高亨，被称为山大中文系"四大台柱子"。

萧涤非是《文史哲》杂志的主要创办人之一，曾担任过《文史哲》编委会的副主任委员。1954年，《文史哲》第四卷第四期发表了山东大学中文系1953年毕业生李希凡、蓝翎撰写的《关于〈红楼梦简论〉及其他》，引起国内外学术界的强烈反响。李希凡、蓝翎是萧涤非的学生。

1956年夏天，臧克家同张天翼、艾芜、李季一道来青岛避暑。山大的同学们听到消息，邀他们到学校讲话，最后约定在中山公园小聚，结果还是到了二三百人，在草地上环坐。萧涤非致欢迎辞，他说："读其书不知其人，可乎？"遂把几位作家介绍一番。大家畅谈文学和人生，其乐融融。

---

[1] 萧涤非之子萧光乾提供。

谈起萧涤非和臧克家，两人之间有一个有趣的小故事。萧涤非和臧克家亦师亦友，多年来函件往还，臧克家对萧涤非的杜甫研究和广博的学识非常钦佩，写信时总称他"涤非先生"，紧接着解题道："先生，非客气之称，尊师重道之谓也。"萧涤非回信批评了臧克家，不许他再称"先生"。从此，臧克家以"同志"代替了"先生"，但还是称"您"。萧涤非又批评道："何必多此一'心'？！"以后，两人在信中就你我相称了。

风暴过后
誓将心血付"村夫"

"文革"中，萧涤非被诬为"反动学术权威"，遭到批判，他的心血之作《杜甫研究》被列为"大毒草"，这让他非常伤心。为此，他发誓，绝不再谈杜诗。

"文革"结束后，萧涤非依然全身心地投入到杜甫研究中，他想把蹉跎岁月弥补回来。

1978年，人民文学出版社约请山东大学萧涤非教授担任《杜甫全集校注》的主编，在山东大学组建了校注组。萧涤非写了一首《满江红·心声》，词的最后一句是："誓将心血付'村夫'，杜陵集。"杜甫曾自嘲为村夫野老。

"读万卷书，行万里路。"这是古人的名言。研究杜甫，需要追寻杜甫的脚印，看遍万里山河。校注组在1979年、1980年，先后数次，在萧涤非的指导下，到山东、河南、陕西、甘肃、四川、重庆、湖北、湖南等地，沿着杜甫当年的行迹，对照杜甫的诗文作实地考察，收集资料，验证文献。

提到恩师萧涤非，张忠纲回忆说，与萧先生谈起几十年来研究杜甫的甘苦时，先生总是微笑着说："对于治杜诗的人来说，是无所谓甘苦的，都是甘，不以为苦。研究杜甫是一种乐趣。研究杜诗就是要

注杜小组成员和参加样稿审定会的专家在杜甫故里合
影（前排左二为萧涤非，1984年）

萧涤非在书房（1988年）

有一股寝食俱废的傻劲。说来也有点怪，世上就是有那么一些人心甘情愿为杜甫卖命。"[1]

"百年歌自苦，未见有知音！"萧涤非和校注组的诸位学者就是杜甫的隔代知音。诗人、学者闻一多赞誉杜甫是中国"四千年文化中最庄严、最瑰丽、最永久的一道光彩"。和杜甫这位伟大的诗人紧密联系在一起，萧涤非的晚年"为霞尚满天"。

"世事茫茫难自料"，1991年，项目进展刚过半，萧涤非即溘然长逝。他曾赋诗云："但恨在世时，读杜不得足！"没亲眼看到《杜甫全集校注》的出版，成为萧涤非人生中最大的憾事。

萧涤非病逝前，躺在病床上，床边堆满了校注的样稿，他还在不停地审阅……他的病床，成了学术研究的道场。可惜，天不假年，他撒手离开了人间。九泉之下，他遇到诗圣，一定是把酒谈杜诗。

2014年4月，全书共12册、总字数近700万的《杜甫全集校注》，由人民文学出版社出版。装帧精致的白色封面上印着编者的名字：主编萧涤非，副主编廖仲安、张忠纲、郑庆笃、焦裕银、李华。"访旧半为鬼，惊呼热中肠"，凝聚着编者心血的书出版了。然而，萧涤非、焦裕银和李华都已经无法翻阅，他们已经不在人世。

---

[1] 杜羽文：《成为杜甫的知音：山东大学教授张忠纲谈〈杜甫全集整理〉》，《光明日报》，2017年6月17日。

华岗在青岛

开创山大黄金时期

——山大校长华岗在青岛

细雨中寻访华岗故居
跨过一道门与如烟的往事相遇

伫立在青岛龙口路 40 号门外，目光向这栋两层小楼的窗口望去，仿佛看到华岗先生在伏案写作。

这是 2016 年 5 月下旬的一天，天空中飘着迷蒙的细雨。清凉的雨水滴落在撑开的雨伞上，发出"啪嗒啪嗒"的声音。高大的法国梧桐树，红瓦小楼，在雨中颜色更加饱满。

华岗故居是一座方方正正的小楼。小楼靠近地面的墙面，以花岗岩为墙基，历经沧桑岁月，依然坚固。淡黄色的墙面，红色的带坡的屋瓦，掩映在绿荫之中。华岗的一生，波澜壮阔。他是战士，是学者，是马克思主义理论宣传家，也是声名卓著的大学校长。

青岛的名人故居，是岁月留下的内涵丰厚的大书。这是一笔宝贵的精神财富，需要人们深入挖掘其背后的故事。华岗一生著作等身。他翻译的《共产党宣言》1930 年由上海华兴书局出版，这是继陈望道译本之后的第二个译本，也是第一个由共产党人翻译的译本。华岗将之前陈望道译本中的"万国劳动者团结起来"改译为"全世界无产阶级联合起来"，深入人心，在无数的青年心中播撒了革命的种子。华岗的著作《1925—1927 中国大革命史》1931 年由上海春耕书店出版，影响深远，无数年轻人读到此书后投入革命的大潮中。

1949 年，华岗从香港乘船北上，赴北京参加中国人民政治协商会议，途中经停青岛养病，结果被向明邀请留在青岛，随后担任山东大学校长。青岛，是华岗人生旅途中重要的一站，他的人生航向在这里被改写。

在淅淅沥沥的雨声中，思绪悠长，跨过一道门，与如烟的往事相遇……

在青岛被捕
坚贞不渝积极开展狱内斗争

1932 年初，华岗以中共中央华北巡视员的身份被派往北平、唐山等地视察指导工作。当时，中共中央决定建立"满洲特委"，不久后任命华岗担任特委书记。

华岗从上海赴东北就职，本来可以走水路，但因无船到大连，只好先乘火车到青岛，等候从东北来的人接送。这是华岗第一次到青岛，他被这座遍布红瓦绿树的城市吸引了。他不知道，一个巨大的危机即将到来。

9 月里的一个傍晚，化名刘少陵的华岗在旅馆的房间里，一边踱步一边思考接下来的工作如何开展。通过打开的窗子，海风漫过来，吹拂着他的头发。夕阳即将落山，房间里一片静谧。此时，楼道里响起了急促的脚步声。交通员张永祥从外面急匆匆地进来。原来他在路上偶遇到叛徒，意识到情况不妙，赶紧回来通知华岗撤离。

华岗警惕地从窗口向楼下张望，发现周围已经被监视了，几乎没有可能逃脱。华岗和张永祥商量如何对付敌人的盘问和审查。就在这时，一队人冲了上来，青岛警察局第一分局派出的警察闯进房间，搜出了张永祥皮袍的夹层中藏的秘信。

华岗不幸被捕。地下党组织立即报告中央。中央大力营救，一方面买通国民党山东省政府主席韩复榘手下的人，一方面紧急通报给与韩复榘关系密切的抗日将领吉鸿昌，由他出面向韩复榘提出保释。同时商定，如果不能保释出来，就想办法不要让山东方面把华岗押送到南京。

华岗在青岛被捕，最初关押在常州路欧人监狱。青岛警方以为抓到一条大鱼，威逼利诱，百般审讯。在敌人的严刑拷问下，华岗坚持只承认自己名叫"刘少陵"，是一名皮货商人，去东北做生意。

华岗被转移关押到济南看守分所，这里关押的都是政治犯。华岗在这里遇到任作民（又名任培渡，任弼时的堂兄）和向明（巨任吾），三位党员聚首商量如何一同在狱中与当局进行斗争。他们开办训练班，悄悄向狱友讲授中国革命的形势，一改消极、沉闷、颓废的气氛。1934年旧历除夕，华岗发动狱友开展绝食抗议斗争，最终取得胜利。这次赶跑了看守分所的所长。随后，他们又开展一次绝食斗争，后来由检察官出面答应打开镣铐，并承诺不准打"犯人"，他们才作罢。

1934年6月底，虽然查无确证，但国民党当局仍将华岗、张永祥判刑5年。他们不服，提出上诉。11月初，高等法院批复坚持原判。11月底，华岗被送回青岛山东省第五监狱服刑。

1937年1月，华岗又被移送到济南第一监狱，与任作民和向明（从济宁三监转来）再次相会。他们已经得知西安事变和平解决，国共停止内战，一致抗日。在监狱中，他们看到了黑暗中的曙光。

1937年2月16日夜里，华岗等几十人被送进山东省反省院，次日黎明，他们被押上火车，19日抵达汉口，被送进武昌反省院。

1937年9月，中共代表董必武到达汉口，与国民党当局交涉，要求无条件释放华岗、任作民。迫于当时的形势，反省院于10月16日通知二人出院。他们以共产党员的身份昂首挺胸走出武昌反省院，中午过江到达八路军驻武汉办事处，见到了董必武等领导同志。随后，任作民去了延安，华岗留在汉口工作。很快，华岗被任命为中共湖北省委宣传部部长，负责筹办《新华日报》。经过三个月的筹备，《新华日报》在汉口正式出版，华岗任总编辑。

改变人生航向
留在青岛为山东大学师生讲政治大课

1949 年 8 月，华岗从香港乘船北上，计划途经上海再赴北平，接受新的工作。当轮船驶临上海港时，正遇到国民党飞机轰炸黄浦江口，轮船无法靠岸，只好继续北上，开往青岛。

华岗抵达青岛是 9 月 2 日，这次来到青岛，他不由得想起 17 年前的往事——在青岛的一个旅馆被国民党抓捕。时隔 17 年，已是新旧两重天了。他一踏上青岛，就感受到青岛改天换地的气氛。此时向明在青岛担任军管会主任，华岗与他是在济南看守分所并肩战斗的难友，两位好友在这样的时节重逢，紧握的双手掩饰不住内心的激动。在谈话中，向明得知华岗肠溃疡病发作，身体虚弱，还要赴北平任职，就劝他在青岛休养。山东分局向中央请示，想让华岗留在青岛养病。这时，中共中央统战部部长李维汉来电，希望华岗担任中央统战部第一副部长；周恩来想让他任教育部党组书记。但华岗表示愿意在基层教育部门做些实际工作。

此时，山东大学刚刚被接管，千头万绪，工作很难开展。因为华岗有丰富的统战工作经验，善于和知识分子打交道，再加上华岗是马克思主义理论家、宣传家、著名学者，请华岗为山东大学打开新局面，成为当时青岛市委领导的共识。

受青岛市委和山东大学的邀请，从 1950 年 1 月起，华岗以教授身份为山东大学师生讲授"社会发展史"，还定期为山大师生作关于"学习共同纲领"的报告。1950 年春，华岗成为山大校务委员会主任，相当于校长。

解放初期，山大的师生们都提高了学习政治的热情，渴望懂得党的政策，也渴望学马列主义，因而出现"政治大课"这种形式。

1950 年 1 月 7 日，华岗首开讲座，他以《怎样用理论与实际相结合的方法来学习〈共同纲领〉》为题，讲了近四个小时，既有理论深度，又密切联系实际，内容涉及人们日常生活的方方面面。

时任校务委员会秘书、政治大课委员会秘书的孙思白，同时也是历史系副教授，他评价说华岗校长讲的政治大课内容充实，娓娓动听，

华岗在汉口出狱后留影（1937 年）

引人入胜。他写道：

> 他系统地讲"社会发展史"、讲"实践论"、讲"知识
> 分子思想改造"，系统地讲"辩证唯物论"，有时也穿插讲
> 时事政策。听课的人，不但有本校师生，也有外单位的人结
> 队前来，校园里常常挤满了车辆和人群。开始在小礼堂，后
> 来大多数在文学馆后的广场上，每次听众总在三四千人，真
> 是极一时之盛。这种大课形式，解放初在各校是很普遍的。
> 不过，华岗讲课，理论的阐发与现实思想结合得好，再加他
> 那流畅的口才，确是娓娓动听，引人入胜。[1]

[1] 刘培平主编：《战士·学者·校长：华岗同志百年诞辰纪
念文集》，山东大学出版社，2003 年 9 月，第 120 页。

当时的机要秘书徐瑜在回忆华岗的文章中写道："华校长亲自登台讲政治大课，让师生员工认清全国的政治形势。当时，他讲大课可谓众人皆知，一种是时事报告，一种是学习辅导，地点在广播站前的小广场上。届时，除本校师生员工外，市里若干单位也组织人员集合列队来听，广场上人山人海。"

一位老教授听了华岗讲的政治大课后，说了八个字的心里话："如沐春风，如饮甘霖。"更多从旧社会过来的教授不大关心政治，听了华岗的政治大课后感叹道："听君一席话，胜读十年书。"

据田广渠《听华岗校长讲政治大课》一文可知：华岗的政治大课在青岛很有影响力，青岛市委、市政府的干部都想听华岗的政治大课，只好采取发放听课券的办法，轮流听课。事实上，他的影响力并不仅仅局限在青岛，还辐射到外地。华岗讲政治大课的时候，济南《大众日报》、南京《新华日报》、上海《解放日报》等都派记者来，边听边记。听完政治大课后，各路记者还要住几天，拿到刊载华岗讲稿的《新山大》之后，记者们才买火车票赶回去，然后全版登出华岗的讲稿。其他一些报刊也纷纷转载，如《文汇报》当时虽是四开小报，也增版刊出华岗的讲稿。

华岗讲的政治大课，没有教材，也没有教学大纲，他拿着几张纸，上面列着简单的提纲，完全根据自己的思路来讲，几个小时一口气讲下来，他那苍白的脸上就会泛起一阵阵的红晕，额头上汗津津的。对大课的记录，只要稍微整理一下，就成了论证严密、材料准确、语言精练的论文，甚至连一些"引文"都一字不差。

孔令仁是华岗校长政治大课的记录者，1942 年考取了昆明国立西南联合大学，就读于历史系。1946 年，孔令仁进入清华大学历史系学习，1947 年毕业。在山大，华岗每周为师生讲授"辩证唯物论"等政治理论课，提高师生的思想和理论水平。孔令仁回忆说："我每堂课都认真听讲，仔细记下笔记，正是因为我记笔记认真，才结识了华岗校长。"当时孔令仁在山大办的俄文班就读，有人向华岗推荐孔令仁为华岗的政治大课作记录，孔令仁由此结识华岗，她作的记录得到了华岗校长的认可。

华岗系统地讲"辩证唯物论"，记录的讲课内容经他审定后就是

华岗在山东大学给学生上政治大课（1952年）

一部书稿。1955年6月，（上海）华东人民出版社将华岗讲稿集结，出版了《辩证唯物论大纲》。

中国海洋大学鱼山校区水产馆前有个广场，当年被称为"传播马列主义的'圣地'"。60多年过去了，很多往事都被流水般的光阴带走了，但华岗讲政治大课的风采不断地被各种怀念文章追忆。他那慷慨激昂的声音依旧回旋在历史的天空。

头戴合校的桂冠
开创山大的黄金时期

1950年11月，经华东军政委员会和教育部批准，原在济南的华东大学迁往青岛与山东大学合并，成立新的山东大学。新山大还吸纳了在济南开办的教会大学——齐鲁大学的文学院。

1951年3月19日，两校师生在校园广场集合，举行了隆重的合校成功庆祝大会。华岗以新任校长的身份来到会场。这时，一个调皮的女学生别出心裁，拿着用碧绿的冬青树枝编成的桂冠跑上前去，戴到华岗的头上。这质朴而又高贵的贺礼引起了全场热烈的掌声。他连声道谢后，作了《合校方案和山大前途》的热情讲话。

对于这次合校，在历史系教授赵俪生（于1950年冬应华岗校长邀请到山大执教）看来，并不是那么和谐。

华大和山大的师生间存在诸多矛盾。刚合并时，矛盾还没有显现。面对合校的复杂情况，华岗提出加强重点学科建设，发展山大特色，规划出"文史见长，加强理科，发展生物，开拓海洋"的宏伟蓝图，坚持民主办学、科学管理，为国家培养了大量的栋梁。

山大出现了一股蒸蒸日上的势头。新山大有文、理、工、农、医五个学院、两个研究所、18个系，成为当时高校中屈指可数的综合性大学。当时山东大学有众多在国内外享有盛誉的学者，许多人的研究成果在国内处于领先地位，有的还填补了某些学科领域的空白。比如，华岗聘请留学归来的女教授黄绍湘开设了"美国史"课程。考虑到当时中国与美国、苏联的外交关系，华岗此举很有魄力，也很有远见。与华岗一起工作的副校长童第周、陆侃如，是著名的科学家和文学史专家。教务长、总务长和各院院长，也都是知名教授，富有办学经验。凡是学校的重大事项，华岗校长都与两位副校长及教务长、总务长等商量，一起作出决定。

山大的文、史、哲三个系云集了大批著名学者、教授，师资力量很强，学术风气很浓。为了提倡学术民主，促进百家争鸣，引领和推动学校教学与学术的发展，1951年5月，华岗拿出500元自费创办《文史哲》杂志并任社长，杨向奎任主编。这年夏天，陈毅在上海的一个大会上说，山大创办的《文史哲》开风气之先，一定会引起全国各大学的重视。

华岗校长是为《文史哲》写稿最多的人，《文史哲》的每期稿件他都要亲自审定。他十分重视提携青年，鼓励学术争鸣。正是在这一理念的指导下，1954年第9期《文史哲》发表了中文系毕业生李希凡、蓝翎合写的《关于〈红楼梦简论〉及其他》一文，对著名红学家俞平伯的观点提出批评。当时的学术刊物并不多，《文史哲》被誉为"中

华岗在青岛（1954年）

国高校期刊之母"，是毛泽东主席案头常备的读物之一。毛泽东读到了这篇文章。初出茅庐的文学青年敢于向学术权威挑战，引起了毛泽东主席的关注。

山东大学以文史见长，这个基础主要是华岗奠定的。20世纪50年代，山大的"文史哲"带有华岗的印记，山大进入学术繁荣、生机勃勃的黄金时代。

童书业

一代史学家的怕与爱

——兼谈顾颉刚与童书业的师生情

顾颉刚创立"古史辨派"后，经十年拓展，到 20 世纪 30 年代，已处于一生声望的巅峰。童书业便在这时成为他的爱徒。

　　童书业，字丕绳，浙江宁波人，生于 1908 年 5 月，卒于 1968 年 1 月。他是一位自学成才的学者，早年受旧式私塾教育，1928 年接受《古史辨》的影响后开始潜心研究上古史，几年后崭露头角，1935 年，童书业受顾颉刚之聘担任其私人研究助理，兼任禹贡学会编辑。抗战期间，童书业在上海光华大学及宜兴、常州等地中学任教。抗战胜利后，在杨宽的邀请下，出任上海博物馆历史部、总务部主任。1949 年，童书业应聘来山东大学工作，历任山东大学历史系教授、副主任，青岛市第一、二届人大代表，山东省科学委员会委员等职。

过目不忘的史学天才

　　童书业年幼时因体弱多病，没大受过新式的学堂教育，有的文章说他连中学文凭都没有。童书业的女儿童教英也证实了这一点："1936 年在北京时，为一张文凭，以 28 岁高龄入京华美术学院就读。"因当时社会秩序混乱，童书业没有毕业，只拿到一张肄业证书。童书业年幼时，曾师从王季欢学画。20 年里，他闭门专心致志地诵读传统经典，广泛涉猎经史子集，具有极其深厚的学养。这是他后来在绘画、

中年时期的童书业（中着长衫者）

历史等方面作出令世人瞩目成就的基础。

1934 年春，童书业到杭州投靠学画时的老师王季欢，居住在老师家，随后在浙江省图书馆所属印刷厂做校对。此时，童书业将作好的《虞书疏证》稿寄给顾颉刚，表示愿追随为弟子。顾颉刚接到稿子后，对一个校对员能作如此文章感到非常惊讶。是年 12 月，童书业发表《评顾著〈尚书研究讲义〉第一册》。这篇文章用大量古籍材料反驳顾颉刚的结论，开头写道：

　　余固私淑顾先生者，读是书初则疑焉，继乃深服，更进则觉顾书中尚有未尽之点，夫顾先生此书本为草创之讲义，自亦屡言尚待讨论修改，余既有异见，不容缄默，爰草是篇，以资商榷。[1]

童书业写这样锋芒毕露的文章，一是其学术研究蓄势待发，有初生牛犊不怕虎的气势；二是不谙人情世故，幸好他遇到了有雅量和气度的顾颉刚。

1934 年 9 月，顾颉刚在杭州见到童书业后，即频繁与童书业联系。次年 6 月，童书业应顾颉刚之约抵达北平时，顾颉刚亲赴车站迎接，

---

[1]　童教英著：《童书业传》，中国大百科全书出版社，2018 年 1 月，第 41 页。

并让他担任自己在燕京大学和北京大学教授"春秋史"课的助教，薪金由顾颉刚自己支付，食宿也在顾颉刚的家里。此时杨向奎也住在顾颉刚家，和童书业一起受到顾颉刚夫人殷履安的照顾。

童书业在京这一段时间学问精进。他是一个奇才、怪才，将全部的精力用于学术研究。他性格有一点孤僻，在一些不了解他的人眼中显得有点怪怪的。生活中，童书业过于依赖家人，以致生活中屡屡闹出笑话。

童书业有过目不忘、博闻强记的本领，甚至到了惊世骇俗的地步。很多人曾对此作过测试，随意翻出《尚书》中的一页，不论读哪一句，他马上可以接着背诵下去。童书业40多岁时，对恩格斯的《家庭私有制及国家的起源》还能大段大段地背诵，令人叹为观止。有一次，山大校长华岗为全校师生作社会发展史的报告。会后讨论时，老师们对报告内容的细节发生争论，意见相左，于是请童书业来评判。他就将华岗校长的报告完整地复述了下来。医学院的师生要求补听报告时，学校便请童书业代为传达。据说传达时不但一字不漏，而且华岗校长讲到什么地方咳一声，他也跟着咳一声，其记忆力之强健，真是到了令人咋舌的地步。20世纪50年代，山大曾流传着这样几句歌谣，从中可窥一斑："腰酸背斜肌肤瘦，长夜攻读至白昼。问君何苦自折磨？矢志十年赶上童教授。"

顾颉刚曾这样评价童书业："丕绳（童书业）教授不仅学问精博，而且有惊人的记忆力和理解分析能力。重要的先秦古籍包括佶屈聱牙的《尚书》在内，都能背诵如流。这些古籍里的某个词汇出现过几次他不用查可以立刻告诉你。近人的学术著作他看过一遍就能列举其主要内容和论点……"

在学术上，童书业有惊人的记忆力；但在现实生活中，他常常记不住别人的姓名，甚至会忘记回家的路。20世纪50年代，童书业在青岛期间，喜欢和历史系同仁杨向奎、赵俪生结伴一起看京戏。童书业最爱看武打内容的京剧，领略了艺术的魅力，第二天他的课就会讲得非常精彩。他能从京剧里的宋、元、明、清时期的社会礼俗，一直谈到资本主义萌芽。在好友赵俪生的记忆中，童书业在京戏散场回家的道路上，经常高声谈论京剧，意气风发。

童书业很少晚上单独去看戏，因为他常辨不清方向。有一次，他被一出京戏深深吸引，便晚上单独去东镇（今台东）看戏，从戏院出来后迷了路，只得到附近派出所问路。派出所的民警不相信眼前这位不修边幅的瘦子竟是山东大学的教授，于是打电话到山大值班室，最后还是学校派车将他接回。还有一天晚上，童书业闯进学生宿舍，指着自己说："我叫童书业，是历史系的副主任，要回家认不得路了，谁能送我回去？"最后由历史系学生孙达人恭恭敬敬送他回到位于合江路的山大教师宿舍。

亲密无间的师生情谊

1956 年 7 月 25 日至 9 月底及 1957 年 7 月 10 日至 1958 年 1 月 19 日，顾颉刚两次在青岛长住，师生之间朝夕相处。

1956 年夏天，顾颉刚因神经衰弱和高血压，来青岛休养。因暑假期间杨向奎外出调研，夫人回娘家，顾颉刚便住在杨向奎所住山东大学安东路（今丹东路）4 号宿舍。顾颉刚起居在杨家，饮食在合江路 1 号童书业家，两家住得很近。童书业的女儿童教英在《从炼狱中升华——我的父亲童书业》一书中写道：

> 顾颉刚的到来使父母非常高兴，从顾颉刚日记及给夫人的信中可以看到，父亲陪顾颉刚出游、看戏、下馆子，不少次是中午在外吃饭、下午看戏，晚上再在外面吃饭，青岛著名的中、西餐馆是他们经常光顾之地。还为顾颉刚找医生、陪看病，当顾颉刚感冒时，父亲通宵相陪，还陪顾颉刚拜访山东大学文史各位教授和校领导。母亲则送早餐，为病中的顾颉刚送西瓜汁，母亲本善烹调，此时更是在饮食上用心，知道顾家每晚有一餐面食，母亲也每晚为顾颉刚做面食。顾颉刚给夫人信中说："这真友谊真可感激。"

由此可见，童书业、蒋咏香夫妇对顾颉刚照顾得无微不至，生活上亲如一家。

在学术传承上，童书业颇得顾颉刚之风。童书业在学问上无私心杂念，对学生尤其如此。钱宗范曾回忆道："书业师对我说：'学术是公共的，不是私人的。师生之间在学术上是传承的关系，彼此切磋，老师在学问上往往受弟子的启发，而弟子的学问也是在老师的指导下获得的。《春秋史》一书是我写的，但我受颉刚先生的启发和引导，所以这书可以用顾颉刚的名义，也可以用童书业的名义出版。顾先生德高望重，奖助后学，所以我特别敬重他。我和你共同讨论的东西，将来可用你的名义出版，也可用我的名义出版，这是无所谓的。现在社会上常有师生之间为名利搞矛盾，把学术看成个人的财富，是不可取的。'"

顾颉刚日记中记录的两段话最能反映顾、童师生情谊：一是1958年1月12日补记1957年在青岛共度中秋节时顾颉刚与童书业的谈话：

> 中秋夜，丕绳与予谈，谓湖帆之画能融合四王、宋元，又加以创造，故能独步一时。然聪明有余，功力尚不足，以其未经科班出身也。予因谓草桥中学出三人，湖帆之画、圣陶之文学、予之史学，皆是聪明逾于功力者，以清末民初，群不悦学，我辈皆由自己摸索而来，未得名师传授也。故圣陶之诗，富于天趣而轶出绳墨。予亦自知根柢始终未打好。丕绳云："现在人所作历史研究文字，大都经不起覆案，一覆便不是这回事。其经得起复案者只五人：先生、吕诚之、陈寅恪、杨宽、张政烺也。然吕先生有时只凭记忆，因以致误。陈先生集材，大抵只凭主要部分而忽其余，如正史中，只从《志》中搜集制度材料，而忘记《列传》中尚有许多零星材料。先生亦然，不能将细微资料搜罗净尽，以是结论有不正确者。杨宽所作，巨细无遗矣，而结论却下得粗。其无病者，仅张政烺一人而已。"闻此心折。予之文字作得太快，故有此病，不若苑峰之谨慎与细密也。[1]

---

[1] 童教英著：《童书业传》，中国大百科全书出版社，2018年1月，第227页、第228页。

童书业夫妇与顾颉刚合影

一为 1961 年 12 月 24 日记：

> 予询丕绳："我所受之影响孰为最：郑樵、朱熹、阎若璩、姚际恒、崔述、康有为、胡适？"丕绳答曰："康有为。"予亦首肯，盖少年时代读夏曾佑书，青年时代上崔适课，壮年时代交钱玄同，三人皆宣传康学者也。到胡适，仅进化论之一点皮毛也。[1]

师生促膝谈心，月旦品评人物，必心中无任何隔膜才会有。

1963 年末，顾颉刚病重，在手术前写给童书业的信中说："承告五事，具见爬梳抉剔史料之功力，无任钦服。有您这般的功夫和识力，经与子打通，春秋史与战国史打通，发见前人所想象不到的问题。真是出人意外，入人意中。将来您的《春秋左传考证》成书，将发出永久的光辉……（我）四十年来，能安定治学者殆无几时。倘使病不

---

[1] 童教英著：《童书业传》，中国大百科全书出版社，2018年 1 月，第 228 页。

能愈，真当衔恨入地。平生积稿，只有赖诸位至交为作整理。您为最知我者，所负之责任亦最重也。"[1] 顾颉刚手术前写的这封信，实带有临终遗言之性质，许童书业"为最知我者"，可以说以前一切不愉快至此已经一扫而空。

二十世纪的一部名著

没想到，童书业竟先顾颉刚而去了。

童书业去世，身后别无长物，只留下 4 个箱子，装着他的手稿、书信、历谱和书籍。他的遗稿由夫人蒋咏香妥善保管，她期待着童先生的心血之作藏诸名山，传诸后人。

1980 年 10 月，童书业的遗稿《春秋左传研究》（包含《春秋左传考证》《春秋左传札记》）由上海人民出版社出版发行。这部书稿经过童书业长婿黄永年、童书业助手徐鸿修的整理和润饰，由顾颉刚订正、作序并推荐出版。黄永年、徐鸿修都是童书业的学生，而童书业又是顾颉刚的得意门生。这样一本学术著作，被顾颉刚誉为"二十世纪的一部名著"，包含了中国三代学者的心血。

可以想见，当顾颉刚拿到这本命运奇特的学术著作，看到封面上"童书业"三个字时，无限感慨涌上心头，目睹新作，思念弟子，泪眼婆娑，童书业病逝已过十二年。

1980 年 12 月 25 日，顾颉刚因脑出血与世长辞。

"堪叹古今情不尽"，如今，追忆顾颉刚与童书业的师生情，遥想他们的怕与爱，久久不能释怀……

---

[1]　顾颉刚著:《顾颉刚书信集》(卷三)，中华书局，2011 年 1 月，第 100 页。

273

黄公渚

岛上名士最后的文雅

——黄公渚在青岛的如烟往事

2020 年是黄公渚诞辰 120 周年，11 月 6 日，《大匠如斯——黄公渚先生诞辰 120 周年纪念展》在青岛市美术馆启幕，黄公渚遂进入公众视野。

左海家世
君家声誉旧无双

"江南才子"，"左海三黄"之一，"骈文四大家"之一，"隐然为东南大师"，这些赞誉加诸一身，成为黄公渚的人生底色。

"人物一时重雁行，君家声誉旧无双。"这是张伯驹为黄公渚所作词中的一句。道出了黄公渚的家世，他和弟弟黄孝平（字君坦）、黄孝绰（字公孟）都是民国文林的雅士。

黄公渚（1900—1964），原名黄孝纾，字公渚，号匋厂（匋庵），别号霜腴，以字行。福建闽侯人，出生于官宦家庭，幼承庭训，少治经学，精通诗词，擅长丹青。他的父亲黄曾源曾任济南知府。黄公渚的童年在青州古城度过。

辛亥革命后，黄曾源（字石荪、石孙）和一批清朝遗老遗少来到青岛，他寓居湖南路 51 号。黄曾源的藏书楼名潜志堂，与刘廷琛的"潜楼"及于式枚的"潜史楼"并称青岛"三潜"藏书楼。辛亥革命波澜

277

骤起，而此时的青岛却被德国占领。青岛的海面风平浪静，这几位带着藏书和字画来青岛"潜水"的前清官员，以诗词相酬，以书画自娱，时常结伴去崂山观沧海，然后带着一身隐逸之气下山。当然，也有像徐世昌这种静观时局，看海上风云，等待重出江湖时机的政客。

黄曾源为人耿直，林纾送其出守徽州，有句云："石孙不因人之曲而曲之，因人之直而直之。且其事人也，不以生死盛衰易其操，阿谀党顺变其言，诚君子也。"辛亥革命后，黄曾源在青岛隐居，拒绝袁世凯的礼聘，可见其一以贯之的风骨。

黄公渚与父同居"滨海一楼，朝夕相慰"（刘承幹《匑厂文稿·序》）。黄公渚的青少年时代在青岛度过。自 1946 年再度执教山大，黄公渚成为青岛的一张文化名片。

崂山诗词
有千仞揽辉之概

黄公渚幼年习画，受林纾影响，擅长山水。后效沈周、文徵明、李流芳等名家，得黄宾虹指教，技艺猛进。"晚年师法造化，搜妙创真，笔力刚健，力透纸背，信笔拈来，妙合自然，诗、书、画融为一体，互为表里，相得益彰。"[1]

黄公渚喜爱崂山，一生不同时期多次登临。从他以崂山为主题创作的诗词、游记来看，蔡元培、谭延闿、张伯驹、潘素、吕美荪、启功、惠孝同、路金坡、刘福姚、袁道冲等一批名流，都曾与黄公渚同游崂山。

黄公渚的诗大部分题于崂山山水画中，其在《劳山纪游百咏》中讲："癸酉（1933年）乙亥（1935年）间，余逭暑崂山饭店时，偕岳子庑识，遍游山中名胜，道途所经，参诸志乘，询之父老，每有所得，记以小

---

[1] 刘宜庆、王鹏主编：《大匠如斯——黄公渚诞辰 120 周年纪念集》，未刊，第 90 页。

诗，日积月累，得七绝乙百章，并图其迹，以当卧游。"

笔者在读刘怀荣先生校注的《劳山集校注》时，特别留意黄公渚与名人同游的经历。下面这首诗传递出丰富的信息：

下清宫与子民美荪瓠厂同游

芒屩轻筇健似猿，道人揖客古风存。

极天海与山争地，向晚风吹月到门。

数点峭帆随雁渺，如潮落叶挟鸦翻。

十年游钓重过处，雏竹成林柳半髡。[1]

这首诗写于 20 世纪 30 年代。当时，吕碧城的姐姐吕美荪寓居青岛鱼山路 7 号"寒碧山庄"。吕美荪在青岛期间，与黄公渚、张公制交游。

诗中提到的"子民"为蔡元培。1934 年 4 月，蔡元培在时任山东省政府主席韩复榘、青岛市市长沈鸿烈的陪同下，游览了崂山各处景观，并到太清宫阅览了珍藏的明版《道藏》。韩复榘阅《道藏》讫，嘱曰："道藏经乃为国家之古迹，藏之于名山庙宇宫观，可为镇山之宝，当建筑阁楼安放供奉，专人守护。"道人答曰："敝庙现在穷困，经济缺少，无力建筑。"沈鸿烈云："回青岛由官府设法筹备，实行建筑。或本庙住持去青岛，各商号捐写布施。"当日午后，蔡、韩、沈同侍卫乘轮船回青岛。后因时局有变，藏经楼未见实施。

清季举人路朝銮，贵州毕节人，号瓠庵、瓠厂，别名金坡，诗书画俱佳，雅好昆曲，有《瓠盦先生诗抄》问世。1930 年至 1937 年，路朝銮任青岛市府秘书，与黄公渚意气相投，常一起结伴游览崂山。

黄公渚时常偕两个弟弟，与路朝銮、吕美荪一行，徜徉在海山之间，逸气假毫翰，清风在竹林。崂山成为他创作的源泉，他以丹青笔墨画崂山，以诗词歌赋咏崂山。著有《劳山集》，全集分为三部分：《东海劳歌·词之部》《劳山纪游集·诗之部》《辅唐山房猥稿·文之部》。在"诗之部""词之部"的卷首有许多当时的社会名流题词。

[1] 刘怀荣、苑秀丽校注：《劳山集校注》，人民出版社，2015 年 8 月，第 166 页。

黄公渚（左一）游览崂山时与友人合影

题词作者有叶恭绰、瞿宣颖、龙元亮、许宝蘅、夏仁虎、王琴希、朱西溪、吴则虞、黄云眉、张伯驹等人。"词之部"中每阕词都附有诗词名家的点评。

藏书家董康推崇黄公渚的诗："萧廖高奇，有千仞揽辉之概。"

词学大师龙元亮（字榆生）题词，称赞黄公渚描写崂山的词作："读东海劳歌咏二劳风物之作，如饮醍醐，如入宝山，如对魏晋间人语，如读二谢诗，如观荆关董巨画，令人目眩神移者久之，并世词流，允推独步矣……以唐宋歌儿传唱之杂曲，写万壑千岩之胜境，千年来无若兹集之富艳精工者，名山馨业，传后无疑。"

崂山，在历史上曾叫劳山、牢山。唐玄宗改牢山为"辅唐山"，此后，崂山也称"辅唐山"。黄公渚在歌咏崂山的诗词、游记和山水画中称自己为辅唐山民、辅唐山人、辅唐天茶翁等，把自己的书房称作辅唐山房。

黄公渚在古文献学、版本目录学、古典文学、金石学及文物鉴定等领域也有相当高的造诣，受到当时学界的普遍推崇。他的著作很多，有《匔厂文稿》（陈三立题签）、《匔厂词乙稿》、《劳山集》。

作为一代国学大家，黄公渚致力于传承传统文化，重视普及古典诗文，三十年间编选校注了多部诗文集，由商务印书馆出版。《周礼》《周秦金石文选评注》《两汉金石文选评注》《天问达诂》《玉台新咏》《欧阳永叔文》《欧阳修词选译》《黄山谷诗选注》《钱谦益文》《晋书》等入选"万有文库""学生国学丛书""新中学文库"。笔者有一本《楚辞选》，这本薄薄的小册子，是黄公渚与陆侃如、高亨合作选注，1956年4月由古典文学出版社出版。这是三位山大教授友情的见证。

除了出版有大量的古典文学选本，黄公渚还与20世纪30年代的两本杂志有密切联系。

1932年11月15日，《青鹤》创刊于上海，每月出版二期（半月刊）。1937年7月30日，因"七七事变"爆发而停刊，共出版114期。陈灏一担任《青鹤》的总编纂。《青鹤》之名，出自《拾遗记》："幽州之墟，羽山之北，有善鸣之禽名青鹤。"这本杂志以"青鹤之善鸣"

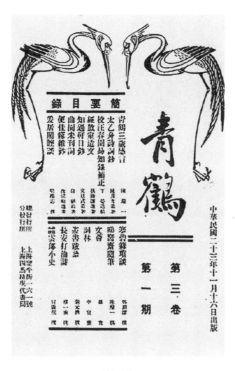

《青鹤》

自喻，借吉祥之禽之名，"唤醒并世士大夫之迷梦"。《世说新语》云："青鹤鸣，时太平。"这本杂志还有一层含义，在经历了"一·二八事变"的上海，商务印书馆和东方图书馆被日寇蓄意炸毁。兵燹书厄之后，创办《青鹤》杂志的同人希冀天下太平。

《青鹤》是一份典型的同人刊物，也是一种旧派文人的刊物，是传承和弘扬国学的阵地，经常刊登年谱、诗词、笔记、字画。栏目设置有插画、论评、中外大事记、专载、名著、丛录、文荟、词林、考据、谐作等。作者群体为柯劭忞、陈三立、傅增湘、于右任、孙雄、夏敬观、陈石遗、李拔可、黄秋岳、梁鸿志等，多为文化保守主义者，国学根基深厚。

黄公渚在《青鹤》上发表多篇骈体文，影响甚大。黄公渚是《青鹤》作者队伍中的后学，却能跻身于硕学耆宿行列之中，足见其国学研究造诣之高。

黄公渚与《青鹤》同人交往甚密。他与夏敬观、陈灜一等一起创作扇面，又与夏敬观、叶恭绰一起组织画社。他为《词林》栏目题词，并为《青鹤》创作了大量的作品。他发表最多的是诗词，与其弟黄君坦在《青鹤》上发表的诗词超过 100 首。

1936 年 4 月 1 日，夏敬观主编的《艺文》创刊，黄公渚和卢冀野担任助理编辑。创刊特大号封面上"艺文"两字，是黄公渚集《张迁碑》字而成，有"匋厂"落款，并有"霜腴"印章。这期创刊号上刊登了黄公渚的文章。《艺文》双月刊出了 6 期停刊。

上海交游
隐然为东南大师

黄公渚在青岛读的是礼贤中学，他的后人认为这就是他的文凭。他后来以中学文凭执教多所大学。黄公渚在青岛时间日久，声誉日隆，便去了上海。他最初在上海以鬻画为生。后来黄公渚的才干为刘承干

藏书万卷嘉业堂（"嘉业藏书楼"五个大字出自刘廷琛之笔）

所赏识，被刘承干聘为嘉业堂秘书。嘉业堂藏书楼缥缃满架。黄公渚沉浸在万卷藏书之中，如鱼得水，饱读所藏善本。后来，黄公渚写了《吴兴刘氏嘉业堂藏书纪略》一文在《青鹤》杂志发表。

刘承干，字贞一，号翰怡、求恕居士，晚年自称嘉业老人，浙江省吴兴县（今湖州市）南浔镇人，近代著名的藏书家与刻书家。刘承干一生痴心藏书，醉心刻书，用心护书。他倾巨资藏书、刻书、聚书60万卷，并精心设计建造"嘉业堂藏书楼"用以庋藏。1920年至1924年，刘承干辟地20亩，糜金12万，在小莲庄鹧鸪溪畔建成藏书楼。该楼位于南浔镇西南郊，四面环水，楼呈口字形，是一座典型的园林建筑。缪荃孙在《嘉业堂丛书序》中说："诸藏书家多佚出之本，无不归之，收藏遂富甲海上。"鲁迅曾经到上海青海路嘉业堂买过书，他感慨道："有些书则非傻公子如此公者是不会刻的。"

就年龄而言，刘承干大黄公渚19岁，是黄公渚的父辈。刘承干对黄公渚赏识有加，两人惺惺相惜。黄公渚遇到刘承干，得以进入上海的文化圈。黄公渚往来于上海与南浔之间，与江南名士交游甚密。

郭同文在《忆文学史家黄公渚》文中提到，1924年，黄公渚到上海后，师从陈三立学诗，从况周颐学词。

笔者查阅了李开军撰写的《陈三立年谱长编》，其中有多处关于黄公渚的记录。

1924年12月18日，陈三立在塘山路寓所宴饮，客人有郑孝胥、林开暮、黄公渚等人。这大概是郑孝胥第一次见黄公渚这位后生，他在日记中写道："于伯严坐间晤黄石孙之子，字公渚，闻著作甚富，今就刘翰怡馆。"[1]陈三立、郑孝胥是晚清享誉文坛的人物，都对黄公渚青眼有加，可见黄公渚名不虚传。当然，郑孝胥对黄公渚这位后生在日记中写上几笔还有一个原因：他和黄公渚的父亲都是福建闽侯人。

1925年1月4日，陈三立赴郑孝胥寓宅宴饮，作诗钟，黄昏始散。这次郑宅邀请的客人还有冯煦、王秉恩、朱祖谋、王乃澂、余肇康、袁思亮、夏敬观、林开暮、黄公渚等。

陈三立作诗《忆去岁避兵沪上常聚为诗钟之戏次韵寄倦知同年》，可知这次文林雅聚并不寻常，既有对时局变幻莫测、战乱兵变的感触，又有对辞旧迎新、岁月交替的感怀：

> 亡命迭为文酒会，飞笺截句列长筵。
> 坐干涕泪娱酣战，归狎烟波又换年。
> 湖海相望聊示疾，梦魂不灭与攀天。
> 飘山坠叶穿瘔雁，星底谁窥访衲船。[2]

黄公渚在上海与这些人物交游，开阔了眼界，丰富了阅历，这对于他的诗词创作大有裨益。后来陈三立为黄公渚《劳山集》题签，有鼓励提携之意，也是师生情谊的见证。1926年，黄公渚在商务印书馆出版《黄山谷诗选注》，可能受到陈三立的影响。陈三立极为推崇黄庭坚，学黄庭坚诗之风神、格调、韵味，他还极力奖掖并指导年轻一辈人学黄庭坚。

"长江后浪推前浪，浮事新人换旧人。"黄公渚在诸多硕学雅集

---

[1] 李开军著：《陈三立年谱长编》（下册），中华书局，2014年3月，第1297页。

[2] 李开军著：《陈三立年谱长编》（下册），中华书局，2014年3月，第1298页。

中脱颖而出。1926 年和 1927 年，连续两年的重阳节，江南的文人墨客在华安大厦举行登高笔会，创作了诸多诗词、书画作品。黄公渚留下了精彩的一页。

上海商业发达，市面兴旺，文人雅士四方云集，结社之风甚盛。藉重九佳日，效登高之会，杯酒赏菊，诗文酬唱，以消永昼。时静安寺路之新式建筑华安大厦，于 1926 年 6 月落成，楼九层，面对跑马厅，居高俯览，堪称闹市内登高的绝妙胜处。

是年重九，吴昌硕、姚虞琴、金甸丞、周梦坡、曾农髯等发起，集沪上文化艺术界数十人饮于华安大厦第八层。接连两载，相继于该厦第九及第四层举行重九之会。

吴昌硕作诗写景感怀。其一为：

> 江流四塞海中央，蜃气翻翻一雁翔；
> 酒自醉天人自寿，补蹉跎处又重阳。

其二为：

> 黄华如斗蟹如盆，世界离奇佛漫嗔；
> 造像一区如铸我，聊充两晋六朝人。

1927 年，华安大厦重阳节登高雅集，黄公渚作《丁卯九日集华安市楼登高记》一文，记其盛况："岁在丁卯，缶庐诸公，循汝南之故事，集海曲之羁宾"，"自缶庐一降，或矜珠玉之思，或奋龙蛇之笔"。这篇雄文收录在《匑厂文稿》（卷四）中。

20 世纪 80 年代，南社诗人周子美曾说，黄先生青年时代曾步庾信的《哀江南赋》韵写成《哀时命赋》。此文一出，传诵大江南北，有洛阳纸贵之誉，以是先生有"江南才子"之称。

钱锺书之父钱基博在他的《现代中国文学史》（增订本，1936 年世界书局出版）中将黄孝纾列为"骈文四大家"之一（另三人为刘师培、李详、孙德谦）。

黄公渚在上海卖文鬻画，其润例和陈三立、吴昌硕一起刊登在《青鹤》杂志上。四方执贽请业者接踵而至，"隐然为东南大师"（李宣龚《翯厂文稿·序》）。

袁思亮推崇黄公渚的骈文：骈文喜汪中、洪亮吉，上窥六朝，尤致力于范晔、郦道元、庾信诸家，故其文"葩而不靡，渊而不暖，格高而气昌，未尝不令人凄悲怀与为低昂也"（《翯厂文稿序》）。

执教山大
春风化雨育人才

1934 年，黄公渚被国立山东大学校长赵太侔聘为教授，执教于中文系。他为中文系学生讲古典文学，开设的课程有"古今体诗及习作""词及习作""汉魏六朝文及习作""唐宋以降文"等。

1936 年，山东省政府主席韩复榘将划给山东大学的教育经费减为一半。赵太侔愤然辞去山大校长一职。齐鲁大学林济青来青岛担任山大校长，仍聘请黄公渚为教授，但他飘然一身去了北京。抗战期间，黄公渚在辅仁大学执教，一度担任北京艺专校长。

抗战胜利后，山大在青岛复校，黄公渚回到山大，讲诗词及"目录学"。

从黄公渚开的课程可见他的授课特点：鉴赏与习作并重。他讲文章时，就让学生摹写文章；讲诗词时，就让学生练习作诗、填词。

1953 年，郭同文考入山大中文系，师从黄公渚学习古典文学，先后听黄公渚讲"楚辞""魏晋南北朝文学史""隋唐文学"，毕业后做黄公渚的助教。在郭同文的记忆中，"他精通韵律，喜吟诵，在课堂上评赏名章佳句，把原作之妙趣表达得活灵活现"。

有一次，黄公渚讲完南朝宋齐时代山水派诗人谢灵运之后，兴致勃发，像谢灵运那样去崂山探奇访胜。时值金秋，天空明净，溪水澄澈，崂山层林尽染。黄公渚、郭同文师生游南九水，暮宿崂山饭店。郭同文记得他在崂山饭店创作了优美隽永的《清平乐·秋日游南九水》。

次日，登临崂顶，极目海天，白云朵朵，飘浮在蓝色的大海之上，一阵风吹来，片片黄叶在山中飞舞。黄公渚放声吟诵："呼吸浑疑帝座通，浮空朵朵碧芙蓉，天开海市破鸿濛。落叶鏖风如逐北，连山移海尽朝东，振衣直上最高峰。"黄公渚的这首《浣溪沙·崂顶》，摹写山海胜景，形神毕肖。

黄公渚另一位弟子李昌玉，在怀念文章中谈到黄公渚授课绘声绘色，生动形象，尽显名士风采。

> 上课讲解作品，他好像是一位高明的导游，带领着我们游览山川胜境，叫我们品味语言文字的意蕴。遇到精彩的诗句，如谢灵运的"池塘生春草，园柳变鸣禽"，陶渊明的"采菊东篱下，悠然见南山"，他摘下眼镜，略略停顿一下，睬着我们，啧啧叫"好，好，好"，然后就叫我们"圈，圈，圈"，引导我们品味古诗古文，领略其神韵。他因为古代文学知识渊博，自己又有创作实践，所以具有很高的审美能力，信手拈来，都可以把我们引入诗情画意的胜境，让我们感受名篇名句摄人心魄的魅力。[1]

李昌玉呈现的黄公渚讲课的细节具有很强的感染力，有魏晋风度的、瘦削的老夫子授课的形象跃然纸上。古诗词教学，紧要之处在于品赏，领会其意境和神韵。黄公渚显然不是那种口吐莲花、口若悬河的教授。他写作一直使用文言文，即使讲课也不擅长使用白话文。他讲课不是胜在口才，而是注重经过诵读、鉴赏之后的传心，像得道的高僧那样，以心传心。

在郭同文等弟子的心目中，黄公渚对学生、朋友很亲切、随和，从不装腔作势。童书业家里很乱，也没有画画的工具，就到黄公渚家里去画。他们两个性格、趣味很合得来，都是文史方面的大家。

20世纪50年代，黄公渚与山东大学中文系冯沅君、陆侃如、高亨、萧涤非合称"五岳"。

[1] 李昌玉文：《国学大师黄公渚》，载《济南近现代书画名家》，济南市政协文史资料委员会编，济南出版社，2013年10月，第142页。

岛上名士
往来谈笑有鸿儒

1948 年，黄公渚全家由湖南路 51 号搬迁至观海二路 3 号甲两层小楼（8 间房子）。观海二路鸿儒汇聚，名流云集。这是一条环形路，绕着观海山一圈，无论怎样走，都会走回原处。如今的观海二路 49 号，是王统照故居；观海二路 3 号甲，是黄公渚故居；观海二路 13 号，是王献唐故居。红色的屋瓦，起伏的台阶，幽静的院落，苍劲的松柏，组合成青岛老街的特有意境。往来的鸿儒，进出的名流，都将悲欢离合、沧桑岁月留在观海二路老楼老院。经过几十年岁月磨蚀，观海二路上的名人已成为传奇。王统照故居的双榆仍在，黄公渚故居的小楼犹存，但是早已物是人非。

观海二路 3 号甲时常浮现在黄公渚的小女儿黄达的梦境之中。

晚年定居在镇江的黄达在接受采访时回忆道："1948 年，我考取山大。我考的是农学院园艺系，在泰山路，所以即便在同一所大学，我们接触得也不多。父亲回到家里，就一头扎进书房，念诗作画，有时候念着念着就唱起来了，我们都偷着笑。"

1949 年 6 月 2 日，青岛解放。黄公渚依然在观海二路 3 号甲七十二叠山房吟诗、作画，他家中来求教的学生多了起来。

1953 年金秋时节，张伯驹、潘素、启功、惠孝同等来青岛，都到观海二路 3 号甲的寓所中切磋画技，并一起游览崂山。

观海二路 3 号甲，成为青岛画家雅集之所，好似一个强大的文艺磁场，吸引着岛城内外的文人墨客。

1962 年 8 月，京、沪、宁、鲁四地数十名著名国画家聚集青岛，一起研讨中国画。其间，于希宁等八位画家在黄公渚家共同创作了一幅国画《秋光图》，分别画了桂花、菊花、鸡冠花、凤仙花、红果和竹子等。黄公渚作跋诗中最后两句是："自是一年秋光好，百花齐放占年芳。"

1963 年 4 月 26 日至 29 日，著名藏书家周叔弢为考察文物保护与园林绿化，到访青岛这一旧游之地。

周馥、周叔弢父子寓居青岛多年，与黄曾源、黄公渚父子来往密切。辛亥革命后，曾任山东巡抚的周馥在湖南路上建了宅院，与黄曾源家临近。周叔弢和黄公渚同是藏书家。周、黄两家可谓通家之好。据周叔弢4月27日《日记》载："午后……到文化商店，选墨二枚。遇黄公渚，已二十余年不见，同到苗海南处看大涤子《巢湖图》。"随后，又"到公渚家，匆匆看画数卷，题跋中有洪昇、孔尚任、徐钪，皆难得"，并记"公渚以所画山水一幅见赠"，足见二人情谊之深。

值得一提的是，20世纪50年代，青岛的一家书店将诸多名士联系在一起。

创办于1938年的敬修书局在芝罘路惨淡经营。1946年，孙敬修将书局搬迁到平原路21号。在黄公渚的建议下，改名为复兴书局，重新开业。1956年，复兴书局改为"合作书店"体制，1964年停业。目录学家张铮夫、文学家王统照、国画家杜宗甫、水彩画家吕品等文人墨客，都是这里的老主顾。

据书局创办人孙敬修的儿子孙玉琨回忆，来得最多的是黄公渚，"他住在观海二路3号甲，每天回家都要经过书店，进来像在图书馆一样找书，坐在那里看，有时候还会带回家"。

1958年，山东大学迁往济南。随着山大教授迁往济南，岛城风流烟消云散。黄公渚因为年事已高，得到山大校长成仿吾的照顾，准许留在青岛，带研究生。他成为岛上孤单的名士，默默守护着一脉文雅。

附录

国立青岛大学的学术演讲

杨振声执掌国立青岛大学时非常重视学术讲座，经常邀请国内著名学者来青岛演讲（或者暑假短期讲学），这成为 20 世纪 30 年代国立山东大学的办学特色。

　　为了发扬学术民主，活跃学术空气，提倡不同学派的争论，学校在办学初期曾在每星期一"总理纪念周"的集会上，增加学术演讲一项，后又把星期一正式定为学术演讲时间，由学校、院系负责人及教师们作演讲。借助青岛宜人的气候、优美的风光等有利条件，学校经常邀请一些著名专家、学者来校讲学和作学术报告，如蔡元培、胡适、秉农山、竺可桢、冯友兰、顾颉刚、罗莘田、倪尚达、经利彬等，都曾到校讲过学或作过学术演讲。据不完全统计，自 1931 年 10 月至 1937 年 5 月，名家学术演讲全文或摘要在校刊上发表的就有 206 篇。这些活动的开展，开阔了师生们视野，活跃了师生们思想，从而推动了教学科研工作的提升。

　　诸多学术演讲好比大海之中冷暖流交汇，给山大带来无限生机，孕育了万千气象。学术演讲，不仅使在校学生受益匪浅，也惠泽岛城各阶层人士。山东大学进入了校史上第一个辉煌时期，青岛也因而进入一个文化蓬勃发展的黄金时代。

胡适的演讲
《文化史上的山东》

20 世纪 30 年代，胡适多次到青岛。1930 年，中国科学社在青岛开会，胡适拟了《中国科学社社歌》。此时，胡适的老朋友杨振声、梁实秋、闻一多等都在国立青岛大学任教。后来，沈从文、孙大雨也来国立青岛大学（后改名为国立山东大学）任教，再加上已在国立青岛大学任教的陈梦家、方令孺，青岛成为新月派文人的活动中心。

1930 年年底，胡适曾计划向蒋梦麟推荐杨振声担任北京大学文学院院长，并就此事专程到青岛和杨振声协商。后来该职务因为复杂的人事关系由胡适本人担任，但由此能看出杨振声在学术界的地位。

1947 年 2 月 3 日的《大公报》上刊登了一篇题为《杨振声小记》的文章。该文虽然不长，但其中讲到的趣闻逸事颇有意思。杨振声在青岛大学任校长时，曾经邀请途经青岛的胡适前来演讲。不料轮船抵达后，因风浪太大一时无法靠岸，胡适只好发一电报，电文曰："宛在水中央。"杨振声接到电报后回电曰："盈盈一水间，脉脉不得语。"两份电报均有典出，可谓用古恰切、酬答至妙，诚为文人中的笔墨雅趣。

胡适由上海来青岛演讲一事，从他给陈布雷的信中可以找到记录："我本已答应十六、十七日在青岛大学讲学，因为罗君事（罗隆基在中国公学任教，因平社政治言论短暂被捕），遂去电展期。今此事既无可挽回，我拟由海道去青岛，船期定后即须北去，恐怕不能来南京面承教益了。"

《杨振声小记》提到的胡适来青岛演讲一事，在梁实秋的文章里也有详细的记录。1931 年 1 月 25 日，胡适由沪赴平，在青岛停留数日。在赴青岛的旅途中，胡适读了闻一多的得意门生青年诗人陈梦家的诗集，"里面有许多好诗，小诗有很好的，长诗如《都市的颂歌》也算是很成功之作。此君我未见过，但知道他很年青，有此大成绩，令人生大乐观"。

胡适乘"奉天丸"抵青时，杨振声、闻一多、梁实秋等故旧好友到码头迎接。杨振声、梁实秋邀请他到国立青岛大学演讲。胡适下榻

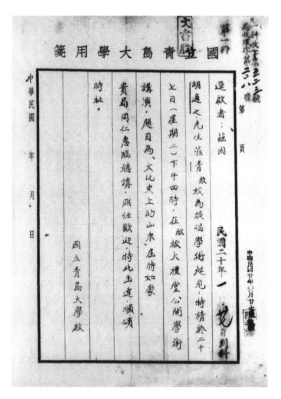

国立青岛大学胡适演讲邀请函

在宋春舫办的万国疗养院。

1月26日，胡适从好友李锦璋家中借来《史记》《汉书》，"翻了半点钟，记下几条要用的材料，回到住处，写演讲稿，到一点多始睡"。胡适连夜起草而成的演讲提纲，后被收录于《胡适遗稿及秘藏书信》一书。

1月27日下午4点，胡适在青大演讲，"听者满座，约六百人"。根据梁实秋的记忆，胡适的讲题是《山东在中国文化里的地位》，就地取材，实在高明之至，对于齐鲁文化的变迁、儒道思想的递演，胡适讲得头头是道，孜孜不倦。听众无不欢喜。演讲快要结束时，胡适总结道："鲁学的儒，齐学的道，都来自山东，山东人支配了中国两千多年，阔哉！"

关于胡适演讲的题目，梁实秋记忆有误，据1931年1月28日《青岛时报》上刊登的新闻，当时演讲的题目是《文化史上的山东》。

值得一提的是，国立青岛大学邀请国内著名学者来此演讲，不仅青大学子可以一睹名流风采，青岛市政府机关单位人员都有机会聆听。青岛市档案馆现存国立青岛大学发给青岛市警察厅的邀请函，邀请感兴趣的警察来听胡适的演讲。全文如下：

> 兹因胡适之先生莅青，敝校为提倡学术起见，特请于 27 日（星期二）下午 4 时，在敝校大礼堂公开学术讲演，题目为"文化史上的山东"，届时如蒙贵局同仁惠临听讲，无任欢迎，特此函达。顺颂时祉。

国立青岛大学启

无独有偶，青岛市档案馆还存着另一份邀请函，存于青岛市商会案卷中，存档时间为 1931 年 3 月 25 日，内容是欢迎该会同仁前往聆听梁实秋讲座。全文如下：

> 敝校为提倡学术起见，现组织学术讲演会，按月举行讲演。兹第三次会定于本月 26 日（星期四）下午 7 时半，在敝校大礼堂举行，特请梁实秋先生讲演《我的文学观》一题。届时，如蒙贵会诸同仁惠临听讲，无任欢迎。特此函达，顺颂时祉。

国立青岛大学启

由此可见，国立青岛大学的学术演讲并不是仅局限在大学内部，也向青岛一些机关和单位开放，社会各阶层受益良多。如此一来，播下的学术种子将会长成文化的森林。

1932 年，胡适任中华教育文化基金会翻译委员会主任，手中有一部分经费，他决定用来翻译《莎士比亚全集》，计划由梁实秋、闻一多、叶公超等人承担。胡适再来青岛，和梁实秋讨论翻译《莎士比亚全集》事宜。

早在 1931 年，胡适就邀请梁实秋去北平任教。但梁实秋觉得青岛风景优美、生活舒适，没有去北平。1934年，胡适又发邀请。更重要的是，梁实秋的父亲年迈，独居院中，院子里长满了草，荒凉到有黄鼠狼出没的地步。梁父写信让其归来全家团聚。这一次，梁实秋去了北平。新月派的活动中心也随之转移到了北平。

章太炎的演讲
《行己有耻，博学于文》

章太炎晚年将工作重心转向著书讲学，"仆老不及见河清，惟有谆海学人，保国学于一线而已"。他重要的行止是1932年北上讲学。

1932年3月24日，章太炎在燕京大学讲《论今日切要之学》；3月31日，北京师范大学研究院的历史科学门及文学院的国文系和历史系请章太炎作学术演讲《清代学术之系统》。4月18日、20日和22日，北京大学也请章太炎以《广论语骈枝》为题，连讲三次，演讲地点在松公府研究所讲堂。

章太炎讲学，声势浩大。他名满天下，前来听讲者甚众，所以主办者干脆安排一次大课，满足听者所需。

章太炎在北大作学术演讲的情形，钱穆在《师友杂忆》中有如下描述：

> 太炎上讲台，旧门人在各大学任教者五六人随侍，骈立台侧。一人在旁作翻译，一人在后写黑板。太炎语音微，又皆土音，不能操国语。引经据典，以及人名地名书名，遇疑处，不时询之太炎，台上两人对语，或询台侧侍立者。有顷，始译始写。而听者肃然，不出杂声。此一场面亦所少见。翻译者似为钱玄同，写黑板者为刘半农。玄同在北方，早已改采今文家言，而对太炎守弟子礼犹谨如此。半农尽力提倡白话文，其居沪时，是否曾及太炎门，则不知。要之，在当时北

平新文化运动盛极风行之际，而此诸大师，犹亦拘守旧礼貌。[1]

　　自新文化运动始，众多章氏门生在文化中心的北京学术界长期称雄。民国初年，浙江籍学人占据民国教育部行政要津。1917 年，蔡元培掌北大前后，刘文典，钱玄同，朱希祖，马幼渔、马叔平兄弟，鲁迅、周作人兄弟，沈尹默、沈兼士兄弟，在北大任教，北大国文系章氏门生取代桐城学派，形成"某籍某系"占主宰的局面，以至于引起学者的反感。杨树达日记（1930 年 8 月 14 日）称"朱希祖、马裕藻两主任把持学校，不图进步，请当局予以警告"。章氏弟子在新文化运动中，思想、主张针锋相对，激进者如钱玄同，主张放弃音韵学而专研注音字母和白话文。同门师兄黄侃则强烈反对，钱玄同的主张也超出了章太炎所能容忍的底线。但这并不妨碍师生情感，正如钱穆所说，"对太炎守弟子礼犹谨如此"。

　　章太炎这次在北平讲学，无疑是章门弟子聚会的机会，也是问学解疑的机会。

　　1932 年 5 月末，章太炎南返，道经青岛。应青岛市政府和国立青岛大学的邀请，章太炎在青岛游览，为师生作了一次学术演讲。"章氏二十九日晨七时半由济（南）来青（岛），沈鸿烈（青岛市长）、葛光庭（胶济铁路管理委员会委员长）等均到站欢迎。章谈，此来纯为游历。"章太炎下榻于曲阜路上的瀛洲旅社，休息半日，洗去征尘，下午 3 点，赴国立青大演讲。

　　章太炎在青岛教育局局长雷法章的陪同下，乘汽车准时到达会场。大礼堂中恭候章太炎的全体师生起立，鼓掌欢迎。这次演讲由国立青岛大学理学院院长黄际遇主持，章太炎作了题为《行己有耻，博学于文》的演讲。

　　关于这次演讲的情形，天津的《大公报》报道："章太炎二十九日晨由济来青，午后三时即赴青大演讲，听者颇众。章氏对'行己有耻，博学于文'两句意义详加论述，尤对'耻'字发挥意见颇多，引证亦多。意为人能知耻方能立国，遇难不抵抗即为无耻，因知耻近乎

[1]　钱穆著：《八十忆双亲·师友杂记》，三联书店，2005 年 3 月，第 174 页。

章太炎

勇，既不知耻即无勇可言云。"

　　章太炎演讲的题目，"博学于文""行己有耻"二语，分别出自《论语》的《颜渊》篇和《子路》篇，是孔子在不同场合答复门人问难时所提出的两个主张。顾炎武将二者结合起来，并赋予了新的时代内容，成了他的为学宗旨与处世之道。有鉴于明末清初有些学人和士大夫寡廉鲜耻、趋炎附势而丧失民族气节，顾炎武所说"行己有耻"，即是要用廉耻之心来约束自己的言行。"博学于文"是顾炎武治学宗旨的一大特色，他不仅强调读书，而且提倡走出书斋到社会中去考察。章太炎素来推崇顾炎武，在演讲中，借古喻今，感慨于"九一八"事变时局，有所发挥，批评国民政府对日本采取的不抵抗政策。章太炎认为："人能知耻，方能立国。遇难而不思抵抗，即为无耻。因知耻近乎勇。既不知耻，即无勇可言。"章太炎演讲的主旨，是鼓励国立青大学子诚意修身，完善人格，激发其爱国热情。

　　时为国立青大学子的臧克家，听了章太炎的演讲，直至晚年记忆犹新。《臧克家回忆录》记录了章太炎演讲的情形："大约是'九一八'事变第二年，章太炎先生到我们学校讲演，在黑板上写上题目'行己有耻'。这是对蒋介石不战放弃东北三省的批判。章老先生，很瘦削，他的话由我们理学院院长黄际遇先生做翻译。这篇讲话很动人，表现出章太炎先生的爱国主义思想，大义凛然。"

曲海波《章太炎的青岛国学演讲之旅》一文载："章太炎先生在青期间，正逢蔡元培先生在青参加是年 5 月 8 日举行的青岛水族馆落成开幕典礼后停留青岛，老友重逢，满怀喜悦。章太炎先生还游览了青岛海滨公园、海水浴场、汇泉炮台、崂山等风景名胜。"

1932 年 6 月 3 日，章太炎结束青岛之旅，乘太古轮船公司的"山东号"客轮赴上海。

顾颉刚的演讲
《黄河流域访古之经过》

1931 年 4 月 3 日，顾颉刚离开北平。这次出行，他的足迹踏上冀、豫、陕、鲁四省的土地，调查古迹，搜集史料，考察文物。

4 月 4 日，顾颉刚参观定州中山靖王墓。

4 月 6 日，至正定考察古庙和佛塔。正定历史悠久，名胜古迹众多，文化积淀深厚，享有"古建筑宝库"的美誉。

4 月 7 日，在小屯观看中央研究院考古发掘。

随后，顾颉刚从河北进入河南，从河南到陕西。4 月 28 日，看新郑出土铜器，在河南大学作演讲《中国艺术的三个时期》。5 月 10 日，到齐鲁大学，参观山东省图书馆，在馆长王献唐的带领下，观看各个房间收藏的书籍。5 月 16 日，离开济南，经龙山、淄博、青州，三天后到达青岛。

国立青大校长杨振声邀请顾颉刚住在第八校舍。5 月 19 日晚，杨振声做东，在顺兴楼宴请顾颉刚。黄际遇、闻一多、梁实秋、赵太侔、黄淬伯（清华国学研究院毕业，语言学家）、王昆玉（时为中文系讲师）、方令孺、刘康甫（会计主任）、邓仲纯（校医）、陈季超（秘

创办禹贡学会时的顾颉刚

书长）作陪。宴席结束后，闻一多和方令孺到顾颉刚住处谈了片刻离去。

大约在当晚宴席上，杨振声就邀请顾颉刚为师生作演讲。第二天，青岛各大报纸都已刊登顾颉刚到青岛在国立青大演讲的消息，并在街上大贴广告，欢迎来宾一睹顾颉刚演讲风采。

1931年5月21日（星期四），这一天顾颉刚的日程安排得满满的：

参观市立图书馆。到中华书局购青岛地图。乘汽车到四方，游览公园，中午在公园内的食堂吃饭。

午饭过后，顾颉刚乘车去李村，游览农林事务所，参观牛舍。下午返回国立青岛大学，预备晚上的演讲稿。

晚上7点半，顾颉刚演讲《黄河流域访古之经过》，向国立青大的学子介绍他一个多月来在黄河流域访古考察的经历，历时一小时二十分钟。

从顾颉刚的日记来看，他考察行程横跨东西几千里，演讲的内容就近取材，将旅行中的见闻随手拈来，增加了演讲的丰富性以期激发学生对历史地理、考古访古的学术兴趣。

可能在座的学子对考古、文物并不是很感兴趣。这对顾颉刚来说是一个小小的打击，他在日记中写道："我究竟不是一个能演讲的人，今日费时虽多，但听众无甚兴味，先走者甚多。我想，即以此为我演讲的末次吧。"

来到青岛，怎能不观崂山？顾颉刚在国立青大中文系教师和图书馆人员的陪同下游览崂山，"看太清宫所藏万历本《道藏》"，在华严庵参观"康熙藏经及明刻书"。

在青岛期间，顾颉刚与黄际遇、黄淬伯、丁山、王昆玉等人交往甚密。去崂山太清宫时乘坐的是海军的海圻舰，"由海军中人送至太清宫"。

5月27日，顾颉刚离开青岛，黄际遇为他送行。

这是顾颉刚与山东大学的前缘，还有后续。

1949年，山东大学聘请顾颉刚为文学院院长，他没有接受，但普通的教授聘书他愿意接受。不料，9月份前往青岛时，适逢胶济路被水淹，他只好退了回去。"山大里有几位研究新史学的教授，我十分愿意请教。我想，我的工作倘能够附属在山大，我每年到青岛二次，使得我写的东西因有他们的讨论而赶得上时代，那是最高兴的。"

顾颉刚对青岛的印象很好，念念不忘，必有回响。1956年，顾颉刚来青岛休养，住在杨向奎家中，在童书业家中吃饭。1957年7月，顾颉刚再次来青岛疗养治病，每日点校古籍不辍。后转入卫生部青岛疗养院，住居庸关路，"与李四光对门，丁瓒夫妇亦时往来"。夫人张静秋因为顾颉刚生病，来到青岛，以便照顾他。

这次住青岛期间，在山大中文系教授萧涤非的邀请下，顾颉刚到山东大学演讲，再续前缘。

1957年9月24日，顾颉刚"为山大中文系演讲，搜集材料"。这一次的讲题和他手边从事的工作有关。此时，他正在标点清代姚际恒著《诗经通论》，此书后由顾颉刚作序出版。顾颉刚用了两天时间，见缝插针，为演讲搜集材料。9月26日下午，顾颉刚来到山大，与萧涤非、高亨、黄公渚等教授见面。他在山大大礼堂，为中文系同学讲"《诗经》的来源问题"。这一次，顾颉刚演讲很投入，面向400多个听众，演讲了两个半小时，"喊得嗓子也有些哑了"。

这次的演讲深受山大师生的欢迎。萧涤非预约第二次演讲。10月1日，顾颉刚看孙作云《说〈诗经〉大小雅同为西周末年诗》，准备

顾颉刚和李四光等人在一起（1957年11月）

作"《诗经》编次问题"的演讲。随后又读孙作云《从读史方面谈谈〈诗经〉的时代和地域性》。结果因为身体原因，顾颉刚听从夫人张静秋的劝说，谢绝山大再次演讲的邀请。

1959年夏天，顾颉刚又到青岛疗养院疗养。这时山大已经搬迁到济南了。顾颉刚很多山东大学的好友也去济南了。黄公渚因为身体健康欠佳，且酷爱崂山山水，没有随校迁往济南，仍然留在青岛从事古典文学研究。顾颉刚与黄公渚一起谈古籍，忆往事。在青岛海滨，阵阵海风吹拂两位硕学大儒的银发，他们谈起山大在青岛的种种往事，真有恍然如梦之感！

海上沧波思故人

悲哀

脱手套的手忽然停住了，
不知怎的，
回忆掠过了心头。

说是悲哀也可以说吧，
事物的味道，
我尝得太早了。

这是周作人翻译的石川啄木的诗。我经常有这种莫名的悲哀，或者是突如其来的惆怅。有时是在读一本书合拢的时候，回忆或者悲哀，如同晚潮来急，一下子漫过了空旷的海滩。有时候又如同暮色悄然降临，不知不觉处于回忆之中，风吹得书页哗哗直响。

说起来，这些滋味无法为外人道也。这些点点滴滴的情感，飘然而至又倏忽消逝的灵光，常常在心里流淌、闪回。在我写作《山大的故人们》这本书时，一旦从书稿中抽离出来，就会有一种淡淡的悲哀，不知是为书中人物而悲，是为世事浇漓而悲，还是为人生遭际而悲。

写作之中，借助想象，如同穿越到现场亲眼所见，历史深处弥漫着厚重的苍凉。

从书里到书外，动辄说悲哀，难免为人嘲笑。没有品尝过事物的味道、历史的滋味的人，怎会理解呢？

在《水龙吟·老来曾识渊明》中，辛弃疾说："老来曾识渊明，梦中一见参差是。"这里是说，辛弃疾年老了才真正懂得了陶渊明。梦中一见，觉得陶渊明大概就是那个样子。

人真的只有经历了岁月的风霜，才知沧桑滋味。读人，读史，读城，才能悠然神会。我想，我写的山大故人，就是书中的那个样子吧；言行举止，风骨风度，就是书中的那个样子吧。

怀人

"很多歌消失了。"这是汪曾祺在其小说《徙》开篇所写的一句话。很多人消逝了，但身影停留在水云之间，事功留在青史之中。

青岛的过客，留下来的，伫立在百花苑。

青岛的故人，穿过历史的云烟，来到我们身边。

这本书是怀人之书，也是钩沉历史的书。

杜甫在《咏怀古迹五首·其二》中写道："摇落深知宋玉悲，风流儒雅亦吾师。怅望千秋一洒泪，萧条异代不同时。"写每一位山大故人时，我都有此感。虽然人远去了，但江山故宅名人故居却留了下来。

小鱼山下，名人故居街，从历史深处延展而来。小鱼山文化名人街上的故居，是多层次的，就像山海楼辉映的自然风光。有闻一多、梁实秋、老舍、沈从文、洪深等文学家的故居，有杨振声、赵太侔、华岗、陆侃如等学者的故居，有童第周、束星北、王普等科学家的故居。名人已逝，老楼犹在，这些老建筑因为文化名人的停留和居住，让青岛的历史更加厚重、丰富和迷人。

小鱼山周边的名人故居，像一串珍珠项链，围绕着昔日的山东大学，也让青岛更具有历史的底蕴和文化的尊严。

怀人，在海风中游走，寻访名人故居，追忆逝水年华。穿越历史时空，触摸山大故人往事。

亦可以走进中国海洋大学鱼山校区，追寻先生之风。园中桃李笑春风，海上沧波思故人。

前缘

"像一块石头，顺着坡滚下来似的，我到达了今天的日子。"

回望自己的来时路，在这个城市里生活已近20年。1997年夏天，我大学毕业，从济南来到青岛。从蝉声纵情高唱的那个夏天开始，我便与青岛历史上的人物相遇了。

1999年初夏，我从青岛师范学校辞职加入了《半岛都市报》，经历了这张报纸的创刊、发展壮大的历程。我虽然是一名新闻工作者，但对这个城市的旧闻更感兴趣。从那时起，我便有意识地收集资料，将目光投入历史深处，打量着来来往往的青岛故人。那时我喜欢文学，自然关注1930年代在此执教的先生们，杨振声、闻一多、梁实秋、沈从文、方令孺、陈梦家、萧涤非、游国恩等人陆续进入我的视野，后来扩展到在青岛的知识分子群体。

1930年至1937年，因为山东大学在青岛，社会科学和自然科学方面的大师云集，青岛的文化繁盛进入了一个黄金时代。1937年，山东大学搬离了青岛，转移到重庆。不久，山东大学解散，师生转入中央大学。1937年，曾在青岛的山大教师，大部分辗转到了昆明（梁实秋、方令孺在重庆），执教于西南联大。

我从山东大学跳到了西南联合大学，确立了西南联大知识分子群体的研究和写作主题。从2009年1月出版《绝代风流：西南联大生活录》，到2016年12月，我出版了五本有关民国学人的书。以在青岛的山大故人为起点，绕了一个大圈，又回到了山大故人这个起点。所以说，这本书是再续前缘。

其实，十几个春秋里，我对在青岛的山大故人并未忘情。十余年来，我陆陆续续写的文章，不断地修订、增订，力求全面、客观、翔实地展现故人往事。

契机

一本书稿的出版，总需一个契机。

2016年3月初，我将《百年风雅》书稿交付给一家出版社，如释重负。在一个海棠初绽的春日，我和胡凯伦、王灏远、李厚恩、张文艳一起吃饭，聊起了青岛的过客和往事。胡凯伦先生于1989年考入山东大学国政学院科社系，他非常关注山大在青岛的这段历史。2016年9月，山东大学青岛校区正式投入使用，他建议我以此为契机，写写山大教授在青岛的往事。王灏远先生毕业于山大历史系，讲起山大"四大金刚""八马同槽"的文史盛况，如数家珍，滔滔不绝，读史阅世，月旦人物，极有见地。我们五个人都对山大在青岛的历史感兴趣，谈论起来意气风发，慷慨激昂。这次小聚，成为我写作这本书的一个契机。而胡凯伦先生每次见到我，总是询问我书稿进展的情况，我非常感谢他的提议和督促。

这次朋友之间的小聚过后，参加马春涛先生发起青岛文脉出版基金选题策划会，我多次向赵夫青、李明等先生请教，受益匪浅，这个选题遂被列入出版计划。

青岛出版集团刘咏先生，多年来主持、策划"人文青岛"图书的出版。大概是在2014年北京元月图书订货会上，我们偶然相遇。他提议我写一本山东大学在青岛的书。这本传记体的山大故人合集，与他最初的设想相去甚远，假以时日，我会按照他的构想再写一本，可以弥补本书中理学院教授（王普、王淦昌、汤腾汉、傅鹰、曾省、童第周等）以及海洋学家（曾呈奎、朱树屏、赫崇本等）缺失的遗憾，即使山大文史方面的教授也有遗珠之憾，像陆侃如、冯沅君、高亨、丁山、王仲荦等先生均未及。欢迎山大教授的后人和学生为我提供相关资料。我相信一本书会聚拢很多师友。我也相信这本书会有后续。

十几年的积累，已经形成了山大故人在青岛的初稿。我用了5个月的时间，根据新发现的史料进行修订，甚至将有些篇章推倒重新写。一个契机，几个合力，促成了这本书的诞生。

书里的先生，风范长存，高山仰止，景行行止；书外的朋友，我珍惜每一次机缘。

如果我能有一点学问，便诚如王充在《论衡·量知篇》中所说："人之学问，知能成就，犹骨象玉石，切磋琢磨也。"

鸣谢

十几年来，我与客居青岛文化名人的后人建立了联系，他们有的接受过我的采访、发来信函或邮件，有的为我提供书籍、图片和资料。在此感谢：闻立雕、沈龙朱、梁文蔷、洪钤、萧光乾、宋以朗、臧乐源、黄小安等先生（女士）。

我写的每一位山大教授的传记，均参考了诸多师友的著作和文章，在此一并致谢。他们是刘禹轩、徐瑜、田广渠、鲁海、向阳、赵淮青、袁林、吕家乡、王学典、季培刚、巩升起、杨洪勋、张洪刚等。

我还要感谢《半岛都市报》领导和同事的支持；感谢孙英男、张文艳和我一起打造《人文青岛》周刊，确定好选题之后，他们经常去青岛市档案馆查阅资料，执行采访，编辑周刊；感谢段润凡同学帮我收集文史资料，祝愿他在青岛九中考入理想的大学；最后感谢我的家人，每一本书出版，都有妻子和女儿的支持。她们是我写作的动力。

书中若有文史差错或不当之处，恳请方家和读者批评指正。

刘宜庆

2016年8月9日

补记

本书于 2020 年岁杪调整篇目，作一简要说明：删掉了《可杀方知是霸才——赵俪生的性格与命运》《美的殉道者——吕荧的风骨与风范》《三缄其口定风波——1957 年沈从文的青岛之行》这三篇文章，增补了《栈桥涛声兼风雨——老舍在青岛》《岛上名士最后的文雅——黄公渚在青岛的如烟往事》；赵太侔、华岗、童书业、黄公渚这几篇文章作了较多删减。

2021 年 5 月，对本书引文作了注释。为了作好注释，笔者买了大量近年出版的书籍，也买了之前遗漏的一些书籍，并补充到"主要参考文献"。

感谢青岛出版社诸位领导和师友的厚爱，不离不弃；感谢董建国编辑的精心编辑，使得这部书最终付梓，唯愿没有祸枣灾梨。

作好注释，看完清样后，窗外烟雨迷蒙。紫藤着雨溢清芬，串串璎珞垂祥云。飘洒的细雨让花朵颜色愈加分明。信步走到雨中，感觉一身轻松，驻足紫藤架下，尘念俱消，心若紫藤，带着晶莹的雨滴，澄澈明净。回到书房，即将开始下一部书的写作。研究人文青岛，钩沉历史人物，对我来说，是文化的自觉、承担的责任。人生漫漫，书卷打开，唯有写下去……

刘宜庆
2021 年 5 月 12 日

主要参考文献

《山东大学百年史》，《山东大学百年史》编委会编，山东大学出版社，2001 年 10 月。

《悠悠岁月桃李情》，山东政协文史资料编委会编，中国文史出版社，1991 年 1 月。

《我心目中的山东大学》，樊丽明、刘培平主编，山东大学出版社，2005 年 9 月。

《山东大学校史》，山东大学校史编写组编，山东大学出版社，1986 年 4 月。

《山大逸事》，孙长俊主编，辽海出版社，1999 年 9 月。

《杨振声选集》，杨振声著，人民文学出版社，1986 年 11 月。

《杨振声年谱》（上、下），季培刚著，学苑出版社，2015 年 10 月。

《杨振声编年事辑初稿》，季培刚编著，黄河出版社，2007 年。

《珠还记幸》（修订版），黄裳著，三联书店，2006 年 4 月。

《脚印——诸有琼文选》，诸有琼著，中国妇女出版社，2008 年 6 月。

《赵太侔自传》，未刊，中国海洋大学档案馆。

《粉墨生涯六十年》，赵荣琛著，当代中国出版社，2006 年 10 月。

《插图中国话剧史》，郭富民著，济南出版社，2003 年 8 月。

《梁实秋怀人丛录》，刘天华、维辛选编，当代世界出版社，2007 年 5 月。

《百年梦忆：梁实秋人生自述》，梁实秋著，国际文化出版公司，2014 年 3 月。

《春华秋实》，梁文蔷著，百花文艺出版社，2009 年 7 月。

《梁实秋与程季淑：我的父亲母亲》，梁文蔷著，百花文艺出版社，2005年1月。

《梁实秋图传》，朱寿桐、刘聪著，广东教育出版社，2007年5月。

《梁实秋在山大开启译莎之门》，张洪刚文，《齐鲁晚报》2016年4月21日。

《闻一多年谱长编》，闻黎明、侯菊坤编，湖北人民出版社，1994年7月。

《拍案颂：闻一多纪念与研究图文集》，闻立树、闻立欣编撰，北京图书馆出版社，2007年10月。

《闻一多图传》，闻立雕、杜春华著，湖北人民出版社，2006年7月。

《梦甲室存文》，陈梦家著，中华书局2006年7月。

《梦家诗集》，陈梦家著，中华书局2006年7月。

《我的读书生涯》，赵萝蕤著，北京大学出版社，1996年11月。

《方令孺散文选集》，方令孺著，百花文艺出版社，1992年1月。

《新月才女方令孺》，子仪著，青岛出版社，2014年10月。

《臧克家回忆录》，臧克家著，中国工人出版社，2004年1月。

《臧克家文笔精华》，郑曼、郑苏伊编选，东方出版社，2004年9月。

《沈从文全集》，沈从文著，北岳文艺出版社，2012年7月。

《沈从文传》，【美】金介甫著，符家钦译，国际文化出版公司，2005年10月。

《沈从文年谱》，吴世勇编，天津人民出版社，2006年6月。

《我所认识的沈从文》，朱光潜、张充和等著，荒芜编，岳麓书社，1986年7月。

《长河不尽流——怀念从文》，巴金、黄永玉等著，湖南文艺出版社，2018年5月。

《黄际遇日记类编：国立山东大学时期》，黄小安、何荫坤注，中山大学出版社，2020年11月。

《黄际遇日记类编：国立中山大学时期》，黄小安、何荫坤注，中山大学出版社，2020年11月。

《黄际遇先生纪念文集》，陈景熙、林伦伦等著，汕头大学出版社，2008年6月。

《中国奥运第一人刘长春》，元文学主编，大连理工大学出版社，2008年7月。

《宋君复——中国最早走进奥运的领军人物》，田广渠文，《联合日报》，2006年3月4日。

《宋君复的奥运情缘》（《人文青岛》宋君复专辑），《半岛都市报》，2016年8月10日。

杨振声签署聘请郝更生、高梓、宋君复、傅宝瑞的聘书，《山东大学报》，2008年7月9日。

《剧场艺术》（第二卷第八、九期），剧场艺术出版社，1940年9月。

《宋家客厅：从钱锺书到张爱玲》，宋以朗著，陈晓琴整理，花城出版社，2015年4月。

《人文青岛》（第一季），郑立波主编，青岛出版社，2014年9月。

《在中国屏风上》，毛姆著，江苏人民出版社，2006年6月。

《春润庐的人间烟火》，孙磊文，《杭州日报·西湖副刊》，2014年1月20日。

《青岛观象台建台100周年纪念册》，内部资料。

《前进中的青岛观象台》，内部资料。

《老舍全集》（19卷），老舍著，人民文学出版社，2013年1月。
《老舍年谱》（修订本上、下），张桂兴撰，上海文艺出版社，2005年5月。
《老舍青岛文集》，《老舍青岛文集》编委会编，文物出版社，2014年12月。
《老舍的青岛岁月》，郑安新、巩升起著，山东友谊出版社，2010年5月。

《洪深文抄》，洪钤编，人民文学出版社，2005年9月。
《中国话剧电影先驱洪深历世编年纪》，洪钤著，中国电影出版社，2013年11月。

《萧涤非文选》，萧涤非著，山东大学出版社，2006年11月。
《誓都将心血付"村夫"——萧涤非传略》，萧光乾文，《山东社会科学》，1991年第1期。
《千古惨淡知杜甫》，陈璇文，《中国青年报》，2014年7月16日。

《战士·学者·校长（华岗同志百年诞辰纪念文集）》，刘培平主编，山东大学出版社，2003年。
《华岗传》，向阳著，浙江人民出版社，1993年11月。
《忆华岗校长》，徐瑜文，《炎黄春秋》2015年7月号。

《历劫终教志不灰——我的父亲顾颉刚》，顾潮著，华东师范大学出版社，1997年12月。
《童书业传》，童教英著，中国大百科全书出版社，2018年1月。

《顾颉刚和他的弟子们》，王学典、孙延杰著，山东画报出版社，2000年7月。

《从炼狱中升华——我的父亲童书业》，童教英著，华东师范大学出版社，2001年10月。

《良史的命运》，王学典著，三联书店2013年10月。

《忆文学史家黄公渚》，郭同文文，《春秋》2015年第1期。

《劳山集校注》，刘怀荣、苑秀丽校注，人民出版社，2015年8月。

《大匠如斯：黄公渚诞辰一百二十周年纪念集》，刘宜庆、王鹏主编，未刊。

《黄孝纾的生平、创作与书画》，刘天宇文，《中华书画家》，2020年第5期。

《作家与青岛》，鲁海著，青岛出版社，2006年8月。

《青岛历史文化名人传略》(第一辑)，青岛市政协文史资料委员会、青岛市文物事业管理局编，青岛出版社，2001年12月。

《民国的身影——重寻遗落的文人往事》，蔡登山著，广西师范大学出版社，2009年1月。

《浪淘尽：百年中国的名师高徒》，刘宜庆著，华文出版社，2010年9月。

《往事、传统和一个学院的成长》，郑春文，《中华读书报》2011年11月9日。

《胡适日记全编》（8册），曹伯言整理，安徽教育出版社，2001年1月。

《顾颉刚日记》（12册），顾颉刚著，中华书局2011年1月。

《顾颉刚自传》，顾颉刚著，北京大学出版社，2012年1月。

俾斯麦兵营旧址（历史照片）

国立山东大学文学院旧址

国立山东大学中国文学系师生合影（第一排左一：王仲荦；左二：陆侃如；左三：殷焕先；左四：黄孝纾；右一：杨向奎；右二：刘本炎；右三：丁山；右四：赵纪彬；右五：萧涤非）